JN291232

東アジアにおける社会政策学の展開

社会政策学会 編

法律文化社

はしがき

　1997年5月に開催された社会政策学会第94回大会では,「アジアの労働と生活」が共通論題のテーマとして取り上げられた。この企画を推進した佐口和郎会員の言葉を借りれば,この企画の立案は,「(これまでの)日本の労働・社会問題研究にアジア軽視があ」り,その反省の上にたってなされたものであった。しかし,その後,社会政策学会のなかでは東アジアに関する研究が盛んになり,2006年10月には,「東アジアの経済発展と社会政策」を共通論題のテーマとして掲げる第113回大会が開催されることになった。

　本書は,以上の2つの大会の間に本学会で蓄積されてきた東アジア研究を集めたものである。大会のときの国際交流分科会やテーマ別分科会で報告された論文や,学会誌に掲載された論文が収録されている。

　東アジア諸国の社会政策に関する研究の増加がこの10年間の本学会の活動の1つの特徴であるが,そうした研究が蓄積されてきてみると,日本で東アジアの社会政策そのものの研究を行うだけでなく,東アジア諸国の社会政策学者との研究交流も行う必要があるとの認識が生まれた。そこで第112回大会の国際交流分科会では,日中韓三国の学会(界)代表者が集まって,「東アジアにおける社会政策学の可能性」について議論した。このときに提出された論文は本書にも収録されているが,その背景を補足するため,各国の学会事情についての補論を新たに収録した。これらの論文から明らかとなったことは,奇しくも中韓両国では1990年代末頃から急速に社会政策に対する関心が高まり,その研究も深まってきたということである。そこから本書のタイトルは『東アジアにおける社会政策学の展開』とした(本書では,現実に存在する,あるいは理念として追求されるべき社会政策と,これを研究する学問のことを社会政策学と呼んで区別し,第Ⅰ部では主として後者を,第Ⅱ部では前者を扱うことをめざしているが,両者は分かちがたく結びついているため,この観点から截然と2つの部を区別することはできないことを予めお断りしておく)。本書を踏み台にして,東アジアにおける社会政

学の研究交流と共同研究が本格的に始まることを願う。

　本書は，当初，本学会の国際交流委員会によって企画され，幹事会の決定によって，学会編の書物として刊行されることになった（したがって印税はすべて学会に帰属することになっている）。大会や学会誌の成果が収められているという点で，本書は学会編の名に相応しいが，学会としての公式見解を表明しようとするものではまったくない。本学会のなかには，社会政策についての多様な考え方が存在し，また，本学会は創設以来，百家争鳴を伝統としてきているのである。したがって，本書に掲載されている論文は，寄稿者たちの自由で独立した研究者としての考えを表明したものと理解すべきである。

　本書は，多くの会員の無償の協力によって成り立っている。寄稿者はもちろんだが，とりわけ金成垣，朱珉，鍾家新，于洋，小田川華子，成垠樹，中原耕，松木宏史など，若い訳者諸氏の協力に感謝したい。フリーライダーの目立つ昨今，みなさんが本書のために献身的に時間を割いてくれたことによって，非常に心励まされる思いがする。みなさんがいるかぎり社会政策学会の未来は明るいだろう。また，急な依頼だったにもかかわらず快諾して補論を短時日のうちに執筆してくれた金淵明，王思斌，唐鈞の各氏にもお礼を申し上げたい。後二者との仲介の労をとられた沈潔会員，さらに韓国社会政策学会との連絡調整や翻訳の仕事を引き受けてくれた朴光駿会員にも感謝したい。年表の作成という骨の折れる仕事を引き受けてくれた于洋，孫希叔の両氏についても同様である。なお本書の第Ⅰ部については武川が編集作業を担当し，第Ⅱ部については埋橋孝文国際交流委員長に編集作業をお願いした。

　最後になったが，学術書の刊行事情きびしいおり，この出版企画を終始支持して社内の説得に当られた法律文化社の田靡純子氏と，編集作業を担当して入稿から短時日のうちに出版に漕ぎ着けていただいた浜上知子氏にもこの場を借りてお礼を申し上げたい。

2006年9月

社会政策学会代表幹事　武川正吾

目　次

はしがき

序章　東アジアにおける社会政策学の可能性……………武川正吾　1
  1　これまでの東アジア社会政策研究　1
  2　新しい研究関心　3
  3　社会政策学会における東アジア研究の取り組み　7
  4　東アジア各国における社会政策学の確立　13

第Ⅰ部　社会政策学の現状と課題

1章　日本における社会政策の展開と特質……………玉井金五　25
　　――東アジアの比較軸
  はじめに　25
  1　20世紀前半期における展開　27
  2　高度成長期の様相　29
  3　低成長期における再編　33
  4　東アジア間比較に向けて　37

2章　韓国における社会政策学の可能性………………尹　朝徳　41
  1　序論　41
  2　韓国における福祉制度の拡大推移　41
  3　政府の社会政策　45
  4　労働組合の政策建議活動　53
  5　学界の対応　55
  6　大学での社会政策学講義　57
  7　要約および結論　58

補論① 韓国における社会政策概念の浮上と
　　　　社会政策学の可能性……………………………金　淵明　61
　　1　社会政策学の受容とその流れ　61
　　2　1997年の経済危機以降における社会政策概念の浮上　63
　　3　分科学問としての社会政策「学」の発展可能性　65

3章　中国の社会政策……………………………楊　　団　69
　　はじめに　69
　　1　中国社会政策形成の客観的環境　70
　　2　中国社会政策が直面している構造的社会問題　76
　　3　中国社会政策の基本内容　79
　　4　中国社会問題の論争焦点　88
　　5　中国において社会政策を構築するための当面の急務　94

補論②　社会政策時代に向かう中国……………………王　思斌　101

補論③　中国における社会政策の発展……………………唐　　鈞　105
　　1　中国における社会政策の発展状況　105
　　2　中国における社会政策の発展趨勢　108
　　3　中国における社会政策の発展構想　109

第Ⅱ部　東アジアにおける社会政策の諸相

4章　韓国の開発主義福祉レジーム……………………鄭　武權　113
　　　　──新しい東アジア福祉レジームを求めて
　　はじめに　113
　　1　東アジア福祉レジームに関する理論的議論　114
　　2　韓国型開発主義的福祉レジーム──比較の視点　120
　　3　開発主義福祉レジームの持続性　131
　　　　──グローバリゼーション，民主化，人口高齢化のインパクト
　　4　結論──今後の研究課題　132

目　次

5章　金大中政府の「生産的福祉」……………………李　　惠炅　137
　　　　──その歴史的意味と残された課題
　　はじめに　137
　　1　IMF危機と金大中政府の「生産的福祉」　138
　　2　金大中政府の社会福祉改革　141
　　3　未完の課題と新しい政府の選択　148

6章　金大中政府の女性政策……………………………鄭　　鎮星　151
　　1　金大中政府の女性政策を決定した変数　151
　　2　金大中政府の女性政策の内容　153
　　3　女性労働および女性福祉政策　154
　　4　女性暴力，女性の人権および女性の代表性増進政策　157
　　5　女性機構および法・制度整備　160
　　6　女性運動とジェンダー・ポリティックス　163
　　7　むすびにかえて　164

7章　韓国社会保障システムの財政的安定性と政策的措置……朴　純一　169
　　1　経済危機と社会保障支出の増加　169
　　2　高齢化社会成熟期にみられる社会保険システムの財政的不安定さ　177
　　3　社会支出の財政的安定化のための政策的措置　181

**8章　改革後の中国における社会変動と
　　　　福祉多元主義の発展**……………………………熊　　跃根　188
　　　　──中国福祉レジームをめぐる討議
　　はじめに　188
　　1　中国における社会福祉発展の歴史的背景　189
　　2　市場経済下の社会問題と社会福祉・社会政策に与えるインパクト　194
　　3　市場経済時代の福祉多元主義の発展　203
　　4　結論と議論　208

9章　中国における医療保険の形成とその実態…………于　　洋　213
　　はじめに　213
　　1　従来の医療保険制度の仕組みとその実態　213

v

2 医療保険改革の背景 219
  3 改革期における動向とその実態 223
  4 基本医療保険制度の形成とその実態 229
  5 市場経済への転換と医療保険改革との関連 231
  おわりに 233

終章 東アジア社会政策の新時代……………………埋橋孝文 237
  はじめに 237
  1 東アジアと日本——相互に学べる共通基盤の生成 238
  2 後発性利益の「享受」から「喪失」へ 242
  3 中国の高度成長と所得分配の動向 246
      ——中国国内での「社会政策」への注目
  4 東アジア社会政策における「労働と福祉」の関係をめぐって 249
  おわりに 252

年　表
索　引

序章　東アジアにおける社会政策学の可能性

武川正吾（東京大学）

1　これまでの東アジア社会政策研究

　これまでの社会政策の国際比較研究は，先進諸国を対象としたものが中心だった。欧米諸国の研究者による比較研究のなかで，日本は，データの制約ないし説明不能のゆえにまったく取り上げられることがないか，取り上げられたとしても，欧米諸国の一覧表のなかに「例外」として追加的に掲載されることが少なくなかった。

　この点に関する事情は日本国内の研究でも同じである。アカデミズムの世界で外国研究の対象となるのは，第1にイギリスであり，それからドイツとアメリカ，そしてフランスであった（この選択は宇野派の段階論とも整合的だった）。社会保障の場合であれば，これにスウェーデンが加わることになる。実務的な要請に基づく調査研究の場合も，対象となるのはイギリス，アメリカ，ドイツ，フランス，スウェーデンの諸制度であることが多く，『厚生労働白書』『社会保障給付費』『社会保障年鑑』などにおける国際比較とは，事実上，上述5ヶ国と日本との比較であった[1]。労働政策に関しては，日本企業の海外進出とも関連して，欧米諸国以外の状況についての調査も行われ，たとえば，『海外労働情報』（労働政策研究・研修機構）では，アジア・オセアニア諸国の情報も多く取り上げてきた。

　このように，これまでの国際比較研究が欧米諸国に片寄っていた理由は明白である。日本の研究者にとってみれば，欧米諸国の社会政策は先進国の社会政策であり，日本の社会政策を分析するさいの参照基準となったからである。また，実務家にとっても，欧米諸国の社会政策は日本の社会政策を立案するさい

のモデルであり，教訓を導き出すべき材料だったからである。反対に，欧米の研究者からすると，「例外」的な動きをする日本という国の存在は，一部の好事家を別とすれば，取り上げる価値が乏しかったし，また実務家にとっても自国の社会政策を立案するうえで日本から何かを学ぶということにはならなかった。日本の扱いがこのとおりであったから，日本以外の，東南アジアも含む東アジア諸国[2]が，社会政策の国際比較研究のなかに登場することは稀であった。

とはいえ東アジア諸国の社会政策に関する国際比較が，これまでまったく存在しなかったわけではない。この点に言及しておかなければ，公平を失することになるであろう。また，今世紀に入ってから，日本国内では，にわかに東アジア諸国の社会政策に関する比較研究が行われるようになっている。これらの点について，最初に確認しておかなければならない。

たとえば，開発途上国の社会保障に関する関心は，貧困問題との関連で古くから存在した［ILO 1960；平石 1969；中村 1973；樋口 1976；原 1977］。日本を除く東アジア諸国の多くは，長らく開発途上国に属していたから，東アジアの社会政策は，この文脈で，すなわち開発途上国一般の社会政策の事例として取り上げられることになった。

ところが1970年代後半以降になると，少し状況が変わる。というのは，この時期に，開発途上国とも先進国とも異なる，当初 NICs と呼ばれ，今日ではアジア NIES と総称される国・地域の存在が脚光を浴びるようになってきたからである。NIES を構成するシンガポール，香港，台湾，韓国は，2度のオイルショックによって先進諸国がスタグフレーションに苦しむなかで，それを傍目にめざましい経済成長を続けた。また，これらの国・地域の社会支出の水準は先進国より低かっただけでなく，これらの国・地域より経済発展が劣る開発途上国（たとえばアルゼンチンやウルグアイ）と比べても低かった。このため NIES は「福祉国家への道をかたくなに拒んでいる」との評価が生まれたりもした［下平 1987］。経済発展が進めば社会支出も増加するというのがそれまでの通説であったから，既存の理論では説明のつかない，これら NIES の社会政策は，研究者の理論的関心をおおいに喚起した[3]［Midgley 1986；下平 1986, 1987］。

さらに，1980年代後半になると，NIES だけでなく ASEAN 諸国や中国も

順調な経済発展を開始し，1990年代には，アジアが「世界の成長センター」と目されるようになった。1997年のアジア通貨危機によって，一時，アジアの世界経済における地位が揺らいだが，その後，いわゆる「V字型回復」によって経済発展を再開し，アジアは再び「世界の成長センター」のひとつと考えられるようになった[4]。また，こうした経済発展を背景に，東アジアにおいても，欧州におけるEUに対応するような地域主義(リージョナリズム)をめざす動きが活発となってきた[5]。それに伴って日本経済にとっての東アジアの役割が，これまで以上に重要となってきた。こうしたさまざまな動きに呼応するかのように，1990年代末以来，東アジアの社会政策を扱った研究の成果が，わが国で相次いで刊行されるようになった［法政大学大原社会問題研究所 1998；白鳥 2000；宇佐見 2003；広井・駒村 2003；上村・末廣 2003；大沢 2004；宇佐見 2005；白鳥・サングカワン・オルソン＝ホート 2006］。

2　新しい研究関心

　東アジアが「世界の成長センター」として位置づけられるようになったことが，日本国内において東アジアの社会政策への関心が強まったことのひとつの理由であろう。しかし，これと重なるところもあるが，それとはやや異なる研究関心が，今世紀に入ってから，東アジアの社会政策の研究のなかに持ち込まれるようになったことも指摘しておかなければならない。

(1) 韓国の福祉国家化

　そのひとつは，東アジアの社会政策研究における福祉国家という視点の導入である。

　これまでの東南アジア諸国を含む東アジア研究のなかでは，福祉国家という視角が欠如していた。それは，日本を別として——その日本も西欧諸国との国際比較のなかで例外扱いであることが多かった——，最も控えめな定義を用いたとしても，東アジア諸国のなかに福祉国家と呼べるような国を見出すことが困難だったからである。したがって「東アジア福祉国家」などといった概

念を安易に用いたりすると，たちまちのうちに批判の矢が飛んできたのである［田多 2004］。社会政策学の外側では，この点に関して概して無頓着であった［白鳥 2000；白鳥・サングカワン・オルソン＝ホート 2006］。また，あえて福祉国家という用語を東アジアの社会政策の分析に用いた研究もあった［上村 1999, 2004］。しかし社会政策学と関係する比較研究の多くは，「福祉国家」という言葉を注意深く避け，その代わり「福祉戦略」［大沢 2004］や「福祉システム」［上村・末廣 2003］といった言い方を用いたのである。また福祉国家という概念が用いられる場合でも，そこに「新興」という限定が付されて，一般に用いられているのとは異なる意味であることが強調された［宇佐見 2003］。

　ところが90年代末に事情が変化する。韓国が急速に福祉国家化したからである。1997年のタイに発したアジア通貨危機は韓国にもその影響を及ぼした。韓国政府は IMF の緊急融資を受け入れると同時に，IMF による新自由主義的な構造調整の要求も受け入れた。その結果，失業と貧困が増加した。これに対処する過程で，韓国は社会支出を急増させた。当初，それは通貨危機に伴う一時的現象ともみられ，また，韓国の動きを東アジア通貨危機一般のなかで解釈することも可能だった。しかし，1998年に成立した金大中政府は「生産的福祉」というスローガンの下で，大規模な社会改革を推し進めた。1998年以降の韓国における社会政策の充実は，通貨危機という国外要因を直接のきっかけとしていたものではあったが，それ以前の韓国内で進行していた社会変動の帰結であって，単なる一過性の現象ではないことが，やがて明らかとなった［本書4, 5章；金 2004］。

　韓国はすでに1人あたり GDP が1万ドルを超え，2004年現在，1万4000ドルに達している。65歳以上人口比率も「高齢化社会」の基準と考えられる7％のラインをすでに2000年に超えた。1970年代80年代の韓国は，「福祉国家への道をかたくなに拒んでいる」アジア NIES の一例として捉えるしかなかったが，今日の韓国はすでに福祉国家として論じてもおかしくない国となっている。これは，東アジアのなかに，福祉国家という問題設定のなかで論じることのできる国が，日本以外に初めて登場したことを意味する[6]。

　このことの社会政策学に対する理論的意義は大きいと思われる。従来の東ア

ジア社会政策の研究においては，ともすると「福祉オリエンタリズム」の傾向が散見された［武川 2005］。韓国の福祉国家化はこうした傾向を精算するための糸口を提供すると思われる。詳しくは別稿［武川 2005, 2006］に譲るが，第1に，韓国の福祉国家化は，例外や特殊性によってのみ日本を特徴づけた従来の見解に対して再検討を迫ることになる。第2に，東アジアをひとつのクラスターであると安易にみなす先入見に対しても反省を迫ることになる。

こうした福祉国家としての韓国の特徴については，Esping-Andersen [1990] を下敷きにしながら，韓国国内で激しい論争が行われた［金 2006］。この論争は，Esping-Andersen [1990] の図式を東アジアに機械的に適用したときに生じる問題点を明るみに出した——言い換えると，Esping-Andersen [1990] の図式の射程と限界を明らかにした——といった副産物を産み出したが，それ以上に，東アジアにおいても福祉国家という視角が成立することを示したという点で，東アジア研究と社会政策研究の双方に対して重要な意味をもっている。また，この論争に刺激されながら，日本国内において，福祉国家や福祉レジームに関して，日韓比較の共同研究が開始されるようになった［武川・キム 2005 ; 武川・イ 2006 ; 野口 2006］。

（2）中国の改革開放

90年代末以降に生まれたもうひとつの新しい研究関心は，中国の改革開放に伴う社会変動に由来する。これまで中国の社会政策については，東アジアで最大の人口規模を有する国でありながら，東アジアの社会政策の一環として取り上げられることが少なかった。それどころか経済体制が異なるため，福祉国家はもちろんのこと，そもそも社会政策が存在するのか否かということ自体を，問いとして発することができたのである。社会政策も福祉国家も資本主義経済が生み出したものであるから，社会主義経済の中国にとっては無関係であると主張することも可能だった。

ところが改革開放政策の結果，中国社会は大きく変化した。従来の計画経済に立脚していた社会保障制度は，経済体制の転換に応じて，全面的な再編成を余儀なくされた。これは旧ソ連・東欧諸国の社会保障制度がポスト・コミュニ

ズムの過程で抱えたのと類似の問題でもある。田多によれば，中国では，

> 市場経済化の中で国家による社会保障政策・制度が注目されるようになり，かつての単位（職場）・企業による労働保険制度は大幅に改革され，市場経済に対応した社会保障制度が構築され始めた［田多 2004：2］。

具体的には，医療保険，年金保険，労災保険，生育保険，失業保険，公的扶助の改革が行われ，それは次のような内容だった。

> 計画経済期にはなかった失業保険制度を創設し，計画経済期にはほとんど整備されていなかった公的扶助制度が都市住民最低生活保障制度の創設を通じて整備された。社会保険制度にはいわゆる3者負担方式が導入された。年金保険制度ではシンガポール，チリ方式といわれる個人口座制が導入され，これと社会プールとを結合させた新しい制度が創られた。医療保険制度でも個人口座と社会プールとを結合させる制度改革がおこなわれた。また，これらの諸制度を管轄する省庁として労働社会保障部が設立され，従来の生活保障制度のばらばらな管理体制をここに統一した［田多 2004：21］。

90年代以降の十数年の間に，かなり大規模な改革が実行されたことになるが，この改革は，田多によれば，①失業保険と公的扶助の創設，②保険料負担の構造の変化，③社会の安定装置としての社会保障の構築，といった3つの点で特徴的だった［田多 2004：22-24］。そして改革開放後の中国の社会保障改革は，全体としてみれば，

> 市場経済化をすすめる中で，社会主義的な生活保障制度が市場経済ないし資本主義に対応した社会保障制度に作り替えられる過程だと理解［することができる］。……［また，］朱鎔基首相によっておこなわれた社会保障制度改革は，市場経済化に対応する，まさに資本主義的な社会保障制度体系を中国において構築する改革であったということができるのである［田多 2004：2, 24］。（強調は引用者）

このような問題関心が，中国以外の東アジア諸国の社会政策に対して抱かれることはない。しかし中国は東アジアにおける面積・人口ともに最大の国であるから，こうした体制移行視点を東アジア研究における例外とみなすことはできない。

また，中国では，旧ソ連・東欧諸国とは異なって，急激な経済成長を遂げたことによる社会問題も生まれている。そのなかでも最大の問題は不平等の拡大

である。私はかつて，中国は1つかもしれないが福祉レジームは少なくとも4つ（都市部，農村部，香港，台湾）以上あるのではないかと主張したことがあるが［武川 2006，近刊］，中国の国内でも「1つの中国，4つの世界」という言い方がされているらしい（本書3章）。「4つの世界」というのは，①上海，深圳，北京，②大中都市と沿海地域の中位高所得地域，③下位中所得地域，④中西部の貧困地域であり，中国は，同じ1つの国のなかに中進国ないし準先進国と第三世界を併存させているのである。19世紀のイギリスは"Two Nations"と形容されたが，中国は「4つの世界」である。不平等の大きさは，日本の「格差社会」や韓国の「両極化」の比ではない。こうした不平等の問題へ対処するために，これまで資本主義国のものだと考えられていた社会政策が，中国国内でも真剣に議論されるようになっている［本書3章，補論②③］。日本国内でも，この種の問題に取り組む研究が現れるようになった［王 2003，2004］。また，このほかにも社会政策学会の会員を中心に，中国の社会政策に関する研究が刊行された［田多 2004；于 2004；鍾 2005］。

3　社会政策学会における東アジア研究の取り組み

　以上のような近年の東アジアの社会政策に関する研究動向のなかで，社会政策学会は学会としてどのような取り組みを行ってきただろうか。この点について，振り返っておこう。

（1）第94回大会——東アジア研究のスタート
　かつての社会政策学会における研究発表が，日本の社会政策に関するものが中心であり，海外の社会政策が取り上げられるときも，欧米諸国のものが中心であったことは否めない。しかし，東アジアの経済発展のなかで，これを放置しておくことができなくなり，1997年5月，千葉大学で開催された社会政策学会第94回大会では，「アジアの労働と生活」が共通論題のテーマとして取り上げられることになった[7]。同年7月にタイでバーツの急激な下落が始まる直前であった。この大会の開催について，当時，編集委員長だった上井喜彦は次の

ように述べている。

　本学会がアジア地域の問題を真正面から共通論題に取り上げたのは，今回が最初である。アジア地域が世界経済にしめる比重の拡大，アジアと日本との関係の深さを考えるならば，このことはいささか奇異な感じがしないでもない。コーディネーターの一人，佐口和郎氏が述べたように，日本の労働・社会問題研究にアジア軽視があったことを認めざるをえない。今回の共通論題は，こうした研究状況を反省し，本学会におけるアジア研究を本格的にスタートさせるべく企画されたのであった［社会政策学会 1998：ⅰ］。

そして，この共通論題では，座長・松崎義の下で，次の7つの報告が行われた[8]。

世界システムのなかの東アジア工業化と労働　　　　　　　　　　　平川　均
インドネシアにおける規制緩和政策と労働市場の変化　　　　　　　山本郁郎
1970年代のマレーシアの労働力構造の変化　　　　　　　　　　　　吉村真子
アジアの発展途上国における社会保障構築への視点　　　　　　　　菅谷広宣
アジア発展途上国における児童労働の実態とその発生要因　　　　　谷　勝英
韓国の大企業労働者は穏健化しつつあるか　　　　　　　　　　　　金　鎔基
アジア地域における国際労働運動と「労働組合」「人権」「社会憲章」　小笠原浩一

以上の報告テーマから明らかなように，このときは東南アジア諸国を含む東アジアが取り上げられた。このように対象地域を限定したことについて，座長の松崎義は，次のように述べている。

　今回は，さしあたり便宜的に，対象地域を近年の「世界の成長センター」として世界と日本とに大きな影響を与えていると注目されている東・東南アジア地域（広義の東アジア）に限定した。それは，いわゆるアジアNIESとASEAN諸国と重なる。この場合，中国を含めるか否か，インドを含む南アジアをどうするかは大きな問題である。しかし，前者については，1978年以来の「経済改革・対外開放政策」の内容を考えると，NIES，ASEAN諸国と共通する側面（低賃金労働力を生かした労働集約的輸出産業による外貨獲得政策への転換）をもつが，他方「社会主義市場経済」に特有な問題を含むので今回は除外することとした。後者については全く便宜的な処置であり，近年におけるインドの政策転換を考えるといずれは議論の対象として浮上しよう［社会政策学会 1998：154］。

（2）第100回大会──第1の転機

　1997年の94回大会は，上述の上井の言葉によれば，「本学会におけるアジア

研究を本格的にスタートさせる」ことを企図していた。しかしその効果がただちに現れたわけではない。96回大会の自由論題で中国の社会政策を扱った報告が行われたものの、それ以外の95回、97回、98回、99回の大会では、東アジア研究に関して特にめだった動きはなかった。転機は2000年に明治大学で開催された100回大会であった。後に学会の国際交流小委員となる埋橋孝文が座長となって、「社会保障の国際比較——日韓比較」というテーマ別分科会が開催されたのである。そして、これが前例となって、その後の大会で、東アジアの社会政策に関するテーマ別分科会が積極的に開催されるようになった[9]。また同年秋の101回大会（立命館大学）の共通論題「『福祉国家』の射程」では、イト・ペングが「東アジア福祉国家とその新たな挑戦」と題する報告を行っている。

2000年の100回大会以降、東アジアの社会政策を扱ったテーマ別分科会は以下のとおりであった（専門部会によるものは除く）。

社会保障の国際比較——日韓比較（100回大会，2000）　　　　座長・埋橋孝文
　社会保障・社会福祉における日韓比較　　　　　　　　　　　　崔　成龍
　医療保険制度の日・韓比較　　　　　　　　　　　　　　　　　張　炳元
台湾の労働と社会保障（102回大会，2001）　　　　　　　　　　座長・埋橋孝文
　グローバル経済下における外国人労働者政策　　　　　　　　　石川善治
　国際比較から見た台湾の福祉国家形成　　　　　　　　　　　　上村泰裕
　台湾における〈全民健康保険〉の成立と展開　　　　　　　　　曽　妙慧
中国の社会保障——年金制度を中心にして（104回大会，2002）　座長・埋橋孝文
　中国の年金制度の現状　　　　　　　　　　　　　　　　　　　侯　躍戈
　中国農村における家族養老の限界と老齢年金保険の構築　　　　王　文亮
中国の社会保障——失業保険と医療保険制度改革を中心として（106回大会，2003）
　　　　　　　　　　　　　　　　　　　　　　　　　　　　　座長・埋橋孝文
　中国の失業問題とその展望　　　　　　　　　　　　　　　　　沙　銀華
　新しい基本医療保険制度の形成とその実態　　　　　　　　　　于　　洋
　中国の「基本医療保険制度」の展開と地域格差　　　　　　　　楊　開宇
アジアの社会開発政策（111回大会，2005）　　　　　　　　　　座長・埋橋孝文
　フィリピンの都市部における貧困対策　　　　　　　　　　　　小田川華子
　社会保障制度整備とアジアの視点　　　　　　　　　　　　　　山本克也
東アジア発の比較福祉国家論（112回大会，2006）　　　　　　　座長・埋橋孝文
　韓国と台湾の医療保険制度発展の比較　　　　　　　　　　　　李　蓮花
　比較論的視点からみた韓国福祉国家の形成と発展　　　　　　　金　成垣

(3) 106回大会――第2の転機

100回大会（2000）が，94回大会（1997）以降の社会政策学会の東アジア研究における第1の転機であったとしたら，第2の転機は，2003年の106回大会（一橋大学）であった。この大会では，従来のテーマ別分科会に加えて，「国際交流分科会」が開催された。それまでの分科会や自由論題における東アジア研究は，日本人研究者によるものか，日本在住の外国人研究者によるものに限られていた。ところが，106回大会では，韓国の研究者を招聘し，韓国在住の研究者による報告が行われた。これは，2003年度の学会の活動方針（代表幹事・森建資）のなかに，新たに「国際交流」に関する項目が盛り込まれたことに対応する[10]。以後，国際交流（小）委員会が大会において国際交流分科会を組織する慣例が生まれ，そのうちの少なからぬ部分が東アジア研究のために当てられることとなった。

なお，2003年の106回大会以降に開催された国際交流分科会のうち，東アジアの社会政策を取り上げたものは以下のとおりである。

IMF危機後の韓国社会政策（106回大会，2003）　　　　　座長・伊藤セツ
　金大中政府の"生産的福祉"　　　　　　　　　　　　　　李　恵炅
　金大中政権の女性政策　　　　　　　　　　　　　　　　鄭　鎮星
転機における韓国の社会的セーフティネット（107回大会，2003）　座長・埋橋孝文
　韓国の失業対策と雇用保険　　　　　　　　　　　　　　李　義圭
　韓国における生活保護の現状と政策課題　　　　　　　　裵　埈晧
韓国社会保障財政の現状と「生産的福祉」論（108回大会，2004）　座長・埋橋孝文
　Financial Stabilization of Social Security System in Republic of Korea　朴　純一
　金大中前政権の「生産的福祉」政策の成果と今後の課題　曺　興植
東アジアの福祉レジーム（111回大会，2005）　　　　　　　座長・朴光駿
　韓国の発展主義福祉レジーム　　　　　　　　　　　　　鄭　武權
　改革期中国における社会体制転換と福祉多元主義の発展　熊　躍根
東アジアにおける社会政策学の可能性（112回大会，2006）　座長・武川正吾
　日本における社会政策の展開と特質　　　　　　　　　　玉井金五
　韓国における社会政策学の可能性　　　　　　　　　　　尹　朝徳
　中国社会の発展の現状と社会政策　　　　　　　　　　　楊　団

さらに，2004年の108回大会では，社会政策学会の東アジア研究に関して重要なできごとがあった。それは，専門部会が東アジアに焦点をおいたテーマ別分科会を開催するようになったことである。108回大会では，労働史部会が日中韓の比較史に関する分科会を開催した。さらに，その後，110回大会（2006）では，産業労働部会が東アジアに関する分科会を開催した。また保健医療福祉部会が，大会とは別の日程ではあるが，2005年11月に「高齢者ケアの日韓比較シンポジウム」を開催している。こうした専門部会によって開催された東アジア関連の分科会は以下のとおりである。

日本・韓国・中国の雇用制度（108回大会，労働史部会，2004）　　座長・市原　博
　韓国における生活保障型処遇制度の生成と経済開発期における変容　　金　鎔基
　中国における『単位』制度の生成と労使関係　　　　　　　　　　　　李　捷生
　日本における現在的雇用慣行の形成――労働者側の働きかけを中心に　禹　宗杬
アジア諸国の人的資源管理（112回大会，産業労働部会，2006）　　座長・黒田兼一
　韓国財閥企業における大卒ホワイトカラーのキャリア管理の動向　　佐藤静香
　在マレーシア日系企業の従業員に対する動機付け　　　　　　　　　國分圭介

　自由論題における東アジア社会政策の研究発表もここ数年の間に増えてきた。その結果，自由論題の部においても，東アジア研究の分科会が成立するまでになったことは特筆すべきであろう。たとえば2005年の111回大会では，「韓国・中国の福祉政策」（座長・伊藤淑子）に関する分科会が開催された。さらに111回大会の書評分科会の1つは，「中国の社会保障」（座長・菅沼隆）であった。そこでは王［2004］，田多［2004］，鍾［2005］が取り上げられた。

（4）第113回大会――研究対象と研究関心の変化

　1997年の94回大会（「アジアの労働と生活」）が，社会政策学会の「アジア軽視」を反省し，「アジア研究を本格的にスタートさせる」ために開催されたものであることは，すでに述べたとおりである。しかし，その後の9年間，とりわけ2000年以降の6年間に，社会政策学会の研究状況は大きく変化した。これまでの例証から明らかなように，もはや社会政策学会が「アジアを軽視している」とは言えなくなっている。その意味で，94回大会の共通論題の企画は成功

であった。

　しかし，1997年当時と2006年現在とでは，東アジア研究の内容が若干変化してきていることも否めない。

　その第1は，研究対象となる地域が次第に日中韓を中心とした東北アジアに収斂してきていることである。94回大会では，インドネシア，マレーシア，ネパールが取り上げられ，東南アジアを含む東アジアが研究対象として想定されていたのである。インドが除外されたのは，松崎が述べているように，便宜的な理由からだった。しかしながら，2000年以降の社会政策学会において，主として取り上げられているのは日中韓を中心とした東北アジアの諸国である。フィリピンやマレーシアに対する研究もあるが，その数は少ない。また，94回大会では，「『社会主義市場経済』に特有な問題を含む」との理由から除外されていた中国が，今日では，重要な研究対象となっている。こうした研究対象の収斂は，中韓両国からの留学生の増加によるところも大きい。

　その第2は，東アジアに対する研究関心が多様化してきたことである。94回大会のときには「世界の成長センター」としての東アジアを取り上げるといった観点が強く，このことが対象地域の選定にも影響を及ぼしていた。また，「成長センター」ではあるものの，それが低賃金による労働集約型の工業化によって可能となっていたため，原初的な社会問題，たとえば，児童労働などが取り上げられた。その意味では，開発途上国としての東アジアという研究視角も有力だった。これらの研究関心は現在でも継続しているが，2節で述べたように，近年の東アジア研究のなかではもう少し別の研究関心も生まれている。それはグローバル化であったり，比較福祉国家論であったり，体制転換に伴う社会変動であったりする。東アジアの取り上げられ方は，この10年の間に変化してきたのである。

　以上のような東アジア研究の隆盛と，また研究内容の変化とに対応して，2006年10月，大分大学で開催される113回大会では，再び，東アジアが，以下のようなプログラムの下に，共通論題のテーマとして取り上げられることになった。94回大会で「アジアの労働と生活」が取り上げられて以来初めてのことである。

序章　東アジアにおける社会政策学の可能性

東アジアの経済発展と社会政策　　　座長：田多英範，沈潔，討論者：上村泰裕
　東アジアの経済発展と労働・生活の質　　　　　　　　　　杉原　薫
　東アジアの社会政策を考える視点　　　　　　　　　　　　大沢真理
　労使関係の日韓比較　　　　　　　　　　　　　　　　　　禹　宗杬
　東アジアの社会保障比較　　　　　　　　　　　　　　　　朴　光駿

4　東アジア各国における社会政策学の確立

　113回大会の開催によって，「本学会におけるアジア研究を本格的にスタートさせる」という94回大会の当初の目的は達成されたことになる。しかし話はそこで終わるわけではない。社会政策学会は，これまでの約10年間の研究蓄積を踏まえて，東アジア研究に関して，次の課題に取り組むべき段階に達しているように思われるからである。東アジア諸国の社会政策それ自体の研究を，日本国内においてこれまでと同様に推進していくべきことは言うまでもない。しかし，それだけではなく，こうした研究の蓄積を前提としたうえで，東アジアにおける社会政策の研究ネットワークを構築していく必要が生まれているのではなかろうか。このことが，東アジア研究に関して，今後の社会政策学会が取り組むべき課題ではないだろうか。

（1）日本の社会政策学会の動き

　すでに述べたように，2003年度以来，国際交流の推進，とりわけアジア地域との研究交流に関する事項が社会政策学会の活動方針のなかの重要な柱の1つとして掲げられている。総会で決定された2004-2006年度の活動方針は，国際交流について次のように記している[11]。

　　[2004年度]　3．国際交流の一層の推進　軌道に乗りつつある国際交流をさらに推進する。これまでも韓国などアジア地域の研究者との交流を深めたが，それをさらに推し進め，その他の地域についても社会政策研究者との交流を深めたい。
　　[2005年度]　3．国際交流のさらなる深化を　東アジアレベルの交流をより展開するとともに，欧米との交流も並行して進展させていきたい。すでに，韓国，イギリスとの交流は動き出しているし，中国とも開始されようとしている。できるだけ幅広い情

報を収集するためには，在外研究に従事された，あるいはされている会員から社会政策に関する海外最新情報を積極的に提示していただき，会員に還元していきたい。
［2006年度］ 3. 国際学術交流の一層の進展を　韓国，中国をはじめとする東アジアレベルの交流をより推進する。また，昨年始まったイギリスをはじめとする諸外国との交流も進展させる。社会政策の国際会議等に関する情報をできるだけ提供，紹介し，会員に便宜を図りたい。（後略）。

また私も，2006-2008年度の代表幹事の就任にあたって，以下のような挨拶をした。

(重点施策の) 第2は，東アジアを中心とした国際学術交流です。近年の経済発展や高齢化に伴い近隣諸国でも社会政策の研究が盛んになってきています。これら近隣諸国との研究交流は日本の社会政策学にとっても資するところが大きいと思われます。本学会でも国際交流委員会を中心に東アジア諸国との交流が進められ，今年度の秋季大会では「東アジアの社会政策と資本主義」[12]を共通論題として取り上げられるまでになりました。一部政治家による挑発的な言動のため近隣諸国との政府間関係はぎくしゃくしていますが，こうした民間レベルにおける学術交流はわが国の国益にも沿うものだと信じます。

このように日本の社会政策学会の側では，東アジアにおける社会政策の研究ネットワークを形成するための条件が整いつつある。それでは，日本以外の東アジア諸国の社会政策研究に関する状況はどのようになっているだろうか。

日本の社会政策学会の設立は，1897（明治30）年，その前年に設立された社会問題研究会が社会政策学会と名称を変えたときに遡るとされている。その後，四半世紀の活動を続け，1923（大正12）年の大会を最後に学会活動は休止するが，1950（昭和25）年に再建され，今日に及んでいる。その意味で，日本の社会政策学会の歴史は非常に長い。これに対して，近隣諸国の社会政策学会は，わが国の社会政策学会のような長い歴史を有していない。韓国の社会政策学会が設立されたのは1993年のことであり，わずか十数年前のことにすぎない。中国では，1999年に中国社会科学院のなかに社会政策研究センターが設置されたものの，まだ中国社会政策学会は設立されていない（中国では学会の設立に政府の認可がいるため，日本や韓国のように学会の設立が容易ではない）。

しかし，それぞれ異なる理由からではあるが，東アジア諸国においても，社

会政策の研究の重要性や，社会政策学会の存在意義に関して共通認識が生まれつつある。

（2）韓国における社会政策学の状況

韓国の場合，植民地からの解放直後の1940年代と1970年代に，一時，社会政策学への関心が生まれた［本書2章］。また1980年代になるとイギリス，ドイツ，日本の社会政策文献の紹介が少しずつ行われるようになった［本書補論①］。そして，民主化以後の1990年代には，こうした動きが社会政策学会として結実した[13]。ところが，社会政策学会は設立されたものの，①社会政策というより個別政策への関心が優勢となったため，また，②日本の社会保障政策にほぼ対応する「社会福祉政策」という呼称が一般的となったため，さらに，③イギリス，ドイツ，日本の社会政策学を学ぼうとする姿勢が失われたために，むしろ「社会政策」という用語はあまり使われなくなってしまった（同上）。

ところが，金淵明によれば，

> 1990年代の学界ではほとんど消滅寸前だった社会政策という用語が，1997年12月の経済危機をきっかけとして再び関心を集めるようになった

のである。そして金大中政府の下では，福祉政策と労働市場政策を有機的に統合し，個別政策を包括する概念として社会政策が用いられた。このため社会政策は，金大中政府の「生産的福祉」の嚮導概念（リーディング・コンセプト）となった。

この傾向は盧武鉉政府の下でも続いており，青瓦台（大統領府）のなかに社会政策首席室が設置された。さらに近年は，政府だけでなく学界でも社会政策という概念が普及するようになった（同上）。その背景には，同じく金淵明によれば，①現在進行しつつある「両極化」（日本の「格差社会」に対応）や「高齢化」に対処するためには総合的視点に立った「社会政策」の概念がふさわしいこと，②「成長と分配の好循環」を達成するためには経済政策と社会政策という概念化が必要であること，③新自由主義的政策に対する代案を提示するためには「社会政策」の概念が重要な意味をもつこと，といった事情がある。

また韓国社会政策学会と日本の社会政策学会との間で，ここ数年研究交流が

進められてきた。過去5回の国際交流分科会に韓国社会政策学会の会員を招いた。また，韓国社会政策学会が主催する過去2回の研究大会に，日本の社会政策学会は，同学会の招請に応じて会員を派遣した。また，日本の社会政策学会が国際交流分会のために招いたマイケル・ヒルは，両学会の連携の下に，韓国社会政策学会でも講演を行った。さらに2006年11月には，日本の社会政策学会が，韓国社会政策学会およびソウル大学社会科学研究所とともに，ソウル市で国際会議を共催することとなっている。

（3）中国における社会政策学の状況

中国における社会政策に関する文献の出現は1920年代の中華民国の時代にまで遡ることができる。このときは欧米の社会政策の紹介が中心だった。しかし，その後の歴史の中で社会政策という言葉は忘れられていった。ところが，近年，中国でも，社会政策に対する関心が急速に復活しつつある。改革開放以後の中国では，経済成長第一の「GDP 中心主義」の政策が採用されてきた。その結果，1980年代以来，二十数年にわたって高成長が続いている。その意味では，開放改革政策は成功だった。しかし，日本の高度経済成長が多くの社会的な歪みを生み出したように，中国の高成長も多くの社会的矛盾を生み出した。王思斌がいうように，たしかに，

> 20年あまりの改革，経済発展により，中国が全体的に物不足の経済と別れ，政府と社会がある程度社会的弱者の基本生活問題を解決する能力をもつようになったことは明らかである［本書補論②］。

しかし，中国社会では「ストリート・チルドレン，農村からの出稼ぎ労働者，重病患者，身寄りを失った児童および高齢者，都市部の定年退職者，失業者などを含む集団」に対する施策が政府によってすでに打ち出されているか，あるいは打ち出されることを待っている。また，農民に対する社会保障をはじめとして，「多くの空白領域も存在している」［同上］。こうした改革開放に伴う社会問題を解決するために，現代の中国では社会政策の体系化が求められている。

このような状況のなかで，中国では，社会政策に関する研究の制度化が少し

ずつ進んできた。1980年代に社会工作が新しい学問として確立されるようになると，その関連で社会政策への注目が始まった［本書補論③］。そして，1999年，中国社会科学院が社会学研究所のなかに社会政策研究センターを設置した。中国国内における社会政策の専門研究機関としての「第一号」だった。そして同センターは，これまで社会政策に関する研究叢書，翻訳叢書，教科書，ジャーナルを刊行するなどの活動を行ってきた。

その後，南開大学社会工作・社会政策系，清華大学社会政策研究所，南京大学社会政策研究所などをはじめとして，他の組織にも社会政策の専門研究機関を設置するところも出てきた。そして，2003年には，王思斌が「中国は社会政策の時代に入りつつある」［本書補論②］と宣言して，一定の影響力をもったのである[14]。

このため中国社会科学院の社会政策研究センターが中心となって，中国社会政策学会の設立のための準備が始まった。中国では，学会の設立には政府の許可が必要であるが，いまのところ許可を得ることに成功していない。こうした事態を打開するためもあって，2005年7月には，社会科学院，中国社会工作教育協会，南開大学，北京師範大学，清華大学が協力して，第1回社会政策国際シンポジウム・講座が天津市で開催され，中国の全国各地から社会政策に関心をもつ研究者が集まった[15]。中国人研究者に加えて日欧米の研究者もシンポジストや講師として参加した。第2回会議は，翌2006年8月に北京市で開催されたが，このときには中国社会科学院主催で第1回東アジア社会政策論壇が日中（台湾を含む）韓3ヶ国の研究者が参加して開催された。これらの会議には，日本の社会政策学会の会員も講師として招かれ，講演や講義を行っている。

（4）次の10年の課題

以上の略述からわかるように，韓国でも中国でも社会政策と社会政策に対する研究への関心が近年非常に高まっているのである。日本の社会政策学会が近隣諸国のこのような状況に対して無関心な態度をとっていいはずがない。

90年代末の3つのできごと——すなわち日本の社会政策学会の94回大会の開催，金大中政府下の韓国における社会政策概念の再浮上，中国における社会政策の復活と社会科学院社会政策研究センターの設立，これらは相互に無関係

に生じた。同時に起こりはしたが，その理由は異なっていた。したがって，それぞれの国の当事者は，当初は隣国のできごとについて知らなかった（と思う）。しかし，これら3つのできごとをきっかけとして始まったそれぞれの国における社会政策の研究をめぐる動きは，非常に親和性があると思われる。現在は，これら各国で独立して生成されてきた動きを収斂させることのできる段階にきているといえるだろう[16]。94回大会から約10年を経過した今日，東アジアにおける社会政策の研究ネットワークを構築すること，そして，できれば東アジア社会政策学会を設立することが，日本の社会政策学会の東アジア研究における次の10年の目標となるのではないだろうか。上村［2006］によると，「現在の東アジア諸国は，社会政策に関する理念の構築を国際機関にアウトソーシングしている状態」にあり，なかでも世界銀行による「市場原理と親和的な『社会的セーフティネット』」論が圧倒的な影響力をもっているという［上村 2006：197］。こうした事態を打開するためにも，東アジア諸国の社会政策学者の連携が不可欠である[17]。本書がそのための踏み台となることを願うものである。

（5）本書の構成

このため本書の第Ⅰ部では，112回大会（2006年6月）の国際交流部会に寄せられた，日本の社会政策学会の第28期代表幹事の玉井金五，韓国社会政策学会会長の尹朝徳，中国社会科学院社会政策研究センター副主任の楊団による3つの論文と，これらを補足するための金淵明，王思斌，唐鈞による補論を掲載して，東アジアにおける社会政策学の可能性を探る。これによって，各国における社会政策とその研究の現状を鳥瞰することができると思う。

第Ⅱ部では，第Ⅰ部で示されるような研究状況が生まれてくる背景――その一部は第Ⅰ部のなかでもすでに語られているが――を明らかにすることをめざす。このため東アジアの社会政策に関する研究のうち，各大会の分科会で報告され，これまで『社会政策学会誌』に掲載された論文［4-9章］を収録して，94回大会以来の社会政策学会としての到達点の一端を示す。このうち4章と8章は，111回大会の国際交流分科会（「東アジアの福祉レジーム」）に提出された英語論文の翻訳である。学会誌には，英文のまま掲載されることになってお

り，本書ではこれらの論文を翻訳して掲載することにした。それぞれ興味深い論文であるが，特に熊跃根の論文は，福祉レジーム論の視角から中国を分析したものとして，おそらくわが国で初めての試みであると思われる。また5章，6章，7章は国際交流分科会に寄せられた論文であり，9章はテーマ別分科会に提出されたものの改訂稿である。

終章では，国際交流委員長の埋橋孝文が，東アジアの社会政策を研究することによって浮かび上がってくる社会政策学の諸論点を剔出している。なお，本書の背景を示すため，巻末に韓国と中国の社会政策に関連する年表を付した。今後の研究の進展に資するところが大きいと思われる。

1) ただし『海外社会保障研究』（国立社会保障・人口問題研究所）およびその前身の『海外社会保障情報』はもう少し広範な国を取り上げてきた。また『社会保障年鑑』も2005年版からは，上述5ヶ国に加えて韓国を常時掲載するようになった。
2) 東アジアの範囲をどこにおくかについては，東北アジア（日本・中国・韓国）に限定して考える立場と，東南アジアと東北アジアを含めて考える立場とがあるが，本章では，文脈に応じて両方の意味で用いている。どちらの意味で用いているか明白な場合には特に断らないが，誤解を招くおそれがある場合には，どちらの意味で用いているかわかるように配慮した。
3) 『海外社会保障情報』の81号（1987年12月）は「アジアNICsの社会保障制度」を特集している。
4) しかも80年代後半以降新たに隊列に加わった国々も，NIESと同様，経済の高成長と社会政策の低支出の並存によって特徴づけられていたから，欧州諸国との対比で，東アジアを礼賛する動きも出てくることになった［Goodman, White and Kwon 1998 : 5ff.］。もちろん安上がりの社会政策の探究だけが東アジアの社会政策を研究する原動力ではないが，NIESの社会政策を研究するさいにみられたのと同様の研究関心は，東アジア全体の社会政策の比較研究へと拡大することが可能となったのである。
   なお女性政策については，国連の世界女性会議との関係もあって，比較的早い段階から東南アジアを含む東アジア全体を対象とした研究が行われていた［原 1996］。
5) 当初はAPECの存在感が大きかったが，アジアの通貨危機以後はASEAN＋3の枠組みが目立っている。ただし近年の歴史問題によって，後者の進展は中断を余儀なくされている。
6) 台湾についても同様の指摘をすることが可能だと推測できるが，著者の知識の限界を超えているので，ここではこの点に関して保留しておく。
7) 共通論題としてアジアが正面から取り上げられたのは94回大会が最初であるが，それ以前の共通論題でも，「資本輸出と労働問題」（46回大会，1973），「日本の企業と外国人

労働者」(78回大会，1989)，「日本における外国人労働者問題」(86回大会，1993) はアジアと関係しており，分科会で「アジアの労働問題」(88回大会，1994) が取り上げられたこともある［社会政策学会 1998：152］。
8) 大会プログラムに掲載された標題と翌年の『年報』に掲載された標題とで若干異なるものがあるが，ここでは後者で統一した。
9) 埋橋は2000-2002年期と2002-2004年期の2期4年間にわたって，国際交流小委員の仕事に従事した。
10) 総会で決定された2003年度の活動方針のうち，国際交流に関する部分は以下のとおりである。「2002年度の活動の中で，国際交流への取り組みが十分ではなかったとの反省が出てきた。大会に外国からの研究者を招聘したり，大会外でも外国の研究者との交流の場を設けたり，英文ホームページを作ったりと，これまで以上に国際交流を進めていきたい。すでに学会員のレベルでは多様な国際交流が行われており，学会もこうした学会員の国際交流の実態を知りそうした会員の努力と提携していく必要がある」。
　　また，国際交流を重視する立場から，2004年に，国際交流小委員会は国際交流委員会に格上げされ，委員長・副委員長は幹事のなかから選ぶこととなった。初代の委員長と副委員長には，それぞれ武川正吾と猿田正機が就任した。
11) 2004年度の活動方針は森建資代表幹事の下で，2005-2006年度の活動方針は玉井金五代表幹事の下でそれぞれ原案が作成され，各年度の総会で決定された。
12) 共通論題のタイトルはその後「東アジアの経済発展と社会政策」に変更された。
13) 韓国には，社会政策学会のほかに韓国社会福祉政策学会という学会があり，こちらの方が会員数は多いらしい。両方の学会に所属する研究者も多く，両学会の研究内容は重なるところも多いという。また，批判と代案のための社会福祉学会，韓国社会保障学会，韓国社会福祉学会という学会も存在しており，これらの学会も社会政策についての研究を行っている。
14) いささか個人的な体験を記すことを許してもらいたいが，私は1984年に初めて中国を訪れて，すでに中国で「社会保障」という言葉が使われているのを知って驚いた（このときの訪中団の記録は，『海外社会保障研究』No. 69 [December 1984] に「特集・中国の社会保障」として掲載されている）。それまでは，社会保険や労働保険の用語が一般的だったように思う。ところが，このとき以降，次第に社会保障という言葉が中国社会で市民権を得るようになった。1985年の国民経済発展7次5カ年計画のなかでは，「中国の国情に応じた社会保障制度体系を作る方針が打ち出され，……中国で初めて［公式文書として］『社会保障』という言葉が使われた」［田多 2004：17］。その後，社会保障は法令上の用語となり，役所の名称にもなった。2004年の憲法改正では，「国は経済発展の水準にふさわしい社会保障制度を確立し改善する」との条文が追加され，社会保障が憲法のなかに記されるまでになった。
　　初めての訪中からの20年後，こんどは，中国でも「社会政策」の用語が使われるようになっているのを知って驚いた。社会政策がこれから社会保障と同じ道を歩むのか否か，現在の時点では何とも言えない。しかし茶番（ファルス）となることなしに，歴史が繰り返してもら

15) 現在，中国国内には，経済学や NPM が主導する「公共政策」と，労働，社会保障，社会福祉などを中心とする「社会政策」との間に微妙な路線の違いがあるように思われる。
16) このような学会レベルでの動きとは別に，イギリスに留学中の日本，韓国，台湾の大学院生が中心になって，2005年に，東アジア社会政策研究ネットワーク（EASP）が形成された。すでに3回の会議を開催し，ジャーナルを準備中である。こうした若い世代の動きも今後，収斂していくことになるだろう。
17) 東アジアの社会政策学者の連携は，もちろんこのような実践的な意味合いがあるだけでなく，理論的な意味合いも大きいことは言うまでもない。

【参考文献】
于洋（2004）「中国における基本医療保険制度の形成とその実態」『社会政策学会』(11)：81-99。
上村泰裕（1999）「福祉国家形成理論のアジア NIES への拡張」『ソシオロゴス』(23)：232-48。
上村泰裕（2004）「東アジアの福祉国家」大沢真理編『アジア諸国の福祉戦略』（講座・福祉国家のゆくえ第4巻）ミネルヴァ書房：23-65。
上村泰裕（2006）「東アジアの福祉レジーム」『思想』(983)：185-202。
上村泰裕・末廣昭編（2003）『東アジアの福祉システム構築』東京大学社会科学研究所。
宇佐見耕一編（2003）『新興福祉国家論――アジアとラテンアメリカの比較研究』アジア経済研究所。
宇佐見耕一編（2005）『新興工業国の社会福祉――最低生活保障と家族福祉』アジア経済研究所。
王文亮（2003）「中国農村年金保険制度の誕生・衰退と再建」『社会政策学会誌』(9)：148-61。
王文亮（2004）『九億農民の福祉――現代中国の差別と貧困』中国書店。
大沢真理編著（2004）『アジア諸国の福祉戦略』（講座・福祉国家のゆくえ第4巻）ミネルヴァ書房。
金成垣（2004）「新自由主義と福祉政策――韓国の『生産的福祉』からの一考察」『社会政策学会誌』11：215-37。
金淵明編／韓国社会保障研究会訳（2006）『韓国福祉国家性格論争』流通経済大学出版会。
下平好博（1986）「開発途上国の社会保障制度――シンガポールにおける一つの実験」『海外社会保障情報』(74)：38-58。
下平好博（1987）「アジアの NICs の社会保障制度――シンガポールと香港の比較分析」『季刊社会保障研究』23 (1)：94-107。
社会政策学会編（1998）『アジアの労働と生活』(社会政策学会年報第42集) 御茶の水書房。

鍾仁耀（2005）『中国の公的年金改革』法律文化社。
白鳥令・D. サングカワン・S. E. オルソン＝ホート編（2006）『アジアの福祉国家政策』芦書房。
白鳥令編（2000）『福祉国家の再検討』新評論。
田多英範（2004）「東アジア福祉国家論を考える——ロジャー・グッドマン，イト・ペング氏の諸説によせて」『週刊社会保障』（2298）：50-3。
田多英範編（2004）『現代中国の社会保障制度』流通経済大学出版会。
武川正吾（2005）「福祉オリエンタリズムの終焉——韓国福祉国家性格論争からの教訓」武川正吾，キム・ヨンミョン編『韓国の福祉国家・日本の福祉国家』東信堂：54-76。
武川正吾（2006）「福祉資本主義の三つの世界——福祉国家形成要因としての国際環境」野口定久編『福祉国家の形成・再編と社会福祉政策』中央法規出版。
武川正吾（近刊）「福祉国家の日本レジーム——20世紀後半における」直井道子・平岡公一編『講座社会学11巻　福祉』東京大学出版会。
武川正吾，キム・ヨンミョン編（2005）『韓国の福祉国家・日本の福祉国家』東信堂。
武川正吾，イ・ヘギョン編（2006）『福祉レジームの日韓比較——社会保障，ジェンダー，労働市場』東京大学出版会。
中村遙（1973）『東南アジアと社会福祉』ミネルヴァ書房。
野口定久編（2006）『福祉国家の形成・再編と社会福祉政策』中央法規出版。
原ひろ子・前田瑞枝・大沢真理編（1996）『アジア・太平洋地域の女性政策と女性学』新曜社。
原覚天編（1977）『東南アジア諸国の福祉政策と国際協力』アジア経済研究所。
樋口富男（1976）「アジアの発展途上国における社会保障」『季刊社会保障研究』11(4)：24-35。
平石長久（1969）『インド社会保険の史的考察』社会保障研究所。
広井良典・駒村康平編（2003）『アジアの社会保障』東京大学出版会。
法政大学大原社会問題研究所編（1998）『現代の韓国労使関係』御茶の水書房。
Esping-Andersen, Gosta (1990) *The Three Worlds of Welfare Capitalism*, Cambridge : Polity.（岡沢憲芙・宮本太郎監訳 [2001]『福祉資本主義の三つの世界——比較福祉国家の理論と動態』ミネルヴァ書房。）
Goodman, Roger, White, Gordon and Kwon, Huck-ju, eds. (1998) *The East Asian Welfare Model : Welfare Orientalism and the State*, London : Routledge.
ILO (1960) "Social Security in Asia (1)(2)." *International Labour Review* 85 (1, 2) : 70-87, 163-83.
Midgley, James (1986) "Industrialization and Welfare : The Case of the Four Little Tigers." *Social Policy & Administration* 20 (3) : 225-38.

第Ⅰ部
社会政策学の現状と課題

1章　日本における社会政策の展開と特質
　　　——東アジアの比較軸

玉井金五（大阪市立大学）

はじめに

　エスピン・アンデルセンによる福祉国家の類型化に関する課題提起以来，ほぼ15年が経過した。この間に実に多くの福祉国家の国際比較研究が進み，注目すべき優れた成果が生み出されてきたといってよい。そのなかでも特筆すべきことは，アジアレベルで福祉国家の問題を捉えてみるべきであるという気運が非常に高まったことである。たしかに，1990年代から日本，韓国，中国等をはじめとした東アジアレベルで福祉国家の再編もしくは建設ということが大きな話題となり，それは関係者の強力な関心を惹かずにはいなかった。今後アジアレベルでの福祉国家の解明がこれまで以上に進めば，おそらく福祉国家の国際比較の座標軸はより豊かになるであろう。これまで，もっぱら欧米中心に論じられ，かつ叙述されてきた福祉国家の世界が，新たな視点からのアプローチによって再構築を促されるようになれば，そのことは福祉国家研究の前進に対して資するところ多大である。その意味で，グローバル化の時代ということを強く認識するのであれば，余計にアジアをはじめとした地域や国々の動向を視野に収めていかなければならないであろう。
　さて，アジアレベルということであれば，日本の福祉国家はその前史も含めるときわめて長い歴史と伝統を有している代表的ケースである。福祉国家を支える重要な柱のひとつが社会政策であることに，大方の異論はないであろう。否，むしろ各国の福祉国家を特徴づける要素として，社会政策が一体どのような形での展開をみせてきたのかは，決定的に重要である。したがって，日本の

福祉国家の性格を根底において規定するのであれば，必要な手続きとして日本における社会政策の主要な歩みや出来事を最低限フォローアップしておかなければならない。周知のように，日本で社会政策が動き出すのは非常に早く，時期的には19世紀末のことである。当時の日本ではドイツの影響が強いときで，社会政策についても日本からドイツを訪れた人々によって知識・情報がもたらされた。ドイツも日本も近代化，工業化を進めるうえで困難かつ激しい社会問題に直面しており，それに対処するために社会政策は不可欠であった。ドイツでは，ビスマルクの時代に社会政策が開始されたが，それが日本にも無視できない影響を与えることになったのである。

　日本で社会政策学会が結成されたのは，1897年のことであった。したがって，今日から数えると，すでに1世紀以上が経過している。いいかえれば，日本では社会政策の歴史が非常に長期間に及ぶということである。そこで，「日本における社会政策の展開と特質」を論じるのであれば，まず必要な時期区分をしておくべきであろう。この点について，いくつかの指標が考えられるが，1つは社会政策が直面した主要な社会問題の様相をもとにアプローチするという方法である。そうした視点に基づいて20世紀を中心とした時期区分をするのであれば，大きく3つに分けられるだろう。つまり，1つは戦前から終戦直後にかけてである。この時期は，何といっても「失業」と「貧困」が社会問題の中心であった。2つめの区分は高度成長期（1955～1973年）であり，豊かさが実現するなかで「完全雇用」の達成と「社会保障」の確立が重要なテーマとなった。そして，3つめが高度成長の終焉以降，今日に至るまでの時期である。この時期には従来の社会経済的条件が大きく変わり始めたこともあって，新しい課題に対処する体制づくりが模索されることになった。

　そこで，以下ではそうした3つの時期を設定しつつ，日本の社会政策がどのような展開を示すことになったのかをトレースする。その手法としては，今回は社会政策の実施主体に注目する。ただし，日本では国家や自治体に加えて，企業や，地域・家族も社会政策の代替的機能といったものを果たしてきた。むしろ，時期によっては後者の方が前面に出る形で社会問題にかかわりをもってきたといってよい。その意味では，各主体の複雑な絡み合いをいかに解きほぐ

すかが，日本的特質を摘出するうえで重要となるし，東アジアレベルの国際比較を進めるうえでも不可欠の要素を構成するであろう[1]。

1　20世紀前半期における展開

　先に，日本の社会政策学会は19世紀末に結成されたと述べた。その学会が本格的な活動を始めるのは，20世紀に入ってからのことである。1907年から1920年代の初めまでの間，学会の大会において当時の主要な社会問題をめぐる精力的な報告，討論が繰り広げられた。そうした一連の動きが国家＝政府に直接，間接の影響を及ぼしていったのは当然である。しかし，日本の近代化，工業化の過程で激しく生起する社会問題に対して，すぐに社会政策が実行に移されるということはなかった。実態としては，ようやく1910年代から1920年代にかけて労働関係や社会保険の立法化が図られていったのである。当時の日本社会を垣間見ると，まだまだ「主従の美風」といった形で雇う側と雇われる側の間に独特の社会的関係や雰囲気が残されていた。問題の解決に当たるためには，そうした美風を損なわないようにしなければならないといった考えが一部で強くみられたため，社会政策の介入の余地を狭めてしまったといえる面がある。それは，生活の維持という点において，できるだけ家族や隣近所といった地域で支えあうべきだとする考えとともに，20世紀初頭の日本社会を特徴づけるものでもあった。

　しかしながら，一方では先の社会政策学会の啓蒙活動，他方では内務省を中心とした社会政策に関する海外情報の収集や分析，さらには社会，経済を取り囲む客観的条件の変化は，しだいに国内での社会政策の必要性を高めていった。そして，工場法（1911年制定，1916年実施）をはじめとする労働関連立法や，健康保険法（1922年制定，1927年実施）を嚆矢とする社会保険立法が制定される形で日本の社会政策がその姿を現すのは，第一次大戦前後のことであった。もっとも，法律の制定に基づく制度化の中身については，注意深くみておく必要がある。たとえば，健康保険法をみると，国家福祉のなかに企業福祉が取り込まれた仕組みが部分的に導入されたといえるからである。当時，日本の企業の一

部ではすでに従業員のために共済組合をつくり，それによって従業員の福利厚生を取り扱い始めていた。企業によっては，医療給付もそれに含めていたところがあった。先の健康保険法では，そうした共済組合の実績のあるところには健康保険組合の設立を認め，企業自ら運営できるようにした。いいかえれば，そのような形で健康保険法のなかに既設の共済組合を組み込んだのである。

　健康保険法が制定されたこと自体，まさに社会政策の実現といってよいが，健康保険組合のケースをみると，明らかにそれは国家福祉というよりも企業福祉そのものである。このような日本の制度の内部構造は外からみると非常に識別しにくいため，性格規定をするときには注意しなければならない点である。しかも，そうした健康保険組合といったものがその後約80年を経過した今日に至るまで基本的に継続してきているのであれば，なおさらであろう。日本的特質のひとつは，このように社会政策のなかに，ここでいえば国家福祉に企業福祉が包み込まれたりするところにある。つまり，社会政策というと，国家＝政府とのかかわりといった視点が強くなるが，それは政策・制度によって必ずしも貫徹しないときがあるということだ。また，戦前期のある時代においては，国家ではなくてむしろ地方公共団体が地域や都市の社会政策を実行に移していたという事実も銘記しておくべきである。特に，〈都市〉社会政策といわれる分野では，いくつかの地方公共団体が地域住民の労働・生活面で大きな貢献を行った。戦前でとりわけ有名なのが，大阪市のケースである。

　大阪は戦前「東洋のマンチェスター」と呼ばれ，日本を代表する大商工業都市であった。いわば日本の経済センターとしての地位を確立していたのである。大阪には西日本を中心に多くの労働者が集まり，ダイナミックな労働＝生活過程が営まれたことはよく知られている。しかし，その分社会問題も尖鋭化した。増え続ける都市の労働者に対して，国家による社会政策はまだ十分な手が打たれるところまでいっていなかった。そのため，むしろ都市が先行する形で必要な施策を実施せざるを得なかったといってよいだろう。大阪市では，職業紹介所，共同宿泊所，簡易食堂等といった労働者にとって不可欠なものが〈都市〉社会政策の一環として生み出された。また，他方で市営住宅や公設市場，託児所等といった家族が都市生活を送るうえで欠かすことのできないものも供給さ

れていった。大阪市社会事業といった形で大正期（1912～1926年）を中心に展開された諸サービスは、その体系性やスケールの点で全国一と評された。国家の社会政策に対して、明らかに都市の社会政策が優位となる状況が現出したのである[2]。

　いずれにしても、20世紀に入ってからの日本では国レベル、地方レベルを問わず、社会政策が始動した。それは、当時のさまざまな社会問題に対処するためであるといった点において共通しているが、打ち出された社会政策の中身をみるとかなり独自な性格を有することが多いので、注意が必要である。いいかえれば、社会政策＝国家といった視点だけでは決して解明できないものだということであり、地方公共団体をはじめ、企業、地域、家族が何らかの形で関与していた事実に目を向けなければならない。特に、戦前であれば、企業、地域、家族の代替的機能は多大なものがあった。

2　高度成長期の様相

　戦前の日本に大きく横たわった「失業」と「貧困」の問題は、第二次大戦が終わってからもしばらくの間根強く残った。特に終戦直後の昭和20年代はまだまだ厳しい社会経済的状況が続いていたから、なおさらである。しかし、終戦直後の日本において注目しておくべき出来事は、このときに日本における初期福祉国家建設の方向が芽生えたということである。福祉国家を支える2本柱としての完全雇用と社会保障への言及は、特に日本の社会保障計画の策定に関する論議に現れ出た。

　当時、日本の社会保障計画に大きな影響を与えたのは、国でいえばイギリスとアメリカであろう。イギリスは、周知のように1942年の『ベヴァリッジ報告』によって社会保障の青写真が描かれたといわれたが、そのインパクトはイギリス国内にとどまらず、海外にも相当の影響を及ぼした。日本においても戦時中からイギリスの動きや『ベヴァリッジ報告』そのものに対する情報が入りつつあり、一部の雑誌ではその概要まで紹介されるにようになっていた。その意味で、戦後の社会保障のプランづくりにおいて大いに参考にされたのはいう

までもない。一方，アメリカはGHQ活動とのかかわりで日本の社会保障に関係を有することになった。終戦直後の生活困難者対策はまさに緊急の課題であったし，今後の日本の社会保障のあり方ということにかかわっては，1947年にワンデルを団長とした社会保障の調査団までを送り込み，勧告を行ったのである。こうして，両国を中心とした動きは日本の社会保障づくりに対して無視できない影響力を及ぼした。

当時における日本の社会保障計画の詳細に立ち入ることはできないが，1950年に社会保障制度審議会から提出された『社会保障制度に関する勧告』は最も体系的なものとして評されている。それは，社会保険を中心に据え，それを公的扶助が補完するという点においてイギリス型に近いかもしれないが，勧告のなかに盛り込まれた各部門の内容を仔細に眺めてみると，日本独自の方向性を追求しようとする姿勢が十分読み取れる。したがって，結論としては，やはり日本型の選択であったといってよいであろう。たしかに，終戦直後において諸外国から受けたインパクトはきわめて大きなものがあったが，日本は戦前から社会保険や公的扶助の制度を不十分ながらも取り入れてきた。しかし，戦後の混乱でそれまでの体制の立て直しが求められたわけで，そのときに諸外国の影響が直接，間接に生じたとみるべきであろう。したがって，大切なことは社会保障の萌芽はすでに戦前に形成されていたともいえるわけであり，そのことが日本の社会保障の戦後構造をも根幹で規定することになっていったということである。

日本では終戦直後にまず福祉国家の一方の柱である社会保障が，限られた範囲内であるが取り上げられた。そのことは何を意味したのかというと，国民の生活保障に対する国家の責任ということが前面に出たということである。それは，明らかに戦前と区別される出来事であった。では，国家責任が具体的な政策・制度まで完全に貫かれることになったのかというと，答えは否である。つまり，たしかに文書のうえでは国家責任が明示されたかもしれない。しかし，改変されつつある制度そのものをみたとき，そこから検出できるもののなかには，企業，地域，家族といった諸要素がまだまだしっかりと組み込まれていることに変わりはなかった。健康保険組合は依然として存在していたし，公的扶

助においても「補足性の原理」をみれば，家族等の機能と役割は大きなものがあった。そうした連続面は，戦前から戦後に目を移すとき，絶対に見落としてはならない点である。

　こうして，終戦直後の日本では社会保障の話題に注目が集まったが，しだいに雇用についても新しい動きが生じてくる。昭和20年代の日本ではまだまだ社会経済的に不安定な状態が続き，それこそ体制変革が引き起こされかねない雰囲気が濃厚に漂っていた。大争議の頻発や失業の激化はもちろんのこと，不安定就労も日常化している面があったのである。しかしながら，1955年前後になると，終戦直後の状況からしだいに回復し，その後の高度成長に通じる動きが開始されていった。ちなみに，1955年には日本生産性本部が設立され，その後の生産性運動の拠点となるのはその一指標である。日本が高度成長を実現できた諸要因については，これまで多くの文献等で言及されてきているから，本稿では割愛する。むしろ，強調しておくべき点は，日本において福祉国家建設が真実味を帯びた課題となり，「完全雇用」と「社会保障」という両輪が政策的にも制度的にも大きく意識されだしたということである。ちなみに，昭和35年度版の『厚生白書』が「福祉国家への途」をメインテーマに掲げたことは，そうした事情をよく物語っている。完全雇用に基づく安定した労使関係の構築と社会保障の充実による国民生活の向上は，その後を貫く基本路線となった。

　労使関係という領域では，先にふれた生産性運動は注目すべき取り組みであった。というのも，当時の労働団体の路線をみると，まだまだいくつかの勢力が激しく拮抗，対立しており，必ずしも一本化されていたわけではなかったからである。しかしながら，生産性を上げて公正な分配を増加させていくといった論理は，それまでの「不安定さ」や「貧しさ」をいち早く脱却したいと願う労働者にとって，実に受け入れやすい側面を有していた。高度成長期を通じて，とりわけ労使協議制が一部の産業・企業で急速に浸透していったのは，その証しでもある。一方で，日本の労働関係者が海外に出て諸外国の労働事情に直接触れたり，また各国の労働団体のリーダーと話し合いの機会をもったことは，彼らの視野を国際レベルに広げるうえで，このうえなく益した。そして，ちょうどこのあたりから，日本ではそれまでの階級的，闘争的な労働運動の路

線が，しだいに労使協調的なものにシフトしていくことになる。つまり，1960年代のほぼ半ばあたりに労働戦線の統一ということが叫ばれ，それが徐々に影響をもち始めていくのは，以上のような流れを反映した結果であった。

　社会政策的にみても，当時は労働関係を規制する立法が制定され続けるというよりは，むしろそれまで十分でなかった労働市場の面にかかわる改革へと向かいつつあった。1966年に雇用対策法が制定されるが，これはまさに戦後を支配してきた消極的な労働市場政策の転換を図るものであり，以後積極的な労働市場政策と呼ばれるものが，その勢いを増していくことになる。その意味で，労働関係にかかわる社会政策は，産業構造，就業構造の激しい変化に伴う対応が緊急に迫られていたといってよいだろう。他方，社会保障の領域についてみると，何といっても1961年に国民皆保険・皆年金の体制が形式上確立したことが特筆されてよい。しかしながら，これによって従来築かれてきたものが大きく再編されたというのではなく，むしろそれまでの基本的な構造は継承されたというべきである。いいかえれば，既存の制度的枠組みを維持しつつ新たな部分を追加し，適用対象を全国民に広げていずれかの制度に加入することを義務づけたのが，1961年の改革の本質であった。

　1961年の改革によって，国民は医療保険と年金保険に強制加入となった。ただし，このときも職業によって加入する制度が異なった。民間企業に勤める人々は，健康保険と厚生年金にかかわりをもつのに対して，農業や自営業等の人々は，国民健康保険と国民年金への加入となった。むしろ，後者の方がこれまで制度的に不十分であったので，61年の改革はそれをより徹底させたといってよいだろう。こうして大きくは2つの職業分類による括りがなされたが，それはもともと戦前から続いてきたやり方であり，このときに根本的な変更は加えられなかったのである。このことは，次のように言い換えてもいいだろう。日本の社会保険は民間企業に勤める者が加入する「職域保険」と，農業者，自営業等が関係する「地域保険」に大別されてきたと。このような性格が，1961年の改革でより強固にされたのであった。つまり，「職域保険」と「地域保険」という棲み分けが全国民を包括する形ででき上がったのである。これは，日本の社会保障，とりわけ社会保険の特質を浮き彫りにするうえで決定的に重要で

ある。

　さて，日本の高度成長は1973年まで続く。この間，「完全雇用」と「社会保障」は国民が直接肌で感じることができるほど，その言葉の意味に近い実現を果たしたといえるだろう。いいかえれば，「完全雇用」と「社会保障」が，戦前から終戦直後まで非常に長く日本社会に横たわった「失業」と「貧困」にとって代わったのである。そのことは，高度成長期とは一体どのような時代であったのかを逆に照射することになろう。明らかに，時期区分を可能にするような有力な指標が，社会政策の領域においても検出できるのである。この高度成長期において，日本が福祉国家の建設をどこまで行いえたかということについては，必ずしも統一的な見解があるわけではない[3]。どの指標を用いるかによって見解の相違が生じるのは当然であるが，戦前からの日本の軌跡や日本を取り巻く国際動向といったことを視野に入れれば，おそらく高度成長期における日本の福祉国家の然るべき位置づけは必要不可欠であろう。それは，日本における「完全雇用」や「社会保障」の発現形態がどのような形を取ったのかという問いであり，それに答えることは十分可能なのである。

　高度成長が終焉を迎える1973年にはオイルショックが起こり，それまで続いてきた経済成長は今後安定成長，もしくは低成長へ移行することが必至となった。つまり，それまでの「完全雇用」という状態の維持がかなり厳しくなることが見込まれた。また，同年には社会保障の領域で大きな改正が行われ「福祉元年」といわれて過大にもてはやされたが，そこで膨らみかけた夢は，その後における日本の社会経済条件のさらなる激変によって収縮することになる。こうして，高度成長期を中心とした「完全雇用」と「社会保障」の時代は静かに幕を下ろしていった。

3　低成長期における再編

　高度成長期以降から現在までが，20世紀というタイムスパンでみると3番めの時期となる。まず，日本経済は1970年代に大変厳しい不況に直面するが，それを何とか乗り越えていく。そして，1980年代には景気後退の長期化で苦しむ

欧州とは対照的にむしろ順調な発展を遂げた。その行き着いたところがバブル経済とその崩壊であってみれば，この第3期も正確にはバブル経済を境に前半と後半に分けて考えるのが妥当かもしれない。しかし，20世紀における日本の社会政策の展開といった視点や，日本の福祉国家の再編といった角度からみれば，第3期として一括して論じる方が望ましいようにも思われる。

　高度成長期以後の日本では産業構造，就業構造がさらに変容し，それは雇用，労働といった面で新たな課題となって現れた。とりわけ注目すべきなのは，それまで日本の社会や経済の中心にいた成年男性労働者に対して，「非成年男性労働者」として括ることができる層が一定の比重を占め始め，社会政策の領域においても重要な対象かつ政策課題として浮上してきたことである。具体的には，高齢者，女性，障害者，外国人労働者等といった人々があげられるであろう。1970年代後半から1980年代にかけて，いわゆる「企業主義社会」が浸透し，成年男性労働者は企業内の労使関係のなかに埋没していくかのように受け止められた。いいかえれば，彼らに対する社会政策が入り込む余地といったものが大きく制限されてしまったかの様相を呈したのである。当時，「日本的経営」といった形で，日本企業がもつ効率性や機能性が諸外国から随分注視されたが，それは日本経済全体からすればある断面を切り取ったにすぎず，むしろあまりにも過大評価されつつあったのが事実であろう。

　さて，非成年男性労働者の次元においては，そうした人々にかかわる社会政策が大きく開花することになる。高齢者については，高齢者雇用を積極的に推進していこうという動きが1980年代から生じた。それは，1983年の「第五次雇用対策基本計画」を経て，1986年の高年齢者雇用安定法の施行につながっていった。60歳定年制の確立，65歳までの雇用延長を軸に据えた方策は，企業や地域の各レベルにおいて，一定の成果をもたらした。それは，長年続いた高齢者雇用における保護的施策からの決別である。一方，経済のサービス化，ソフト化の進展に伴って，女性雇用にも注目が集まった。とりわけ，1986年施行の男女雇用機会均等法は，その中身の評価は分かれたにしても，女性雇用の実態や課題により目を向けさせるうえで，決定的に重要な役割を果たした。同法が出発点となり，その後関連する分野では，1991年に育児休業法（1995年に育児・

介護休業法)，1993年にパート労働法等といった，女性労働に大きなかかわりを有する社会政策の立法化が順次図られていった。

他方，この時期における障害者雇用への取り組みにも注意する必要がある。特に，1976年における身体障害者雇用促進法が大きな転機となった。民間企業に対する法定雇用率の設定や納付金制度の導入は，このときに決定された事項である。その後1987年に改正があり，名称から「身体」が取り除かれた。つまり，精神障害も含む障害者全体を対象とすることになったのである。遅れていたリハビリテーションサービスの体制を全国的により充実させていくことが取り決められたのも，この改正においてであった。最後に，外国人労働者について言及しておくと，1980年代に近隣のアジア諸国からの流入がめだち始めた。それは，当時における日本経済の順調な発展による労働力不足問題の顕在化と踵を接していた。外国人労働者の受け入れの是非論争が華々しく起こったのは80年代の後半のことであったが，政府は単純＝不熟練労働者は受け入れないとする従来の方針を変えることはなかった。こうした状況を反映して，80年代末には入国管理法のなかの一部不備な点の改正があり，それは1990年に施行された。

いずれにしても，雇用にかかわる社会政策の領域をみると，非成年男性労働者を対象にして重要な社会政策が次々と打ち出されていったのがわかる。そうした事実は，日本の社会政策の展開を中長期の視点からみると，明らかにひとつの特徴的な時代として照らし出すことができるといえよう。なお，1985年に労働者派遣法が制定され，その後の派遣労働拡大の出発点になったことも，この時期の重要な出来事として押さえておく必要がある。

一方，社会保障にかかわる社会政策はどのような動きを示したのであろうか。1980年代をみると，やはり医療，年金が中心的課題となった。特に，医療については，老人医療が問題化し，1982年の老人保健法の制定につながった。1972年に老人医療費支給制度ができてから，老人の受診機会は拡大し，結果として老人医療費の膨張を促した。日本の医療保険の仕組みからすると，それは国民健康保険財政を強く圧迫することになる。これを打開するために，先の老人保健法が登場したのである。同法の主要点をみておくと，これまで国民健康保険

に大きな費用負担がかかっていたものを，健康保険をはじめとする他の保険者にも老人医療費を担わせることにより，国民健康保険の負担軽減を図ろうとするものであった。「拠出金」と呼ばれるものがそれにあたり，各保険者は以後一定額の支払いが求められるようになる。この仕組みは，明らかに保険者間で財政調整が行われたということであり，それは日本の社会保険の歩みからすると初めての出来事であり，十分銘記しておくべき点である。

　こうした社会保険における財政調整の導入は，年金にも波及する。1985年に戦後最大といわれる年金法改正があった。これによって，一元化が実行に移され，国民共通の基礎部分ができ上がったことに国民の注目が集まったが，改正の本質は別のところにあったのである。それは，端的にいえば旧国民年金が財政的にいきづまっていたということであり，従来のように対象者によって分かれるバラバラの制度のままであれば，国民年金は完全に財政破綻したのである。改正の本質をいえば，年金の一元化は国民年金の窮迫した事態を何とか救うために実施に移されたのであった。新しい制度をみると，一元化された部分の財源確保のために拠出金制度が導入されており，それによって民間企業に勤務する第2号被保険者が旧国民年金加入者（第1号被保険者）を財政的に支援するための仕組みが形成されたといってよい。これも明らかに財政調整の導入であり，先の老人医療のケースと同じことが行われたのであったという事実に，ぜひとも注目しておく必要があるだろう。

　医療，年金といった社会保障の重要な分野で実行に移された改革は，以下のように言い換えてもいいだろう。つまり，上述したように，日本では社会保障の中心をなす社会保険において「職域保険」と「地域保険」という2つの領域の棲み分けというやり方を長年にわたって続けてきた。しかるに，産業構造，就業構造の激変によって，ある時期から地域保険が財政的に揺らぎ始めたのであった。そこで採られた方策こそ，そうした地域保険を職域保険が財政的に支える，つまり制度間財政調整というやり方であった。このように，日本の社会保障改革で1980年代に選択された方式が基本的にそれ以後の流れをつくることになるが，そうしたシステムの問題点が露呈するまでにそれほど多くの時間はかからなかった。いずれにしても，社会保障の領域における社会政策は，医療，

年金を中心に新しい段階に入ることになった。

4 東アジア間比較に向けて

　日本はバブル経済が破綻してから，それまで前提としていた諸条件を再度問い直す必要に迫られていく。また，この頃からグローバル化の波も激しくなり，1990年代は国内外において，それまでとは明らかに異なった見方，考え方が要求されるようになった。社会政策に関していえば，国際的には激しく変容する福祉国家の類型化をめぐる作業が急テンポで進む一方，アジアレベルにおいても韓国，中国等をはじめとして，社会政策の実践が著しく進展するようになる。

　こうした状況のもとで，日本国内においてもそれまでにはみられなかった現象が生起してきた。雇用の領域においては，激しい景気後退を受けて，民間企業を中心に失業やリストラが加速した。また，それと併行する形で若年層の雇用問題が深刻化したり，東京や大阪といった大都市を中心にホームレスがめだつようになった。なぜこれほどまでにホームレスが増加したのかということについては，各都市の特性を踏まえた成果が多々出されたが，原理的にみたとき戦後の福祉国家がそうした人々をもはや包摂することができなくなってしまったのだという指摘も生じた。他方，社会保障関係をみると，とりわけ福祉・介護の領域が以前よりもはるかに大きな比重を占めるようになった。80年代半ばあたりに，わが国があまりにも老人を医療に結び付けてきたことへの反省が生じ，老人ケアのあり方について見直しが開始された。その頃から，老人に対して必要な福祉・介護サービスを速やかに提供できるような体制を整えていかなければならないという認識が，政府を中心にようやく示されるようになった。それが，後に実現する介護保険導入の伏線となる。

　いずれにしても，日本の社会政策はそれまでの枠組みを超えて新たな構築をしていかなければならない時代に突入した。国家，企業，地域，家族等，いずれのレベルにおいても，これまでの機能と役割の見直しが迫られている。近年，日本では21世紀のあるべきセーフティネット論が華々しく論じられたが，未だこれといった説得的な結論は出ていない。もっとも，これまで社会政策の主要

な実施機関であった旧労働省と旧厚生省が一体化して，2001年に厚生労働省に再編，統合されたことは，21世紀の日本の社会政策を考えるとき無視できない出来事であろう。また，21世紀には地方自治体レベルでも独自の地方・地域・都市の社会政策をより推し進めるように努めなければならないだろう。グローバリゼーションに対してローカライゼーションといったことが叫ばれるが，それは実を伴わなければ意味がない。おそらく，今後はますます地方特有の諸課題に対して，地方自治体が率先して独自の施策を打ち出していかなければならない。ちなみに，2000年の雇用対策法等の改正で，市町村も雇用対策に取り組まなければならなくなったことは，そうした一連の流れのなかで押さえる必要がある。

　さて，日本の福祉国家が一体どのような性格を有してきたのかということについては，これまで展開してきた社会政策の実相をできるだけトータルに究明し，描き出すしかない。しかし，それが単なる歴史の検証だけに終わるのではなく，現在や未来を考えるうえで有益な政策・制度の誕生に結びついてこなければならない。そのためには，併行して新しい政策・制度を根幹で支える思想・学説の提起をしていくといったことが正面から問われよう。それとともに，今後は東アジアレベルでの社会政策の国際比較を精力的に進めていくべきである。とりわけ，近年における韓国や中国での社会政策の展開には目を見張るものがある。日本では終戦直後に「社会政策本質論争」が繰り広げられ，関係者に大きなインパクトを与えたが，現在の韓国では「韓国福祉国家性格論争」が進行中である。論争が起こるということは，それだけ社会政策に対する熱い思いが生じているということであり，社会や学問の進歩にとって欠かせないものである。

　東アジアレベルでの社会政策研究の盛り上がりは近年における注目すべき出来事であり，福祉国家の国際比較を一層促進する起爆剤となるだろう。そして，それは結果として，これまで欧米を中心に構築されてきた福祉国家論の再考を促すだけでなく，世界の目を「アジアの労働と福祉」に強力に引き付けることになるだろう。「東アジアにおける社会政策学の可能性」は，無限に広がりそうである[4]。

1）　日本の社会政策の1世紀を外国人研究者によりよく理解してもらうためには，それなりの工夫がいる。それに応えることができるように，本稿はできる限りわかりやすく，かつコンパクトにまとめ上げることに心がけたつもりである。
2）　1930年代を中心にクローズアップされた〈農村〉社会政策も日本的特質のひとつとして注目しなければならないが，スペースの関係上割愛せざるを得なかった。日本の社会政策史上，農村がもつ意味は時代によって非常に大きなものがあったことを銘記しておかなければならない。時代状況が異なるので単純に比較できないが，日本の〈農村〉社会政策の事例は特に現在の中国に示唆できる部分もあるのではないか。
3）　たとえば，本分科会を中心になって企画された武川正吾氏や埋橋孝文氏等と筆者の見解は微妙に異なるが，今回はその詳細に立ち入らない。分科会の質疑応答において，田多英範氏はこうした日本福祉国家の起点をめぐる見解の相違とそれをめぐる論点に言及された。
4）　本稿は，そうした比較のための出発点として，アジアで最も古い社会政策の歴史を誇る日本の事例を筆者の視点から整理し，提示したものである。今回ほとんど取り上げることができなかった日本の社会政策の学説・思想史については，改めて論じることにしたい。

【参考文献】

岩田正美・西沢晃彦編（2005）『貧困と社会的排除』ミネルヴァ書房。
上村泰裕・末廣昭編（2003）『東アジアの福祉システム構築』東京大学社会科学研究所。
埋橋孝文編（2003）『比較のなかの福祉国家』ミネルヴァ書房。
金成垣（2004）「韓国福祉国家性格論争」『大原社会問題研究所雑誌』No. 552。
佐口和郎・中川清編（2005）『福祉社会の歴史』ミネルヴァ書房。
鍾仁耀（2005）『中国の公的年金改革』法律文化社。
武川正吾，キム・ヨンミョン編（2005）『韓国の福祉国家・日本の福祉国家』東信堂。
武川正吾，イ・ヘギョン編（2006）『福祉レジームの日韓比較』東京大学出版会。
玉井金五・大森真紀編（2000）『新版 社会政策を学ぶ人のために』世界思想社。
玉井金五・松本淳編（2003）『都市失業問題への挑戦』法律文化社。
玉井金五・久本憲夫編（2004）『高度成長のなかの社会政策』ミネルヴァ書房。
玉井金五（1993）「社会政策のアジア間比較」竹中恵美子編『グローバル時代の労働と生活』ミネルヴァ書房。
玉井金五（2001）「20世紀と福祉システム」社会政策学会編『自己選択と共同性』御茶の水書房。
チャールズ・ウェザーズ，海老塚明編（2004）『日本生産性運動の原点と展開』社会経済生産性本部・生産性労働情報センター。
Esping-Andersen, G. (1990) *The Three Worlds of Welfare Capitalism*, Policy Press.（岡

沢憲夫・宮本太郎監訳［2001］ミネルヴァ書房。）
Esping-Andersen, G. ed. (1996) *Welfare States in Transition*, Sage Publications.（埋橋孝文監訳［2003］『転換期の福祉国家』早稲田大学出版部。）
Izuhara, M. ed. (2003) *Comparing Social Policies*, Policy Press.
Milly, D. J. (1999) *Poverty, Equality, and Growth*, Harvard University Asia Center. ほか

［付記］
　本稿は，もともと2004年12月3日に韓国のソウルで開催された「日韓社会政策シンポジウム」での報告のために用意されたものである。2006年6月4日の社会政策学会第112回大会・テーマ別分科会（「東アジアにおける社会政策学の可能性」）での報告にあたり，旧稿を大幅に加筆修正したことをお断りしておきたい。

2章　韓国における社会政策学の可能性

尹　朝徳（韓国労働研究院）

1　序　論

　韓国において，学問としての社会政策学は，独立（1945年）後，そして1970年代に学界からの関心が寄せられたことがあったが，社会的需要がともなわず，自生的に活性化されることはなかった。しかし，最近では，韓国社会が直面している出生率の低下，高齢化，貧困層の拡大，国民医療費の急増，労働市場における非正規職の拡散，経済社会的二極化などの社会問題に効果的に対応するために，福祉政策，医療政策，社会保険政策，労働市場政策，住宅政策，教育政策，租税政策などを統合的に考慮しなければならない状況が発生したこともあり，総合的学問としての社会政策学に対する関心が高まりつつある［金 2006］。

　本稿においては，韓国における社会政策変遷過程および主要内容を，保健福祉部と労働部を中心に考察し，それぞれの政策に対する労働界と学界の意見提示および対応を分析した後，韓国における学問としての社会政策学の可能性を検討する。

2　韓国における福祉制度の拡大推移

　社会政策の根幹たる社会保険を含む福祉制度の発展過程をみると，経済的繁栄時がある転換を示す時期であり，新しい福祉制度の導入や拡大が行われてきたという特徴があることがわかる（図表1参考）。「もっとも代表的変化は，経

図表1　韓国の福祉，経済，政治発展段階

	経 済 発 展	福祉制度の変化	政治の変化
1960年代：導入期	成長と分配の未定着　軽工業中心	生活保護制度，各種社会保険立法	軍事政権下の開発政権の正当性確保のための社会保障政策
1970年代半ば：転換1段階	1人当たりGNP500-1000ドル　外延的成長の限界，剰余労働の消滅，国際収支黒字，資本集約的重工業，不動産・証券投機ブーム	医療保険，医療保護の導入	独裁政権（維新）の延長とそれに対する抵抗増大
1980年代半ば：転換2段階	1人当たりGNP2000-3000ドル　技術集約的産業，海外労働流入の開始，不動産・証券投機ブーム，過剰消費生活への進入および相対的貧困の増大	全国民医療保険化，国民年金の導入，老人・障害者福祉サービス強化，住宅政策の強化	ストライキ等社会葛藤に対する政権安定，福祉需要への対応　新軍部政権に対する抵抗運動が民主化宣言をもたらす
1990年代半ば：転換3段階	1人当たりGNP10000ドル　持続的成長進入のための産業構造の質的改編：競争力中心経営，高賃金および労働収入増大	経済機会費用の増大によって福祉投資の萎縮，福祉水準と内容など質の追求，地域年金と雇用保険導入，民間福祉の役割強調	民間政府の政治経済改革優先
1990年代後半，2000年代初め：転換4段階	金融危機による経済危機，その克服のための構造調整，外国資本投資，IT産業の発展	生産的福祉，参与福祉	福祉制度の拡充

注：1）　日本の1970年1人当たりGNPは1948ドルであり，「福祉元年」と呼ばれる1970年代初めは2000ドル代の所得水準であった。この時期は，年金および医療保険給付の拡大，社会扶助の強化など，福祉を強化する時期であった。
　　2）　10000ドル代はアメリカの1970年代後半の時期であり，福祉病が主要問題として認識され始める時期である。日本の場合は1980年代中ばに当たるが，福祉の完熟期に到達した時期といえる。
資料：朴［1997：52］に基づいて，補完。

済開発計画初期である1960年代はじめと，福祉制度の導入と拡大が行われた1980年代後半である。それ以外にも，1970年代後半に，現在でも財政規模と効果が最も大きいとされる医療保険制度が画期的に導入・実施されたこと，1990年代後半に，社会保険体制が確立されたこと，民間福祉が強調されたこと，経済・政治的環境変化が社会福祉に強い影響を及ぼすような新しい局面に入って

いることが，転換的変化であるといえる［朴 1997：49］。

　経済成長と関連して福祉制度の導入・拡張を分析するとともに，各時代の政治的状況と関連して分析を行うことも重要な意味がある。各種の社会保険立法（たとえば，産業災害補償保険法）は，1961年5月16日の軍事クーデターで政権をとり，政権の正当性に欠けていた政府が，1962年，政府基本対策の1つとして，「社会保障制度の基礎を確立し，福祉社会建設を指向する」ことを掲げ，その実行のために社会保障審議委員会を構成し，韓国の状況に適した社会保障制度の調査・研究を通じて，社会保障制度拡大実施のための立法および段階的研究を試みることによってできた［労働部 2004：16］ものである。

　また，1970年代半ばはユシン（維新）政権の独裁に対して，学生や知識人，労働階層の抵抗が起きた時期であり，1980年代後半は，新軍部政権の独裁に対する学生・市民・労働者等の抵抗によって，いわゆる「6.29民主化宣言」（1987年6月29日）がもたらされ，それ以降，社会の全領域において民主化が拡張された時期である。

　社会政策の根幹たる社会保険をはじめ，福祉制度導入による関連法令の制定を時期順に示しているのが図表2である。

　社会保険の中では，産業災害補償保険法（1963年）が最も早く導入・施行され，国民年金法は1973年に制定されたが，1988年になってから実行された。医療保険（1976年）も職場労働者を優先的な対象として実行され，雇用保険は1993年の法制定を経て，1995年から施行された。高齢者スバル（介護）保険は2007年からの施行が計画されている。

　労働者の保護については，最低限の労働条件を規定した勤労基準法が1953年に制定され，最低賃金制は1988年から施行された。低所得者保護のための生活保護法は1961年に制定され，最低生計費100％保障計画が，1990年代下半期に立案された。

　脆弱階層（児童，青少年，障害者，老人など）の福祉サービスに，児童福祉法（1961年），老人福祉法（1981年），心身障害者福祉法（1981年），母子福祉法（1989年），乳幼児保育法（1991年），青少年基本法（1991年）が制定され，障害者雇用促進のための法律（1990年）と障害者便宜施設増進法（1997年）および障害

図表2　韓国社会保険・福祉制度の年度別展開の要約

年度	社会保険	生活保護・労働者保護	脆弱階層福祉サービス	その他
1961-1965	公務員年金法制定・施行(60), 改定(62), 軍人医療保険法制定(63), 産業災害保険法制定および施行(63)	勤労基準法制定(53), 生活保護法制定(61), 職業安定および雇用促進法制定(61)	児童福祉法制定(61)	船員, 軍人, 災害救護法制定(62), 労働組合法, 公害防止法
		社会保障に関する法律の制定および社会保障審議委員会の構成		
1966-1969	産災保険適用拡大	生活保護法施行令制定	韓国社会福祉士協会発足(66)	職業安定法制定
1970-1975	国民年金法制定(未施行)(73), 私立学校教員年金法制定(73)		社会福祉事業法制定(70)	母子保健法制定
1976-1979	医療保険法全面改訂(76)および施行(77), 医療保険法制定, 公教医療保険法制定(77), 施行(79)		特殊教育振興法制定(77)	職業訓練基本法制定(76), 職業訓練促進基金法制定(76), 越南軍人特別補償法制定(72)
1980-1985	産業安全保険法制定(81)	生活保護法全面改訂(82), 塵肺法制定(84)	児童福祉法全面改訂(81), 老人福祉法制定(81), 心身障害者福祉法制定(81)	
1986-1990	医療保険漢方(87), 農漁村(88), 都市(89)薬局保険(89)拡大, 国民年金法再実施(88)	最低賃金法制定(86)および実施(88), ホームレス先導施設運営規定(87)	母子福祉法制定(89), 児童・老人・障害人福祉法制定(89), 障害者雇用促進法制定(90)	男女雇用均等法制定(87), 機能奨励法制定(89)
1990-1995	雇用保険法制定(93)および法施行(95), 農漁村国民年金実施(95)	社内勤労福祉基金法制定(91), 中小企業勤労者福祉新興法(93)	乳幼児保育法(91)および青少年基本法制定(91), 高齢者雇用促進法(91), 在家奉仕センター設置	国民健康増進法(94), 雇用政策基本法制定(93)
1996-2000	医療保険金給与拡大(96), 都市自営者年金(98)	最低生計100％補償計画(96-98)	障害者便宜施設増進方制定(97), 公共医療に関する法律制定(00)	社会保障基本法制定・施行(93)
2001-2006	国民健康保険財政健全化特別法制定(02)		障害者雇用促進法および職業再活法制定(01), 漁村住民の保健福祉増進のための特別法制定(04)	保険医療基本法制定(00), 漢医学育成法制定(03), 癌管理法制定(03), 健康家庭基本法制定(04), 建築超過利益還収法(06)

資料：南・曹［1995：92-94］などに基づいて補完。

者雇用促進法および職業再活法（2001年）が制定・施行されている。

3　政府の社会政策

　ここにおいては，1980年代初めから今日までの政府の主要社会政策を，保健福祉部の保健福祉政策と労働部の労働政策を中心にまとめる。

（1）1981～1987年
　この時期は，新軍部政権による第5共和国政府の全大統領の統治時期である。

(1) 保健福祉政策
　主要保健福祉政策は次のような6つの分野に要約される。
〈全国民医療保障，医療保険制度の適用拡大〉
　1977年7月1日から，職場労働者を中心に実施された医療保険が，1981年7月1日から公務員・私立学校教職員と退職年金受給者までに，同年10月1日から軍人年金受給者にまで拡大された。農漁民と自営業者など非賃金所得者に対する管理モデル開発のために，1981年7月1日からホンチョンなど3つの地域（郡）に地域医療保険の示範事業が実施された。同年12月から都市自営業者に対する医療保険の拡大のために，職種医療保険事業を実施した［保健社会部 1987：66-67］。
〈人口増加抑制対策〉
　第5次経済社会開発5ヵ年計画（1982～1986年）を樹立する過程において，人口増加抑制対策が策定された。
〈防疫体制の構築〉
　コレラ，脳炎などの伝染病の発生根絶のために，防疫事業の先進化を試みた。
〈低所得，脆弱階層の自立支援強化〉
　生活保護法を全面改正（1982年12月31日，法律第3623号）し，生活保護者に対する保護水準向上と貧困の悪循環を防止し，持続的な生活安定を確保するために，労働能力のない者に対する生計救護という消極的な支援策から脱皮し，自

活・自立へとつながる積極的な支援対策に必要な事業を推進できるように制度を補完した。

また、障害者総合福祉対策を策定し、①生活能力のない重度障害者に対しては、その生活を国家が保護し、②自活能力のある障害者に対しては、職業訓練や就業査定を通じて再活自立を誘導、③障害者に対する社会的制約要因の改善に努めた [保健社会部 1987：80]。

〈老人福祉法の制定〉

高齢人口の増加と核家族化による老人問題に対処し、老人福祉法を制定した。

〈女性の社会発展参加機会の伸張〉

1983年韓国女性開発院を設立・運営し、国務総理をその委員長とする女性政策審議委員会を発足させた。第5次経済社会開発5ヵ年計画（1982～1986年）に女性開発部門計画委員会を設置し、女性人力活用と能力開発を検討するようになった。

(2) 労働政策

1980年代初めから中頃（1982～1987年）、労働政策の基本目標は一貫して労使関係の安定と雇用安定および勤労福祉の向上にあり、そのための施策が主流になっていた。また、技術人力の養成および熟練とともに労働災害の予防[1]および産業災害保険拡充事業が一貫した主要施策として位置づけられていた（図表3参照）。

（2）1988～1992年

この時期は、新軍部政権による第2次統治期間であり、盧泰愚大統領の統治時期である。また、この期間中に、第6次経済社会発展5ヵ年計画（1988～1992年）が策定・施行された。

(1) 保健福祉政策

主要保健福祉政策は、保健医療部門と社会保障部門とに大別される。

〈保健医療部門〉

図表3　主要政策課題（1982〜1987年）

年度	基本目標	重点施策
1982	労使協調と雇用安定	①労使協調体制定着，②技術人力養成と高級化，③雇用安定の促進，④労働環境の改善，⑤労働福祉の改善，⑥産災保険の拡充
1983	労使協調と雇用安定	①労使協調増進，②雇用安定促進，③勤労福祉増進，④産業災害予防強化，⑤技術人力精鋭化，⑥産災保険運営充実化
1984	労使協調と雇用安定	①生産的労使関係定着，②産業災害予防強化，③雇用安定促進，④技術人力の高度熟練化，⑤勤労福祉向上，⑥勤労条件保障
1985	雇用安定と勤労福祉向上	①労使協調定着，②勤労福祉増進，③人力手当円滑，④機能水準向上，⑤産業災害予防，⑥勤労条件改善
1986	勤労福祉増進と雇用安定	①雇用安定促進，②勤労福祉増進，③勤労条件改善，④勤労福祉向上，⑤産業社会に対応する職業訓練，⑥産業災害予防強化および産災保険拡充，⑦青少年勤労者特別保護，⑧能動的労働外交の積極的推進
1987	労使関係安定と共栄体制確立	①協調的労使関係発展，②勤労福祉増進，③雇用安定促進，④技術人力養成体制強化，⑤産業災害予防および労働条件改善，⑥産災補償保険事業の拡充

資料：労働部『労働白書』1983：7；1984：53；1985：3；1986：3-4；1987：3-4；1988：3。

　1988年農漁村地域住民医療保険，1989年7月都市地域住民医療保険が実施されるようになり，1977年職場医療保険が実施されて以来，12年で全国民を対象とする医療保障体制が整い，そのための農漁村地域の公共保健医療施設と人力の持続的拡充が行われた。また，食品衛生と医薬品の安全性確保のための関連基準を制定・補完した［保健社会部 1992：3］。

〈社会保障部門〉

　保健医療の充実，公共賃貸住宅の建設，最低賃金制度の実施などを通じて社会保障制度の土台が構築された。たとえば，国民年金法の改正（1986年12月30日）を通じて，1988年1月1日から国民年金を職場労働者を対象にして実施，都市低所得者に対する公共賃貸住宅17万戸建設・供給，70歳以上の生活保護対象者に老齢手当て支給，老人就業促進のための高齢者雇用促進法の制定（1991年），障害者職業再活のための障害者雇用促進法の制定（1991年），少年少女家長に対する最低生活保障，女性の能力開発と社会参与拡大のための事業などを行った［保健社会部 1992：3-10］。

第Ⅰ部　社会政策学の現状と課題

図表 4　政策主要課題（1988～1992年）

年度	基　本　目　標	重　点　施　策
1988	和合と共同の労使共栄体制確立	①労使関係の安定，②勤労福祉事業の拡充，③勤労条件向上および産業災害予防，④雇用安定機能の活性化，⑤技術人優待社会の具現，⑥産業災害補償保険の充実化
1989	①労使関係発展のための国民的合意形成，②勤労者実質所得向上で中産層化基盤造成，③労働行政の専門性増大で信頼される労働行政具現	①労使関係の発展，②賃金，勤労条件の改善，③勤労福祉向上，④産災予防強化および災害勤労者保護，⑤雇用促進と技術人力養成拡大
1990	産業平和の早期定着	①労使関係の安定，②合理的な賃金決定および勤労条件改善，③勤労福祉の増進，④産業災害の予防および災害勤労者保護，⑤雇用促進と技術人力養成
1991	産業社会の活力増進	①賃金および労使関係安定，②勤労福祉増進および勤労条件改善，③産災予防および災害勤労者保護，④技術人力養成拡大および職業安定機能保障，⑤産災災害予防，⑥勤労条件改善
1992	経済安定基盤構築と輸出競争力回復	①労使関係および賃金安定，②勤労意欲増進のための労働環境改善，③人力需給の円滑化

資料：労働部『労働白書』1989：3；1990：4；1991：3-4；1992：3；1993：4。

(2) 労働政策

1980年代後半から1990年代初めまでの間（1988～1992年），労働政策の基本目標は，労使共栄体制の構築（1980年代末まで）と，労使平和による輸出競争力の回復（1990年以降）であった（図表4参照）。そのための主要施策としては，労使関係の安定，賃金・労働条件の改善，労災の予防と労災労働者の保護，雇用促進と技術人力の養成などを推進した。

（3）1993～1997年

この時期は，新軍部による統治（1993～1997年）以降，金永三大統領によるいわゆる「文民政府」統治の時期である。新経済5ヵ年計画（1993～1997年）が国政運営の中心をなしている。

(1) 保健福祉政策

　文民政府の新経済5ヵ年計画は，すべての国民の参与と創意的発展を原動力とし，経済制度と意識改革を成し遂げることによって，この計画期間中に先進経済国の仲間入りを目標にし，26項目の重点課題を提示した[2)][保健社会部1993：3-4]。

　その中で，社会政策の基本目標は，①現行制度の質的向上，福祉制度間の連携強化など福祉政策の効率性を高めるとともに，国家発展水準に相応しい社会福祉政策方向の設定により国民福祉を増進すること，②農漁民に対する国民年金制度を拡大するとともに，低所得階層の基本生活を保障し，社会福祉事業への民間参与を拡大することによって福祉供給を拡大し水準を向上させること，③障害者の便宜施設の拡充し，障害者雇用を促進するとともに，保育施設を拡充し，人力の活用を促進することによって，福祉増進が経済成長に寄与するように福祉と経済のバランスのとれた発展を追求すること，④癌，精神病など特殊疾患の管理を強化し，緊急医療体制を改善するとともに，漢方医療の育成・発展を通じて国民の医療便宜を提供し，食品と医薬品に対する安全管理体系を強化し，国民健康増進を図ること，を基本方向としている。

(2) 労働政策

　文民政府期間中における労働政策の基本目標は，参与と協力の労使関係の定着をその中身とする「新しい労使文化」の創出を通じて，産業競争力の確保と対外信頼度を高めることであった。そのための主要施策は，新労使文化創出，正規職雇用政策の推進，労働者生活安定を通じての労働意欲の増進，女性労働者の保護および雇用促進，労働外交強化および産業安全先進化基盤の構築であった。1990年代中ばの大型事故の多発（スンス大橋の崩壊，ガス爆発，サンプンデパートの崩壊，大邱地下鉄工事現場の崩壊など）によって，社会の各分野の安全意識を向上させ，労働災害率を先進諸国の水準までに減少させるために，労災予防先進化計画を策定・施行した（図表5参照）。

第I部　社会政策学の現状と課題

図表5　主要政策課題（1993～1997年）

年度	基 本 目 標	重 点 施 策
1993	①労使和合と賃金安定，②勤労者士気養成および産業災害予防，③積極的人力・雇用政策	①労使共同体意識拡散，②労使紛糾予防および紛糾の早期収拾，③賃金交渉指導，④勤労者住居安定支援，⑤女性勤労者保護，⑥産災脆弱事業場特別管理，⑦災害勤労者保護，⑧雇用関連法制の全面的改編，⑨技術人力養成拡大
1994		①労使協力関係の模索，②産業人力の競争力向上，③勤労者生活安定を通じた勤労意欲増進，④産業災害予防および産災勤労者保護
1996	参与と協力の労使関係定着	①労使関係改革，②積極的雇用政策推進，③勤労者福祉増進，④産業安定先進化3ヵ年計画策定，⑤国際労働外交
1997	①新しい労使文化創出，②産業人力開発体系構築，③産業競争力確保と対外信頼度向上	①新しい労使文化創出，②積極的雇用政策推進，③勤労者士気向上と生活安定支援，④産業安全先進化基盤構築，⑤勤労女性保護および雇用促進，⑥労働外交の役割向上

資料：労働部『労働白書』1989：3；1991：3-4；1992：3；1993：4。

（4）1998～2002年

この時期は1997年末の金融危機によるIMF管理体制の下で，金融危機克服を国政の主要課題にして執権した金大中大統領のいわゆる「国民の政府」による統治時期である。

(1) 保健福祉政策

「国民の政府」の保険福祉政策の核心はいわゆる「生産的福祉」である。生産的福祉はすべての国民が人間的尊厳性と自尊心を維持できるように脆弱階層の基礎的生活を保障するとともに，積極的に経済社会活動に参加する機会を拡大し，自ら自立できるようにし，労働を通じての構造的貧困を解決するための積極的社会政策である。生産的福祉は参与民主主義，自律的市場経済とともに21世紀の統合的先進社会作りのための国政理念として，1999年8月15日大統領記念辞を通じて，その概念と内容が明確に提示された［保健福祉部 2000：11］。

生産的福祉の内容は，①市場を通じて公正に行われる一次的分配，②国家を通じての再分配，③国家と市場の重複領域にて行われる自活のための社会的投資，という3つの軸からなるものである。

図表6　主要政策課題（1998～2002年）

年度	重点施策（または主要労働政策）
1998	①労使関係の安定，②総合的失業対策樹立・促進，③信頼のある労働行政具現
1999	①労使関係の安定，'新労使文化'，②積極定期失業対策推進，③生産的福祉の拡充，④勤労者の基本的便益と福祉増進
2000 2001 2002	①労使政対話，②失業対策，③雇用保険拡充，④職業能力開発，⑤労働条件および労働福祉，⑥労災予防および労災労働者保護，⑦女性雇用安定および就業促進，⑧国際協力増進

資料：労働部『労働白書』1999：4-5；2000：4-8；2001；2002；2003。

　生産的福祉の推進背景は，1997年末の金融危機から始まった経済危機の持続が慢性的高失業と雇用不安を拡散させ，大規模失業による中産層の崩壊と貧困人口の急速な増加をもたらしたこと，所得分配構造の不平等深化などの社会問題が，既存の社会政策の質的転換を求めていたこと，そして成長主義の弊害を是正し，新しい社会統合のための政府レベルでの総体的努力の必要性に迫られていたことがある［保健福祉部 2000：13］。

(2) 労働政策

　「国民の政府」(1998～2002年)の労働政策は労使関係の安定と積極的失業対策が主要目標であった。「生産的福祉」は圧縮的な経済成長を推し進める過程において，福祉に対する配慮が欠けていたことから，金融危機の克服過程で大量失業と所得不平等が発生したことによって，社会再統合の必要性が増大し，来たる知識基盤社会においては，人間開発中心の福祉が必要であるという判断の下で，中産層の育成と庶民生活の向上を目標とした［労働部 2000：6-7］。主要労働政策は労使政の対話，失業対策，雇用保険の拡充，職業能力の開発，労働条件の改善と労働福祉，労災予防および労災労働者の保護，女性雇用安定および就業促進，そして国際協力増進であった（図表6参照）。

（5）2003年～現在

　この時期は，盧武鉉大統領の「参与政府」の時期である。

第Ⅰ部　社会政策学の現状と課題

(1) 保健福祉政策

　この時期の保健福祉政策は「参与福祉5ヵ年計画」(第2次社会保障長期発展計画：2004～2008年)にまとめられている。同計画は社会保障基本法に基づいて，保健福祉部の管下において，民間専門家と5つの関連部署(文化観光部，情報通信部，労働部，女性部，建設交通部)が共同で参加した形で策定された政府次元の長期福祉総合政策である。この計画は第1次社会保障長期発展計画(1999～2003年)によってその基本体系が整った社会安全網の質的向上と，出生率低下と高齢化など社会経済的変化に対応した福祉インフラの構築および福祉サービスの拡大，全国民に対する普遍的福祉サービスの提供，相対的貧困の緩和などを通じて，豊かな生活の質が実現される参与福祉共同体の構築を目標としている［保健福祉部 2004：3］。

　参与福祉は福祉の普遍性，国家責任および国民の参加をその理念としており，国民の政府が掲げた「生産的福祉」の理念を継承しながらも，市民社会の成熟と国民の福祉要求増加など，国民の政府の出帆当時とは異なる現実を反映している。すなわち，福祉拡大と経済成長が二元的・対立的構造をもつのではなく，福祉の増進を通じて経済が成長し，経済成長を通じて福祉増進を図ろうとしているものである［保健福祉部 2004：1-2］。

(2) 労働政策

　2003年2月に出帆した参与政府は労使関係部門において「社会統合的労使関係」を政策方向として提示し，同年9月4日，それを具体化するための「労使関係改革方向」を発表した。その3大目標として，①労使葛藤による社会費用の最小化，②労働市場の柔軟性・安定性の確保，③労働階層間格差の緩和，を設定した。こうした目標達成のために9つの政策課題別推進計画を策定したが，それには，①国際基準に適する労使関係の制度・慣行の確立，②信頼を基礎としたパートナーシップの構築，③法律と原則が守られる労使関係の定着，などが含まれている［労働部 2004：61］。

　「労働市場部門」においては，雇用保険の積極的労働市場政策の機能強化と生涯職業能力開発に対する支援強化，女性雇用活性化のための制度的基盤づく

りに重点がおかれていた。「労働基準部門」においては，非正規職に対する差別解消を目標とし，差別の規制と労働柔軟性のバランスをとりながら，非正規労働者護立法の推進，公共部門非正規職対策など多様な類型の保護対策を推し進めた。「労災予防および労災労働者保護部分」においては，大規模事業所の自律安全管理を誘導し，小規模事業所に対しては，作業環境改善および安全保険技術支援などを通じて，安全管理能力を高めようと努めた［労働部 2004：68］。また，「国際労働協力部門」においても，多様な活動が提示された。

4　労働組合の政策建議活動

社会保険はじめ労働者福祉，労災予防などの分野において，労働組合は政府に対する政策建議等を行った。ここにおいては，政策建議，関連法令の制定・改正に関する請願活動を，韓国労働組合総連盟（以下，韓国労総）の活動を中心に紹介する。

（1）1981～1987年

この時期，韓国労総の立法建議活動は集団的労働関係法の改正とともに，労働者保護と労働福祉の増進部門に集中していた。1981年産業安全保健法の制定建議，1982年鉱山労働者塵肺症・塵肺労働者のための特別法制定の建議，勤労基準法に満たない船員法の改善，1983年雇用保険制度の導入建議，最低賃金制度実施の催促および基本方向の提示，1984年職業訓練基本法の改正案に対する建議，1985年企業の倒産や休・廃業および経営悪化を口実にした賃金未払いを防止するための賃金支払い保障特別法の制定建議，1986年国民年金制度導入に関する建議，医療保険の全国民拡大適用・医療保険法改正建議などが行われた［韓国労働組合総連盟 2002a：686］。

（2）1988～1991年

韓国労総は1988年，国家公務員法，所得税法とともに労働関係法改正に関して国会に請願を提出した。労働関係法の主要内容としては，複数労働組合に対

第Ⅰ部　社会政策学の現状と課題

する反対,労働組合の政治活動禁止条項の撤廃,公務員に対する労働3権の保障,週44時間労働の確立などであって,労働裁判所設置のための労働裁判所法の制定を要求した。そして,社内福祉基金法制定や労働金庫法制定を国会に請願した。1989年には,非民主的な労働関係法の改正と社会保障拡充および制定,税法改正を要求した。産業安全保険法,船員法,所得税法,労働組合法,労働争議調整法などの制定を請願し,1990年には勤労基準法と所得税法の改正案を提出した［韓国労働組合総連盟 2002a：787-800］。

（3）1992～1995年

　韓国労総は1992年,労・使・公益団体から構成された「労働関係法研究委員会」に参加し,意見を提示した。1993年には文民政府の労働法改正見送り方針に対し,その撤回を要求,さらに勤労基準法,労働組合法,労働争議調整法,労働委員会法と勤労者の日制定に関する法律改正安を国会に請願し,雇用関係法の合理的な改正を要求した。1995年には政府の「派遣労働者保護に関する法律」の推進に対して,派遣制度は中間搾取を合法化し,労働者の雇用不安,賃金の二重構造による労働者間不平等と葛藤を深化させるもので,労使関係の安定が見込めないという理由で,反対の立場を主張した［韓国労働組合総連盟 2002a：801-804］。

（4）1996～1999年

　韓国労総は1996年,週40時間労働への短縮等を含む労働法改正案作りに努めた。1997年には金融危機と関連して,労働者の雇用安定確保のために努力し,賃金債権補償基金の設置などの制度的補完を要求し,国民年金法の改正を要求した。1998年には,社会安全網構築の核心たる4大社会保険の改善とともに,統合医療保険制度の問題点を指摘し,その是正を要求する政策建議を行った。1999年,韓国労総の政策活動は,政府の新自由主義的政策基調のなか,歪曲された労働関係条項の改正撤廃および一方的な構造調整の阻止,社会的平等を追い求める政策活動に重点がおかれた。たとえば,労働者と直接的なかかわりをもっている勤労所得税を含む所得税法,特別消費税法など税制全般に対する改

正を請願した。また，基礎年金制導入を通じての国民年金制度改善法案，職場医療保険と地域医療保険統合延期の要求，国民基礎生活保護法制定を催促した［韓国労働組合総連盟 2002a：805-808］。

（5）2000～2004年

韓国労総は2001年度に社会保険改革活動と関連して，5人未満零細事業所の労働者，臨時職・日雇い・パート労働者を職場医療保険制度に編入するために国民健康保険法改正の国会請願を行うとともに，国民健康保険の職場加入者と地域加入者の財政分離運営のための関連法改正を建議した［韓国労働組合総連盟 2002b：148-152］。2002年度には，労働法および社会安全網の死角地帯におかれていた外国人労働者のために，「外国人労働者雇用および保護に関する法律」制定案を国会に請願した［韓国労働組合総連盟 2003：81］。2003年度には国民年金給付代替率を60％から50％へと引き下げる政府案に対して，反対意見を出し，反対運動を行った［韓国労働組合総連盟 2004：166］。2004年度には，自営業者に比して過重な税金が課されている労働者の税金負担を緩和し，中小企業・零細企業労働者に対する税制支援拡大と租税の所得再分配機能の強化のため，所得税法改正を国会に請願した［韓国労働組合総連盟 2005：225］。

5　学界の対応

政府の社会政策，そして労働界の主張に対して学界においては，その時々の重要テーマに対する学術発表会，討論会あるいは学会誌発刊を通じて意見を提示している。過去10年あまりの間「韓国社会政策学会」[3]において，取り扱ってきた社会政策関連テーマを年代別にまとめたのが図表7である。

図表7に示されているように，韓国社会政策学会においては，各時期に，政府部署（保健福祉部，労働部，建設交通部，統一部，教育人的資源部など）の主要政策の中，福祉政策，社会保険政策，社会保護政策，脆弱階層保護政策，労使関係政策，雇用政策，労災予防・労災労働者保護政策，住宅政策，南北政策等に対して，学術セミナーなどを通じて意見を提示してきた。そのテーマも拡大し，

図表7　韓国社会政策学会において取り扱われた社会政策関連テーマ（1994～2006年）

年度	テーマ
1994	最低生活保障のための法制度，経済社会発展のための最低生活保障，公的扶助と最低生活保障，庶民居住安定と住宅需要，賃金政策と社会的合意形成，経済不況と福祉政策決定要因，最低生活保障のための憲法訴願請求
1995	グローバリゼーションと労働の展望，国際化・労働化のための労使関係改革方案，国際労働基準設定に対する労働法的対応，外国人労働者の現状と対策，21世紀先進社会に向けての主要社会福祉政策の課題，最低居住水準の保障と生活の質の改善，生活の質の改善のための保健医療政策，21世紀先進社会に向けての労働法的課題，行政・法律サービスと性差靴の質の改善，21世紀に向けての女性・家族政策の方向，福祉国家の危機と地域社会政策の再発見，福祉教育のモデル設定と実践方案
1997	転換期の国民年金発展方向，転換期からみた医療保険の改革方案，労災保険の転換期的政策方向，社会保険管理運営機関の改善研究，労災保険民営化に対する費用便益分析，キリスト人の社会奉仕活性化方案，NGOsの争点と信頼性論議，国際機構の社会保障統計に関する研究，国際社会保障法研究の必要性・研究対象・方法論，住宅資産を活用した老後所得保障方案研究，公企業労働市場の特徴と賃金構造，統合医療保険の発展のための課題
1998	失業構造の特徴と政策方向，都市日雇い労働者の現況と対策：城南市日雇い労働者を中心に，構造調整期の雇用政策，失業と社会問題：失業者の組織化，高失業時代の福祉政策方案，IMF管理体制におけるホームレス実態と対応方案，階層間私教育費支出不平等の時系列的分析，社会的合意と障害者雇用の経済性，西欧社会保険の形成要因に関する研究：1871～1935年プログラム別立法時期と適用人口拡大を中心に，高齢化社会の老人就業実態
1999	韓国における社会福祉財政推計と国際比較研究，年金制度の再分配性に対する国際比較研究，日本老人保険制度の意義と社会政策の示唆，地域共同体活性化を通じての老人雇用・所得向上方案，国民年金の適用拡大と政策課題，貧困と社会保障：公共扶助制度に対する評価を中心に，構造調整以降労使関係の発展方向，IMF管理体制以降賃貸世帯の住宅消費形態の変化
2000	産災保険財政方式の改善方案，産災保険の短期性給付の推計と予測，産災保険の長期性給付の推計方式開発，地方自治体の社会福祉計画の方向，資産指向的社会政策：アメリカを中心に，労働時間短縮の争点と労働時間の人間化，貧困概念の再検討：力の剥奪としての貧困，ドイツの長期療養保険と日本の介護保険，ドイツノルトライン・ベストファレン州創業支援政策の特徴，アパート共同体運動と住民意識，IMF管理体制以降公共部門改革の評価，アメリカの公共扶助プログラムの改革：1996年PRWORAを中心に，社会福祉機関の機関革新活動と機関生産性に関する実証的研究，統合医療保険制度の問題点と改善方向，韓国の経済危機と社会改革そして改革成功の条件，医療制度の問題点と健康水準，国民年金の財政方式と老後所得保障
2001	東アジア国家老人福祉政策比較研究，経済危機以降の韓国社会福祉制度の評価と効率化方案，社会福祉における扶養義務に関する研究：韓国と日本の扶養義務制度の適用と問題点を中心に，地方財政分権化と保健所利用者の公平性，賃貸住宅居住者保護のための消費者政策の方向

2002	消費者集団被害に対する政策方向,経済成長親和的社会福祉政策に関する研究,住宅市場診断と住宅科学安定化方案,韓国政治過程におけるマスコミの役割に関する事例研究:政治評論と選挙報道を中心に,統一以降旧東ドイツ地域社会階層間所得分配の不均等発展(1985~1995年):韓国の統一を準備する社会政策への示唆,競争とクラスタ観点からみた中小企業政策の推進方向,アメリカの老人福祉政策:老人長期療養保護を中心に,産業災害現況と産災予防投資:ドイツとの比較,産災保険の適用拡大:日本との比較,産災保険再活事業の効率化,産災保険保障体系の先進化:ドイツとの比較
2003	団体・集団訴訟に対する立法政策,21世紀労働福祉政策の方向と課題,高齢化社会の社会政策方向:保健福祉政策を中心に,特殊職種労働者の産災保険政策方向,国土均衡発展のための政策方向,参与政府の労使関係先進化に対する批判と代案,保健福祉部門の政策課題,住宅政策の成果と課題,老人療養保険(仮称)制度導入および政策方向,農村経済の与件変化と新しい農政方向,高齢社会への社会政策的経験:日本の経験,高齢化社会の労働政策方向,公的保健制度:日本の経験と論点
2004	国民医療費計定を通じての費用効果性分析,ドイツ国民年金制度の改革動向と政策的示唆,革新主導型同伴成長モデルの奉公と課題に対する理論的研究,全国民の社会政策と労働者・農民の社会政策:西ドイツと東ドイツ社会政策の差異,アメリカ TANF の勤労所得控除制度が受給者の労働動機に及ぼす影響分析,イギリスの公的年金改革:福祉国家の戦略的選択と評価,アパート分譲原価公開の経済学的考察,国民年金制度の懸案および制度改善方案,公的老人療養制度の争点と問題点に関する考察,日本社会政策の展開とその構造的特質,日本の2004年年金改革:福祉政治の生成とレジームシフト,日本介護保険2005年改正:障害者支援費制度との統合と財政の持続可能性を中心に
2005	南韓と北韓の平和統合に関する研究,南北民間交流の過去と現在,保健医療分野の南北交流・協力状況と今後の政策方向,統一韓国の持続的安定的発展のための南北経済協力課題,統一韓国の社会的安定と衡平達成のための課題
2006	国民年金制度改善方向,社会的弱者のための住宅政策,非正規職の現状と課題,低出産の問題点と対策

資料:韓国社会政策学会『韓国社会政策』1994-2005,「学術セミナー資料集」2000-2005。

その論議も深化してきていると思われる。

6　大学での社会政策学講義

　韓国において大学レベルで「社会政策学科」を設置運営している大学は存在しない。ただ,大学院レベルにおいて「社会政策大学院」を設置・運営している大学としては,西南大学校がある。同大学社会政策大学院は,カリキュラムとして,公安行政専攻,法学専攻,社会福祉専攻,地方議会専攻という4つの

教育課程を設置・運営している。西江大学校においては，「公共政策大学院」を設置・運営しており，国際・地域学系列と公共政策系列の2つの系列を設置・運営している。また韓南大学校では，「行政政策大学院」を設置・運営しており，中に行政政策学科，安保国防政策学科，特許業務学科，情報統計学科，警察行政学科という5つの学科をもっている。亞州大学校では「公共政策大学院」を設置・運営しており，行政学科一般行政専攻，行政学科社会福祉専攻，政策学科不動産専攻の3つの専攻分野を運営している。梨花女子大学校では「政策科学大学院」を設置・運営し，公共政策学専攻，言論広報学専攻，そして記録管理学専攻の3つの専攻分野をもっている。

7　要約および結論

　以上，各時代別に，保健福祉部と労働部の政策を中心に社会政策の基本目標と主要施策，そしてそれと関連された労働界の活動，韓国社会政策学会の学術活動を考察した。また，大学での社会政策学関連学科の設置・運営状況にも言及した。

　今まで経済政策を中心に計画・施行されてきた韓国社会の社会政策の対象は，保健福祉政策や労働政策の範囲だけにとどまることなく，経済政策と密接なかかわりをもちながら財政政策と税制政策の分野にまで拡大されている。たとえば，最近の「不動産開発利益還収法」(2006年) の制定は，住宅問題と税制問題が複合された社会政策の産物である。このように，社会政策の対象は各分野に拡大されつつあり，現在学会には労働市場，福祉政策，住宅政策などの分野の専門家は多くみられるが，個別政策の相互関係を観照できるような社会政策専門家は少ない状況である。

　大学の社会福祉学科においては，所得保障政策中心の講義が行われ，経済学や社会学においては労働市場や労使関係が中心テーマになっていて，福祉政策や教育政策との関連性が体系的に教育されていない。個別専攻領域を超えれば，論議の理解が乏しくなってしまうような破片的な教育体制では，最近質的に変化している韓国社会の根源的問題に対処していくことが難しくなっている［金

2006］。

　このような現実のなか，大学では社会保険をはじめ社会福祉と労使関係を含む労働，生涯教育と関連した教育，居住問題とかかわる住宅，そしてこうしたテーマの底辺を貫く経済・財政問題を総合的に研究し，教育する「社会政策学」の学問単位の設定が必要な時点にきている。

（訳：朴　光駿）

1) 産業安全保健法が1981年12月制定（法律第3532号）され，1982年7月から施行された。
2) この中，社会福祉部門も1つの課題として選定され，保健社会部と経済企画院の担当局長と大学教授，国策研究機関の研究委員および関連公務員など，19人で作業班を構成した後，作成（『保健福祉白書』1993：3）。
3) 韓国社会政策学会は1993年2月，学界を中心に約90人の会員で設立され，2006年現在およそ300人の会員をもっている。本学会は社会の貧民・市民・労働者など社会脆弱階層の社会保険，雇用，居住などに関する政府社会政策に対する討論会などを通じての意見提示と，学会誌発刊および学術活動を通じて，「会員間の研究交流促進と当面の社会問題に関する実質的解決方向と対策を提示し，社会発展に寄与することを目的」としている（韓国社会政策学会定款第2条）。

【参考文献】
韓国社会政策学会（1994-2005）『韓国社会政策』（韓国社会政策学会・学会誌）。
韓国社会政策学会（2002）「定款」。
韓国労働組合総連盟（2002a）『韓国労総50年史』。
韓国労働組合総連盟（2002b，2003，2004，2005）事業報告。
金淵明「社会政策学の復興のために」『ハンゲレ新聞』2006年5月2日。
南セジン・曺興植（1995）『韓国社会福祉論』ナナム。
朴純一（1997）「経済・福祉転換期において福祉政策の対応方案」『韓国社会政策学会誌』第4集第1号。
保健社会部『保健社会』1987。
保健社会部『保健社会白書』1992。
保健福祉部『保健福祉白書』各年度。
労働部『産災保険40年史』2004。
労働部『労働白書』各年度。
http://adpub.hannan.ac.kr/suk_01.htm
http://pub.ajou.ac.kr/major/major_1_1_3.jsp

第I部　社会政策学の現状と課題

http://gspsewha.com/subject/subject_01.html
http://hompi.sogang.ac.kr/gspp/gspp_m_3_136.html
http://210.113.203.6/~socilal/education_course/public.php

補論① 韓国における社会政策概念の浮上と社会政策学の可能性

金　淵明（韓国中央大学）

1　社会政策学の受容とその流れ

　韓国では，社会政策という用語がまったく使われなかったわけではないが，それほど広範に使われたわけでもない。日本を通して知られた社会政策という用語が，1960年代と1970年代の社会科学界で使われていたが，社会主義体制の北朝鮮との対立のなかにあって，「社会政策＝社会主義政策」と理解されることが多く，そのため，大衆的にはもちろん，学界でも，また政府でもこの用語を使うことは容易ではなかった。1980年代以前には，社会学科や経済学科，そして社会福祉学科で，社会政策がひとつの科目として講義されることはほとんどなかったし，研究書はもちろん教科書さえ発刊されることがなかった。その時期，韓国では福祉政策や労働政策などが発達しておらず，社会政策に対する現実的な需要がなかったことも，社会政策研究が活性化できなかった重要な理由のひとつである。

　1980年代に入ると，欧米の社会政策関連の研究書の翻訳だけではなく，国内の研究者によって書かれた社会政策の教科書が出版され，社会政策という用語の使用が活性化し始めた。社会福祉学科[1)]で，社会政策論の講義の普及に大きな役割を果したキム・ヨンモ（金泳謨）教授の『現代社会政策論』の初版が1982年に，またソウル大学社会学科のベン・シミン（卞時敏）教授の『社会政策論』が1993年に出版された。イギリス流の社会政策研究の伝統を韓国的に受容したキム・ヨンモの著作は，1990年出版のソウル大学社会福祉学科のキム・サンギュン（金尚均）教授の『現代社会と社会政策』とともに，社会政策学の

普及に大きく貢献した。その後，イギリスの文献を中心に多様な社会政策関連書籍が翻訳され，またドイツや日本の社会政策関連書籍も少しずつ紹介されるようになった。1980年代後半に入り，社会福祉学科の大学院で福祉国家論，比較社会政策論，労働市場論，貧困政策論などの社会政策関連の教科目の講義が活性化し，社会政策研究が社会福祉学科を中心として行われることになった。他方で，経済学科や社会学科では，社会政策関連科目をほとんど扱わず，社会政策研究との関連が遠くなっていった[2]。

　1990年代に入り，イギリスとドイツの社会政策関連書籍が多く翻訳されたが，逆に社会政策という用語は消滅していく傾向であった。ここにはいくつかの理由がある。まず第1に，個別政策を社会政策という総合的視点から研究するというよりは，個別領域の研究を行う傾向が強くなったからである。社会福祉政策は社会保険，公的扶助，社会福祉サービス政策と細分化されて社会福祉学科で講義や研究が行われ，住宅政策は地域社会開発学科で，教育政策は教育学科で，そして労働関連政策は産業社会学（あるいは労働社会学）という名の下に社会学科で講義が行われた。また経済学科では労働経済学と財政学との関連で労働政策と社会福祉政策の講義が一部行われた。個別政策としての研究領域の分化が，社会領域の各制度や政策を統合的に認識し研究する社会政策という用語使用の必要性を減少させたのである。第2に，社会福祉士資格の国家試験制度が導入され，社会福祉学科の教科目が標準化されることになったが，その際，アメリカの社会事業の学問体系の影響を受けて，「巨視」福祉政策に関する科目の名称が「社会福祉政策」へと統一された。その後，社会福祉学科では，独立した教科目として講義されてきた社会政策論が，社会福祉政策論という名称に変更された。この変化は，社会政策という用語の使用を顕著に減少させただけでなく，社会政策論で扱ってきた労働政策，住宅・教育政策などの領域を講義内容から除外する結果をもたらした。第3に，イギリスやドイツ，日本の社会政策学の伝統を吸収しようとする努力も以前に比べて大きく減少した。もちろんいまだに社会福祉学科の大学院ではイギリスやヨーロッパの社会政策文献が多く読まれているが，労働政策や住宅，教育政策などの研究や講義は周辺化されているのが現状である。

2　1997年の経済危機以降における社会政策概念の浮上

　1990年代の学界はほとんど消滅寸前だった社会政策という用語が，1997年12月の経済危機をきっかけとして再び関心を集めるようになった。経済危機以降にみられた大量失業や絶対貧困層の爆発的な増加，そして非正規職の急増などに象徴される労働市場の構造変化は，正規労働者の完全雇用モデルを前提として作られた韓国の福祉政策と労働市場政策の問題点を噴出させる契機となった。十数年ぶりに経験する大量失業や大規模の貧困層，そして非正規職の拡大への対応策を考えていた金大中政府（1998～2002年）は，社会領域で福祉政策と労働市場政策を有機的に結合させる総合的対応の必要性を認識するようになった。たとえば，貧困問題にアプローチするためには，現金移転中心の福祉政策だけでなく，医療保障政策，住宅政策，教育政策，そして職業訓練政策などが総合的に作動しなければならない点を認識し，個別政策を1つに包括する概念として社会政策という用語が用いられるようになった。通常，「生産的福祉」として知られている金大中政府の社会政策のビジョンを提示した『新しい千年に向けての生産的福祉の道』の副タイトルが「『国民の政府』社会政策の青写真」であったことは，そういった状況の反映である。

　金大中政府の時期に行政部を中心として使われ始めた社会政策という用語が，盧武鉉政府（2003～2007年）に入ってからは，政府だけでなく，一部の学界においても本格的に普及し，より進展した内容を含むようになるが，ここにもいくつかの背景がある。第1に，経済社会構造の両極化と，急速に進展してきている少子・高齢化という現象が，社会諸領域を総括しうる公共政策としての社会政策を必要とした。韓国は，日本などを含む他の東アジア諸国と同様に，経済成長と良好な所得分配という2つの課題を達成した国といわれてきた［IMF 1993］。しかし経済危機以降，経済成長が所得分配構造の改善につながらず，そのなかで新しい社会問題が出現した。韓国で「両極化」として表現されるこの問題は，大企業と中小企業間の両極化，労働市場における正規職と非正規職間の両極化，そして中産層の没落と貧困層の増大といった社会階層の両極化な

ど，多方面にわたっている［国民経済諮問委員会 2008[3]］。両極化が同時多発的に進行している今日の状況で，盧武鉉政府は，従来の経済成長戦略だけでは解決できない分配構造を改善するために，保健福祉政策，労働政策，住宅政策，教育政策などの役割を強化する必要があることを認識し，これら個別政策を総括するものとして社会政策という用語を用いることになった。また2000年代初頭から社会的懸案として浮かび上がっている人口構造の危機も社会政策という用語の必要性を広げている。2000年に1.47を記録した出生率が2005年には1.08へと陥り，日本より出生率の低い「超少子国」になり，また高齢化も日本より早いスピードで進行していることが確認された。急速な少子化の原因が，教育費，住居費，労働市場での女性差別，児童保育施設なの不備などへとつながる問題であることが明らかになり，これらの問題に対処するための総合的な対策の必要性が議論されるなか，社会政策がもっともふさわしい用語として注目を集めた。同時に，急速な高齢化の進展も社会政策という用語の活性化に寄与した。まとめれば，深刻化している経済社会構造の両極化の趨勢と人口構造の危機が，盧武鉉政府で非経済的領域の個別政策を包括する意味として社会政策という概念と用語の使用を促進したといえる。

　第2に，盧武鉉政府が，経済政策と社会領域の政策との関係を対立関係としてではなく，相互補完的関係として認識する視角を重視していることも，社会政策という用語の普及に一定の影響を与えた。韓国では「成長と分配の好循環関係」あるいは「同伴成長」として表現されるこの問題意識は，福祉政策，住宅，教育政策などの分配改善とかかわる諸政策が経済成長に役立つ，あるいは成長の潜在力を引き上げるという認識に基づいている。ニュー・ライトあるいは新自由主義においては福祉政策が貯蓄率の減少，勤労意欲の低下，高い労働費用などといった点で資本主義経済の円滑な働きにマイナスの影響を及ぼしているとみなす。しかし盧武鉉政府は，福祉政策が労働力供給，内需拡大，出生率の上昇，労働市場の柔軟安定化などの効果をもちつつ経済政策に順機能的に働くと認識している[4]。このような問題意識に基づいて，経済政策と対比される社会的領域の諸政策を社会政策として総括し，この社会政策が経済成長に及ぼす順機能を強調しているのである。

第3に、韓国社会の未来モデルをめぐる進歩陣営と保守陣営の争いが、社会政策に対する関心をもたらした側面もある。今日、進歩陣営は、相対的に改革的性向をもつ金大中政府、盧武鉉政府のなかで、世界的にヘゲモニーを獲得している新自由主義的政策に対抗しうる代案的経済社会政策を提示しなければならない状況におかれている。韓国の保守勢力は、アメリカ流の経済社会体制という「確実なモデル」をもっている。これに匹敵する明確な代案的社会体制を提示していない進歩陣営のあいだでは、北欧モデルの社会体制を好む傾向が現れており、このような雰囲気のなかで、ヨーロッパ福祉国家にみられる協調的な労使関係と社会政策モデルへの関心が生まれ、その研究が急速に進められている。ヨーロッパ福祉国家のなかでも、特に強小国モデル（「強小国モデル」はスウェーデンに対する形容として韓国でよく用いられる表現——訳者）として知られているスウェーデンなどの北欧モデルが一種の代案的社会体制として進歩陣営に受容され、これに基づいて韓国の社会政策をいかに設計すべきか、という問いへの関心が高まっている［イ 2006］。ただし、現在、進歩的な学界内での社会政策への関心は、福祉政策、労働市場政策、保健医療政策など、個別領域の政策代案を探求するところにとどまっており、個別政策とは一定程度分離した概念としての社会政策に対する理論的・学術的議論にまでは進んでいない。

3 分科学問としての社会政策「学」の発展可能性

最近、社会政策という用語が、政府と一部の学界で使われるようになっているものの、その用語に対しては厳密な学術的概念定義が共有されていない状況にある[5]。「経済政策と対比する意味での社会諸領域の個別政策を通称する概念」として使われているのが現状である。そして社会政策が包括する個別政策の諸領域に対する理解に関しても、相当の偏差がみられる。保健福祉政策と労働政策との狭い意味で使われる場合もあれば、教育や文化政策まで包括するより広い意味で使われる場合もある。後者の例は、大統領諮問政策企画委員会で発刊を準備している「先進福祉社会実現のための社会政策ビジョン」というタイトルの報告書[6]が典型的であるが、この報告書は、過去の社会政策とは区別

される「新しい社会政策のパラダイム」の内容と特徴を論じながら，社会政策が包括する個別政策と主要領域を次のように設定している。

- 労働政策：社会的仕事の創出政策，勤労条件の改善と労働市場の差別解消政策
- 教育政策：教育格差の解消対策，職業能力開発政策
- 福祉政策：所得保障政策，社会サービス政策，医療保障政策
- 環境・文化政策：環境政策，文化政策，社会的マイノリティ統合政策

　以上でみてきたように，近年韓国で浮上している社会政策という概念は，社会領域の諸政策を総称する意味として理解されている。もしそうであれば，個別政策の単純な集合名詞ではなく，社会政策というものがひとつの学問分野 (an academic discipline) となり，社会政策「学」として発展する可能性はあるのか。特定の研究分野が独立した学問として成立するためには，固有の研究対象，固有の理論，そして研究方法論まで確立されていなければならない。研究方法論は，社会科学分野全体で類似の方法論を共有しているため大きな問題ではない。また研究対象の側面においても韓国ではある程度の福祉政策や労働政策をもっており，また経済政策と対比される意味で社会政策という概念が成立している。理論もまた個別政策分野で発展した理論をもっており，イギリスやドイツ，日本などの先進諸国で進行してきた社会政策の理論を韓国的状況にあわせて受容しうる可能性も十分ある。そのためひとつの学問体系として社会政策学の客観的な条件は，ある程度整えられたといえる。

　韓国における社会政策学の発展にとってもっとも大きな障害要因になっているのは，大学で社会諸領域の個別政策を包括する社会政策を，講義・研究する学問的基盤が弱いという点である。すなわち韓国の大学では福祉政策の専門家，労働市場の専門家，教育政策の専門家などを養成するシステムはもっているが，これら個別政策を超えて社会政策の専門家を養成する学問的基盤が非常に弱い。包括的な意味における社会政策を研究・講義するにあたって，もっとも近接な学問分野は社会福祉学科であるが，社会政策に焦点をおいている学科は少数であり，そのほとんどが社会事業実践 (social work practice) に教育や研究の焦点をおいている。またヨーロッパ流の社会政策の伝統のないアメリカで教育を受

補論① 韓国における社会政策概念の浮上と社会政策学の可能性

けた研究者が教授の大部分を構成しているため，大学の経済学科や社会政策学科でも，社会政策の講義や教育が短期間で画期的に強化される可能性はそれほど高くない。しかしながら，今後，社会領域の個別制度や政策，そしてこれらを包括する意味での社会政策への需要が爆発的に増えていくことは確かである。このような状況で，韓国より先に社会政策学の発展を経験した他の国々の研究成果を体系的に吸収し，また研究者のあいだの学際的相互交流を積極的に進めることができれば，韓国における社会政策の成立可能性はより高くなっていくであろう。

(訳：金　成垣)

1) 1978年，ソウル大学，中央大学，釜山大学で学科名称を「社会事業学科」から「社会福祉学科」へ変更した。名称変更の背景には，社会事業学という名称が，社会保険などのマクロ的な福祉政策科目を包括できないという問題が指摘されたからである。その後，全国のすべての大学で社会福祉学科という名称を使うことにし，社会事業学という名称は完全になくなった。
2) この時期においてひとつ注目すべきことがある。すなわち「社会政策＝労働政策」としての日本の社会政策関連の研究書が学生運動を経験した進歩的学者と大学院生のあいだで広範囲に読まれたことはあるが，旧ソ連の解体と現存社会主義の崩壊以後，その流れも断絶されてしまったということである。その後，日本の社会福祉制度に関するいくつかの研究書が韓国で翻訳されたが，理論的で学術的な研究の紹介は行われることがなかった。韓国でもっとも早い時期に日本の社会福祉論争を体系的に紹介したのは，1999年出版の朴光駿教授『日本の社会福祉論争』であり，また武川正吾教授の『社会政策のなかの現代』が2005年に翻訳された。
3) この本は，経済の同伴成長（成長と分配とが調和しうるし，そうなる必要があるという意味）の必要性に関する政府報告書のなか，もっとも質のよい報告書であるという盧武鉉大統領の公開的な言及もあって，その後，政府と学界で広く読まれるようになった。
4) 盧武鉉大統領が，経済成長と社会支出の関係が対立関係であるか，補完的関係であるか，という点に関心をもっているため，「社会的支出と経済成長の関係」というタイトルの報告書が企画され，青瓦台の国政課題会議で討論されたこともある。
5) もちろん社会政策学の長い歴史をもつイギリスにおいても，社会政策とは何かに関する定義は明確ではないという指摘［Erskine 2003］を考えれば，韓国のこのような状況は特別なことではない。
6) 2006年10月末の発刊予定のこの報告書の仮題は，「先進福祉社会実現のための社会政策ビジョン」である。上で言及した「同伴成長のための新しいビジョンと戦略」という本が，盧武鉉政府の経済政策の方向性をまとめたとすれば，この報告書は盧武鉉政府の社

会政策の方向性を総括したものである。

【参考文献】

イ・ヨンファン（李榮煥）編（2006）『市民社会の構成原理の転換と社会政策の大転換期フレーム』共に読む本。

キム・サンギュン（金尚均）（1990）『現代社会と社会政策』ソウル大学出版部。

キム・ヨンモ（金泳謨）（1982）『現代社会政策論』韓国福祉政策研究所出版部。

国民経済諮問委員会（2006）『同伴成長のための新しいビジョンと戦略』キョボ文庫。

青瓦台社会政策首席室（近刊予定）『先進福祉社会の具現のための社会政策のビジョン』（仮題）。

政策企画委員会（2006）『希望韓国に向けての省察の記録』ミダス出版社。

武川正吾（1999）『社会政策のなかの現代』東京大学出版会（＝2005 金成垣訳『日本の社会政策と福祉国家論』人間と福祉）。

パク・グァンジュン（朴光駿）（1999）『日本の社会福祉論争』セジョン出版社。

ビョン・シミン（卞時敏）（1983）『社会政策論：社会開発論的アプローチ』朴英社。

Erskine, Angus (2003) "The Approaches and Methods of Social Policy", in Alcock, Pete, Angus Erskine et., al. 2nd edition, *The Student's Companion to Social Policy*, Blackwell Publishing.

The World Bank (1993) *The East Asian Miracle: Economic Growth and Public Policy* (World Bank Policy Research Reports), Oxford University Press.

3章　中国の社会政策

楊　団（中国社会科学院）

　　　　　　　　　は　じ　め　に

　本論文でいう社会政策は，社会の公平を中心価値とし，社会の調和と人的持続発展を促進することを基本目的とし，政府およびその他の公共機関を主役とし，主に立法あるいは行政規則の制定といった制度化手段を用いて，各種資源，特に公共資源の合理的配分を推進し，社会公共財および公共サービスの方式を組織，提供することを通じて，現行の生産と分配関係を調整する政策である。言い換えれば，社会政策は，社会公共財をもっと適切に生産，分配することを推進することによって，私的財の生産と分配を制限する政策である。この点は，社会政策を純粋な経済政策とはっきり区分し，また同時に伝統的な分配型社会政策と生産力要素を含めた新型の社会政策とを区分した。社会政策の選択，決定および執行は，どれも私的財の生産と分配の過剰な強大化による社会システムと構造の変化と関連している。実際，社会政策は具体的な社会問題に対する解決策を提示するというよりは，社会変動の大局に直接関係している根本的な政策体系である。社会の移行期であるからこそ，社会政策はその時代の重大な政治選択における本当の役割を発揮するのである。
　科学哲学者ポパーは人類の文明発展の過程を解釈する際，世界3という概念を作り出した。彼は物質的客観世界を世界1，主観的精神世界を世界2，精神あるいは生物が創造し，世界1と世界2から独立した客観構造を世界3と称している。世界3は観念，芸術，哲学，言語，倫理，制度であり，簡単にいえば，すべての文化遺産である。ポパーの観点から社会政策を考察するとすれば，社

第I部　社会政策学の現状と課題

会政策がまさに人類が創造した世界3のひとつの重要な構成部分であるということができる。社会政策はそれ自身の独立した観念，倫理と制度趨勢を有しており，また文化の違いや資源の先天的状況，社会構造の違いによって異なる。社会構造は時代によって変動し，文化と資源の先天的状況からなる1国あるいは1つの地域の基本状況は国家と民族によって異なる。したがって，社会政策は国や社会時代によって違ってくる。

今日の中国における社会政策体系はまだ形成途中の段階にあり，完全にでき上がっていない。これは中国社会が激しい変革の時代にあり，社会構造，社会システムがまだ変化し続けているために起こる必然的な結果である。計画経済時代の中央政府が直接管理，統制する政策体系が基本的に解体したあと，それにとってかわる新たな政策体系が必要である。時代の変化にしたがい，政策体系も変わらざるをえない。したがって，現在中国の社会政策を考察する際，それを一種の安定した政策形態として捉えるのではなく，その変化し続ける過程を終始注目しなければならない。

本論文は中国における社会政策の形成環境，問題，内容，焦点および構築について，要約的に述べることにする。

1　中国社会政策形成の客観的環境

2つの側面から中国社会政策を形成する環境を考察することができる。1つは中国の基本的国勢であり，もう1つは社会発展による新しい現象である。前者は社会の基本構造を形成し，構造的変動という特徴をもっている。後者は社会の新しい要素から構成され，社会規範の欠如あるいは突発事件によって急速に変化するという特徴をもっている。

（1）中国の基本的な国勢

(1) 特定の資源の先天的状況——緊迫した人口と土地の関係

中国の人口資源は他国では例をみない，特有の先天的状況にある。中国の人口規模の基数は前工業社会の時代にすでに膨大になっていた。現在，中国の人

3章　中国の社会政策

口はアメリカの4.5倍，日本の10倍で，旧EUの15国家総人口の3.3倍である。しかも，人口の惰性により，これからの20年間，中国の人口は増え続ける見込みである。

　中国はまた農業大国でもある。農業人口は7億8400万人で，総人口の61.91％を占めている[1]。しかし，中国農地の総耕地面積は20億畝（畝は土地面積の単位であり，1畝は6.667アールに相当する——訳者注）を下回っている。2005年現在，中国の人口はすでに13億にまで増加した。1人当たりの平均耕地面積は，総人口で計算すると，1.2畝に，労働力人口で計算すると，4.1畝に減少した。そして，人口の分布が不均衡であるため，3分の1の省や市では，1人当たりの平均耕地面積が1畝にも達していない。また，666の県は国連が規定していた0.8畝の警戒ラインを，463の県は0.5畝の危険ラインを下回っている[2]。中国農村の土地は徐々に生産手段としての機能を失い，農民たちの「最後の保障」手段となりつつある。こうした人口と土地の緊迫した関係は中国の農村部で大量の余剰労働力を生み出し，専門家の推測によると，約2億の余剰労働力が存在しているという。そのうち，約1億2000万人は郷鎮企業に吸収され，5000万人は都市部あるいは都市化された裕福な地域（たとえば，珠江デルタ，長江デルタなどの地域）に移動した。

　中国社会構造のもっとも顕著な特徴は都市—農村の二元的構造である。工業社会と農業社会の社会構造が異なることから，農業社会の生産関係は工業社会に融合されないこと自体が特徴となっているため，農業社会と工業社会を一体化することはできない。これは人の意志によって変わる現実ではない。人がそれに影響を与える要素は，社会政策である。1949年から改革開放まで，中国の社会政策は，農業を工業の支えにするための政策であった。国家工業化目標の早期実現のために，一連の社会政策は農民を土地に縛り付け，工業建設に安い農産品を提供させ，限定された都市部人口の限定された収入と消費を維持したのである。このように，国家が行った農民に対する収奪による工業社会の原始的蓄積の進行過程で，中国独特の都市—農村の二元的社会構造が形成された。

　改革開放以来，都市部と農村部を人為的に分割した一連の社会政策は変わりつつある。たとえば，集団所有であった土地を各農家に分配することや，食糧

と食用油の供給制の廃止，労働力の市場化，戸籍制度の緩和，都市部における企業内の労働者保険制度から社会化した社会保険制度への移行などである。都市部と農村部の二元的社会構造の構成要素が基底から変化した結果，社会の均衡状態が崩れ，非均衡状態が生じてきた。1億あまりの農村労働力人口は農村から都市へ移動し，大規模な長期的流動人口を形成した。それと同時に，分散した零細農家は破産に瀕し，自ら生産関係を変えることもできず，工業社会，情報社会に押し出され，生活するのに困難な状態に陥った。

今日まで，先進諸国の都市化は，例外なく人口大国では実現されてこなかった。13億の人口と数百万あるいは数千万の人口とは同じレベルで論じることができない。先進国家の都市化を推進するための発展方法を13億という人口ベースに適用してみても，同じ効果は得られない。中国の近代化はほかの国の発展経路を踏襲することができない。これでわかるように，これからの30年間，中国の人口が中国の発展を厳しく制約することになるであろう。

(2) 人口構造の高度高齢化と急速な高齢化

1982年から2004年まで，中国人口の年平均増加率は1.47‰で，60歳以上の高齢者の人口増加率は3.2‰である。現在，中国の60歳以上の人口はすでに1億3400万人に達し，総人口の10％を超え，世界高齢人口の20％，アジア高齢人口の50％を占めている。そのうち，65歳以上の人口は1億1000万人で，総人口に占める割合は8.5％である。また，全国高齢者の70％は農村部に分布し，農村部における高齢化のスピードは都市部より速いので，農村部の高齢化問題はめだっている。

中国より先に高齢化社会に突入した国は，1人当たりの年間所得が約1万ドルであるのに対して，中国が高齢化社会になった年，つまり2000年の1人当たりの年間所得は1000ドルにも満たない。現在，やっと1200ドルに達したところである。まさに名実ともに発展途上国でありながら高齢化社会を迎えるのである。さらに，高齢化のスピードはまだ加速化している。現在，80歳以上の高齢者は1475万人にのぼり，毎年5.1％の増加率で増えつづけており，60歳以上の高齢者の増加率に比べ，2.25％も高い。2050年までに，80歳以上の高齢者は

8800万人に達するという[3]。

(3) 著しい地域格差と極度に不均衡な発展

中国の国勢の基本的な特徴の1つは各地域の基盤格差が著しく，発展が極度に不均衡ということである。胡鞍鋼はこの状態を「1つの中国，4つの世界」というように総括した。第1世界は上海，北京，深圳のような高所得地域である。これらの地域だけをみれば，中国はもう発展途上国ではなくなった。1999年の上海と北京の1人当たりのGDPはそれぞれ1万5516ドルと9996ドルであり，世界の中所得国家の平均である8320ドルを明らかに超えており，高所得国家水準の63.5％と40.9％に達している[4]。上海，北京両市の人口は中国総人口の約2.2％である。第2世界は大中都市および沿海地域の中位高所得地域である。天津，広東，浙江，江蘇，福建，遼寧などの沿海の省の1人当たりのGDPは世界の下位中所得国家の平均水準の3960ドルを超えたが，上位中所得国家の水準より低い。この6つの省の人口は中国総人口の21.8％を占めている。第3世界は下位中所得地域である。沿海地域の河北，東北，華北中部の一部地域を含み，1人当たりのGDPは下位中所得国家の平均水準で，世界の100位から139位の間に位置している。この地域の人口は中国総人口の26％である。第4世界は中西部のような貧困地域，少数民族地域，農村地域，辺境地域および低収入地域である。中国はまだ約半分以上の地域がこの第4世界に属している。1人当たりのGDP順位は世界140位以下で，人口は中国総人口の半分である[5]。

（2）社会発展による新現象

(1) 新たな歴史時期への突入

2003年，中国共産党は第16回3中全会において，人間本位を堅持し，全面的，協調的，持続可能な科学的発展観を樹立し，5つの統一的企画（①都市と農村の発展，②各地域の発展，③経済と社会の発展，④人と自然の調和がとれた発展，⑤国内の発展と対外開放を統一的に進めること——訳者注）を貫徹し，全面的に「小康社会」（いくらかゆとりのある社会——訳者注）を建設することを提起した。第16

回4中全会においては，調和のとれた社会の建設を提起し，はじめて慈善を社会保障の枠組みに組みこんだ。そして，社会的弱者集団の利益，生存状態，権益保護に高い関心を示し，その改善に有効な政策を次から次へと打ち出した。特に農業税と農林特産税を5年以内に全面的に免除する政策が2004年に出された。相当数の地域は同年内にこの2つの税を廃止し，5年で達成する目標を1年で達成した。

2005年の第16回5中全会ではさらに社会主義新農村の建設という歴史的任務が提起され，その内容が第11次5ヵ年計画に盛り込まれ，新農村建設を中心に優れた農業と農村行政をこなすと明確に打ち出した。工業が農業を育て，都市が農村を支えること，および「多く与え，少なく取り，自由にやらせる」ことを方針として掲げた。新農村の建設は人口の移転も必要である。4億の農村労働力の半分がほぼ都市へ移動することで，農村の持続可能な発展が維持できる。現在，中国の都市部で仕事をしている農村の出稼ぎ労働者はすでに1億8500万人に達している。しかし，農業が破綻に瀕しているので，彼らは農村にいる家族の生活を維持するため，多くの収入を農村に送っている。農村での自己生存の問題を解決しなければ，出稼ぎ労働者は都市部で落ちついて身をおくわけにはいかない。そのためには全社会の発展を目標とする社会政策の支えが必要である。

(2) 非政府非営利組織の発展の高まり

2004年3月に国務院は基金会管理条例を公布し，6月に実施した。この条例ではじめて基金の公募と非公募が区別され，個人が法律に従って基金を設立したり，外国人が法律に従って中国で基金を設立したりすることができるようになった。

2004年の第16回4中全会において，慈善事業が中央の文書に正式に盛り込まれ，11月20日には，中華慈善大会が北京で開かれた。2004年9月に，中央政府の指示のもとで，民政部は第1回全国農村発展に関する専門経済協会会議を開き，「民を本と為し，『三農』に奉仕し，積極的に農村専門経済協会の発展を推進する」ことを提起した。姜力副部長は，以下の発言を行った。「従来わが国

の各種民間組織は主に都市部で設立され，活動しているため，農村部では民間組織の発展が明らかに遅れている。農村専門経済協会の発展は農村の民間組織にとって新たな出発点であり，政府の民間組織管理業務にとってサービス組織を1つ増やしたことになる。……農村専門経済協会の管理に関しては，農民の自由意思によって協会を設立し，自主的に活動し，自己発展する原則と，民間が経営し，管理し，受益する原則を必ず堅持し，政府が強制的に活動させたり，農民や民間に代わって運営したりすることをしてはいけない。協会の組織形態も1つに限るのではなく，一辺倒なやり方はやめ，大いに実験を許可すべきである。すでに設立された協会に対して，政府は手を引き，協会の自己選挙，自己管理，自己決断，自己監督を実行させ，自主，自立，自律，自己強化を実現させるべきである。協会が政府部門の付属機構にならないように，政府は行政手段をもって協会の内部事務を干渉してはいけない」。これらの現象は，中国政府が社会と新発展を促進することを主要課題にし，いくつかの分野での非政府非営利組織に対する規制緩和を実行しようとしていることを示している。

(3) 政府による大きな改革の計画

改革以来，各種の社会問題が大規模に累積し，社会発展は政府の主導的な役割を必要としている。経済発展に限らず，調和のとれた社会を建設するためには，政府が体制転換と機能転換を行う必要がある。農村では，農業税の全面的な廃止によって，県・郷政府の機能は大きく転換した。特に郷鎮政府は以前，税金の徴収が主要機能であったが，農業税が廃止された後は，農民に公共サービスを提供する機能に転換しなければ，もはや政府としての存在理由はない。

政府の体制と機能の転換は，社会発展の均衡を制御するためのボトルネックとなっている。では，どのようにすれば経済建設型政府から公共サービス型政府への転換ができるのか。これは新しい社会発展段階における，政府への基本要求である。そのため政府部門の社会責任を見直す必要がある。

近年，中共中央，国務院は従来と異なるスローガンを掲げている。たとえば，「心は国民のことを思い，権力は国民のために駆使し，利益は国民のためにはかる」，「人間本位の科学的発展観」，「5つの統一的企画」，「調和のとれた社

会」などである。中国改革発展研究院（海南省の海口市）は2003年，SARS 以降わずか3ヶ月後に，「経済建設型政府から公共サービス型政府への転換」をテーマにした研究会を開いた。また，2004年10月に，「公共サービス型政府の建設」という国際研究会を開催した。国務院研究室，国務院発展研究センター，中国社会科学院および各大学の主要著名な学者たちが会議に出席した。そして，2005年9月に，中国改革発展研究院において，公共サービスを推進することに関する大規模な国際研究会が開かれた。

(4) 社区の統治管理と社区建設

脱工業化の影響と市場体制の実施により，都市の住民は自分たちの社区（コミュニティー，文末訳注1を参照）アイデンティティに関する帰属意識がますます強くなってきている。社区は社会管理の中で，ますます重要な地位を占めるようになっている。社会福祉と社会保障は日増しに社区化しつつある。農村の社区はもともと凝集力をもっていたが，市場経済は農村の社区発展にプラスの効果とマイナスの効果の両方を与えている。いくつか自分の力で工業を営む「超級村庄」(super village, 文末訳注2を参照) の凝集力は強くなっているが，大多数の農村は農民の孤立と分散化が原因で凝集力が弱くなっている。

「三農」問題の根底には農民問題があるが，農民問題はつまり農民の生存，農民の権利および農民の民主問題である。農民の生存問題を解決するために，農村と農業だけを頼りにしてはいけない。高度分散化した零細農家は市場でうまく競争できない。そのため市場体制のもとで中国の零細農業経済の発展に適した社会管理制度を作るには，社区の中に農民の自治組織を育成，発展させる以外に方法はない。社区組織を発展させ，社区を基本とする路線は，同時に政府が都市と農村の住民との対話を通じて，国民の意向を汲み上げ，国民の意向を代表する路線でもある。

2　中国社会政策が直面している構造的社会問題

基本国勢の均衡制御と社会発展の新現象の影響のもとで，以下の3つの一連

の構造的社会問題が生じてきた。

(1) 都市化進展中の都市および農村の就業の構造的不均衡

　就業問題は中国で一番の問題である。その原因は労働力人口の規模が大きいだけではない。確かに労働力人口は総人口の70％を占めており，5億人にのぼっている。労働力の供給はいつも需要を上回っているので，就業の圧力は長期的に存在するだろう。しかしさらに重要な原因は，都市と農村の就業構造の不均衡と就業人口の大規模な移動である。農村の余剰労働力は絶えず都市に流入し，その流入人口は，経済成長に相応した都市化進展の需要を超えている。また，労働市場の成立により，企業間，地域間，都市農村間の人口移動が加速化し，需要と供給の矛盾が顕在化し，失業がすでに社会の一般現象となった。国有経済部門での正規雇用が唯一の就業方式であるというのはもはや過去の出来事である。

　グローバル化市場における近年の国際競争の加熱によって，中国の就業構造には明らかな変化が生じた。非正規経済部門での就業率がますます高くなり，都市部の一時帰休者および都市部で就業している農民は多くが，この非正規雇用の労働力人口に加わっている。非正規部門の就業の大部分は零細企業と自営業に属し，基本的には契約が結ばれないので，安定的な雇用関係が形成されにくい。これらの非正規就業者は賃金が低く，所得分配の恣意性が高く，ほとんど何の社会保障もない。したがって，非正規部門の就業者はすべて労働力市場における社会的弱者の集団に属しているといえる。農民の過剰人口は全部がこの集団に属しているので，量的にはきわめて大きい。

(2) 社会階層の歪んだ構造，拡大されつつある貧富の格差

　最近の20年間，中国の社会構造には大きな変化が生じた。労働者，農民の大多数は苦しい社会底辺にあり，社会の主流から外れたボーダーライン層，あるいは社会の下層地位である貧困層になる。この層の人口はなお増え続けている。現在の発展傾向からみれば，彼らは将来社会の中間層あるいは上層に仲間入りする見込みはあまりない。この層に属する人々は，農村における何億もの農民，

都市に流入した1億の出稼ぎ労働者，それに都市部における何千万の一時帰休者，失業者と非正規労働者などである。専門家の推計によると，この層は総人口の70％に相当するという。社会の底辺にいるこれほど多くの存在は，社会構造の歪みを示している。

1997年，世界銀行の *Sharing rising incomes* と題するレポートによると，中国の80年代初期のジニ係数は0.28だったが，それが1995年に0.38になり，90年代末には0.46に達したと指摘されている。つまり，貧富格差はサハラ以南のアフリカ諸国，ラテンアメリカ諸国より多少は小さいが，先進諸国，東アジアの他の国・地域および旧ソ連，東欧諸国よりも大きいということである。また，2003年の中国人民大学と香港科学技術大学の研究協力の成果によると，中国のジニ係数は現在0.53-0.54の間であるという。

貧富の差が拡大しているだけでなく，貧困人口がなお大量に存在している。2004年末まで，全国の農村において，温飽（衣食が足るだけのぎりぎりの生活——訳者注）に達していない貧困人口は2610万人で，何とかこのラインをぎりぎりのところでクリアした人口は5000万人近くである。低収入の新しい基準，すなわち1人当たりの平均収入が924元以下という基準からすれば，貧困人口は少なくとも8000万人以上である。国際公認基準，すなわち1日1ドル以下の基準からすれば，中国にはまだ2億1000万人の貧困人口が存在している。

（3）社会公共資源配分の不均衡

所得などの経済的な資源配分に不均衡が生じているだけでなく，公共サービスや人的地位関係などの社会的公共的な資源の配分にも大きな不均衡が生じている。公共サービス，特に教育，衛生，社会福祉事業が必要以上に市場化したことで，国民，なかでも窮乏者の利益が損なわれている。

現在，中国の医療費用の年間増加率は14％にのぼる。少なくとも50％以上の農民は医療費が高いため医療サービスが受けられない。また経済的理由で，30％以上の患者は適時の診察を，60％以上の患者は入院して治療を受けることができない。病気のため仕事ができず貧困に陥ったり，貧困を脱出しても病気のためまた貧困に陥ってしまったりする現象が相当存在し，個別地域ではこの

比率が70％以上を超えている。

　教育については，大学の学費が100倍近くに上昇した。現在1人の大学生を養成するのにかかる費用は農民の35年分の純収入に相当する。農村では「子弟が大学入試に合格できなかった農家は貧困を待つしかないが，合格できた農家はすぐに貧困に陥る」という言葉が広がっている。

　住宅の価格も近年うなぎのぼりである。自分の住宅をもっていない者，住居条件が劣悪な者および都市整備のため家屋を立ち退かされた者にとって，マイホームの購入は，大きな経済的負担になる。1990年代半ばから，中国では「病気のため貧困に陥った」，「教育のため貧困に陥った」，「住宅のため貧困に陥った」という現象が現われはじめた[6]。

　社会的公共的な資源の配分の不均衡は，部分的ではなく全体的である。この不均衡は，社会の公正，社会の公平といった社会政策の基本的価値観が存在する社会環境を悪化させ，貧困の構造化をもたらしている。

　以上でみてきたように，中国は，改革開放以来，高度の経済成長が世界的に注目されているが，いまだに社会的公平を実現するための道を見出していない。近代化の発展がエネルギーやモノの高消費，高収入，高消費，都市と農村の二元化，貧富格差の拡大という経路を辿るか[7]，それともエネルギーやモノの低消費，中等収入，持続可能な消費，都市と農村および貧富の格差はあるが，いま以上には拡大されないという経路を辿るかについては，まだ見定めることができない。中国は人口が膨大なため，第1の経路を辿ることは不可能であるとの意見はあるが，第2の経路はこれまでの世界で例をみないため，その実現のためには新しい発想が必要である。

3　中国社会政策の基本内容

　20年あまりの改革を通じて，社会政策が機能する分野が明確となった。それは社会保障と就業，公衆衛生と医療サービス，住宅，教育，社会福祉と高齢者サービスおよび貧困対策の6つの分野である。

（1）社会保障と就業[8]

1993年の中国共産党第14回3中全会において，「社会主義市場経済体制の確立に関する若干問題の決定」が採択された。この「決定」の中で，「社会保障体系は社会保険，社会救済，社会福祉，優遇安置（現役軍人，退役軍人およびその遺族などを対象とする公的扶助制度――訳者注），社会救助，個人の貯蓄累積保障」を含むと記されている。これらのうちでは，社会保険，社会救助と社会福祉の3つが主要な柱である。

中国ですでに成立した社会保険は年金保険，失業保険，医療保険，労働者災害保険および生育保険である。

これらのなかでは年金保険がいち早く成立した。1997年に企業従業員の基本年金保険制度が成立した。この制度は企業と個人が年金拠出を共同負担し，社会統合口座と個人口座を結びつける方式をとっている。当時は，企業側が賃金総額の20％以下の比率で保険料を納付し，個人の保険料は，1997年には本人賃金の4％以上の比率，1998年からは2年ごとに1ポイントずつ引き上げ，最終的に8％に達すると規定した。2000年に国務院は遼寧省を都市部社会保障システム改善の実験都市として選んだ。そこでは，空口座である個人口座に積立金を入れ，社会統合口座と個人口座を別々に管理し，最終的には両口座を結合することをめざしている。2005年末，「国務院の企業従業員の基本年金保険制度に関する決定」が公布された。この「決定」には，非公有制企業，都市部自営業者および非正規就業者を主な対象とし，基本年金保険の適用範囲を拡大するとともに，徐々に個人口座を中身のある口座にし，賦課方式を部分的積立方式に転換させ，基礎年金の算定方法を改革し，拠出年数や拠出額を年金受給額と連動させるといった措置が含まれている。

中国の2億6000万人の都市部就業人口のなかに，年金保険がカバーしたのは1億7000万人にすぎない。一方，60歳以上の人口は総人口の10％を超えている[9]。中国は経済が未発達の段階にあり，発展途上国でありながら高齢化社会に突入したことで高齢化の難題に全力で取り組まなければならなくなった。

失業保険は1999年に成立した。当時の都市部登録失業率は3％前後であったが，2004年末に4.2％，都市部登録失業者は827万人となった。それに未登録の

失業者を考慮すると，本当の失業率は約8％であると推測できる。失業保険が中国の社会転換と体制改革による失業問題に十分に対応できていないことは明らかである。

1990年代以来，中国の国有企業改革は大量の一時帰休者，失業者を生み出し，ピーク時には再就業サービス・センターに入った人が2000万人いた。したがって，就業保障が，大量に出現した新しい都市貧困問題に対応するうえでの重要な社会政策となった。政府がとった主な措置は以下のとおりである。第1に，貧困者の無料職業訓練を強化し，彼らの労働能力と市場競争力を高め，就職の実現を促進した。また，貧困者に無料職業指導と職業紹介サービスを提供し，就職のチャンスを与えることにした。第2に，初歩的な段階ではあるが，労働市場の情報ネットワークが形成され，117の都市は四半期ごとの職業需給に関する分析レポートを公表することになった。現在，全国の各種職業紹介機構は合計3万3890ケ所あり，そのうち，公共職業紹介機構は2万3347ケ所である。第3は，貧困者を組織し，彼らが社区住民サービス業に従事することを支援することである。第4は，貧困者が自分の力で職業を探し，起業することを支援し，起業された小企業の発展に少額の貸付金を提供することである。第5は，政府が直接に就業ポストを作り出すことである。第6は，技術専門学校と職業技能検定機構を設立し，職業訓練を重要視することである。2004年末，都市部の就業人員は2億6476万人で，そのうち国有部門の就業人員は1億1099万人，都市部民間企業と自営業の経済組織で就業している人は5515万人である。

1998年，国務院は都市部従業員の基本医療保険制度を確立した。この制度の政策目標は以下のとおりである。第1は，医療費用の抑制メカニズムを導入し，医療費の急速な上昇をコントロールすることである。第2は，従業員基本医療の保障能力を強化し，企業収益が芳しくないため一部企業の従業員の医療費が期限どおりに払い戻されないという問題を解決することである。第3は，非国有企業従業員に医療保障を提供することである。基本医療保険は，原則的に省以下，県レベル以上の行政区を統合単位とし，使用者側と従業員本人がともに拠出金を納付し，その拠出率はそれぞれ6％と2％である。従業員本人の拠出金は全額個人口座に，使用側拠出金の30％は個人口座に入れられ，残りの70％

図表1　2004年末における5つの社会保険に関する統計データ

(単位：万人，億元)

	加入者数	保険基金総収入	基金総支出	年末保険基金累積残高	備　考
都市部年金保険	16,353	4,258	3,502	2,975	財政補助614億元
農村部年金保険	5,378	—	—	285	—
失　業　保　険	10,584	291	211	386	—
医　療　保　険	12,404	1,141	862	958	個人口座累積残高 405億元
労　災　保　険	6,845	58	33	119	—
生　育　保　険	4,348	32	19	56	—

資料：労働と社会保障部統計年鑑，2004

は社会統合口座の基金に使われる。社会統合口座の支給起点は当地従業員の平均賃金の10％に，最高支払限度額は当地従業員の平均賃金の約4倍に相当するように設定されている。支給起点以下の医療費は個人口座からか，あるいは自費で支払う。2004年，基本医療保険の収入は1141億元，支出は862億元で，前年に比べ，それぞれ28.1％，31.6％増加した。年末の基本医療保険基金の累積残高は958億元であり，そのうち，社会統合口座の累積残高は553億元，個人口座の累積残高は405億元である。そして，2002年末，労働部の30の都市に対するアンケート調査によると，43.3％の都市で公務員医療補助制度が，76.67％の都市で高額医療費補助制度が設立された。また12の都市で企業補充医療保険制度が確立され，実際に企業補充医療保険をつくった企業は6242社にのぼり，71万1000人の従業員をカバーしている[10]。

社会救助制度も大規模に推進されている。1992年，旧社会救済制度の規定に従えば，国家の定期，定額の救済を受ける都市部の困窮世帯の人数は19万人で，都市部人口の0.06％にすぎず，救済総額もわずか8740万元であった[11]。しかし，都市部貧困人口は当時少なくとも都市部人口の5％を占めていた[12]。2005年末，2232万8000人の都市部住民，997万世帯は最低生活保障を受給し，各級財政が最低生活保障に投入した資金の合計は190億7000万元にのぼった。51万9000人

3章 中国の社会政策

の都市部最低生活保障の受給者と304万人の農村窮乏者が，新型医療救助体制の成立の受益者となった。2005年，各級政府が支出した都市部医療救助金は3億2000万元で，農村医療救助金は5億7000万元である。

　農村の定期，定額救助と一時救助制度を継続的に規範化し，実施すると同時に，条件の整った地域は，積極的に農村部最低生活保障の設立を模索すべきである。現在，全国で1534の県（市，区）は農村部最低生活保障を成立させ，776万5000人の村民，384万5000世帯が最低生活保障を受けた。まだ農村部最低生活保障が展開されていない地域では，特別困難な世帯に対して救助を行い，2005年には定期救済を受けた生活困難者数は1024万3000人で，世帯数は612万2000世帯である[13]。

（2）公衆衛生と医療サービス

　1980年代中期以来，中国は公費医療と労働保険制度に対して改革を行い，新しい医療保険制度の設立を積極的に模索した。1998年から，都市部従業員医療保険制度が展開され，2003年には，農村特に西部地域で重病医療の社会統合を中心とする新型合作医療制度の実験が広範囲に行われた。

　医療改革は3段階に分かれている。第1段階は，改革初期から90年代初期までである。この段階の重点は，従業員の医療費負担によって医療費の急速な増加を抑制し，重病医療についても社会統合から実験的な医療保険へと移行することにあった。第2段階は1990年代初期から1998年までである。この段階は社会統合口座と個人口座を結びつける社会医療保険方式の設立を重点においた。第3段階は1998年から今日までである。1998年12月，国務院は都市部従業員基本医療保険制度の設立に関する決定を下達した。2000年末までに，都市部基本医療保険制度が成立した。

　2003年の春から夏への変わり目の時期に，全国的にSARSが蔓延するという重大事件が起こった。SARSは最終的にすばやく抑えとどめられたが，このSARS事件は医療保険制度と関連する一連の啓示と新しい模索を引き起こした。

　このときのSARS事件を通じて，人々は疾病と健康との関係を新しく認識

したのである。医療保険は事後給付的な対応にすぎない。疾病を積極的に予防することこそ人類の健康を保つ主な方法である。SARSと戦っている過程において，全国的な総動員が行われ，また早期予防，早期発見，早期治療といった事前給付的な対応が推進された。SARSはわれわれにある啓示を与えてくれた。それは観念や制度に比べれば，技術面の問題を解決することはさほど難しくないということである。人の健康は行為規範が必要であるが，行為規範は制度の建設によるものである。

SARS以降，中国政府は公衆衛生システムの構築を重要な議題として提起した。そして，劣勢に立つ農民たちに大いなる関心を寄せて，農村新型合作医療制度と都市，農村の医療救助制度を全面的に推し進めたのである。

農村の医療保障は従来国家が重視してきた問題である。1996年に国家は農村合作医療の再建，回復を提起したため，1997年に合作医療は17.6％の農村人口をカバーしたが，1999年になると，カバーした人口の比率が6.5％にまで下がった。その後，数年間努力したが，そのカバー率は10％足らずの状態にとどまっている。2002年10月に，中共中央，国務院は「農村の衛生行政をもっと強化することに関する決定」を公布し，農村新型合作医療制度を設立することを打ち出した。その文書は以下のように定めている。全国の中西部地域で，中央政府と地方各級政府は毎年農民1人当たり合作医療補助金として10元を与えるが，農民自身も10元を拠出し，重病保障を主とした新型合作医療制度を設立する。これは国家が農民の医療保障に対してはじめて資金を出すことを意味し，中央政府が中国における伝統的な都市―農村の二元的構造の社会制度に終止符を打つ決意と能力をもっていることを示している。2003年6月から，新型合作医療の政策が全国で試験的に実施された。政策や制度の設計目的は農民が重病のため貧困に陥ったり，または貧困に再び陥ったりした問題を重点的に解決することである。実施方法は次のようになっている。政府は財政面から援助するとともに，農民の自主拠出を支持する。県を実施単位とし，重病医療の社会統合を主とする。給付率は基金収入をベースに基金支出を決める原則に基づいて定められ，給付額は県の管理機構から支払われる。2005年6月の末までに，新型合作医療は全国で641の県（市，区）で実験的に行われ，2億2500万人の農民

をカバーした。そのうち，1億6300万人の農民が合作医療に加入し，加入率は72.6％である。全国で合作医療の加入者のうち延べ1億1900万人に対して補助金が支払われ，補助金総額は合計50億3800万元にのぼった。2008年には実験範囲が全国に広げられる。

それと同時に，中央政府は都市部，農村部の貧困人口の医療救助に直接に資金投入している。

（3）住宅保障

住宅保障は社会保障の重要な構成部分として，経済や社会の発展につれて生み出されたものである。その政策目的は政府が国と社会の力を用いて，中間層や低所得世帯の住宅問題を解決することである。市場経済の国家においては，住宅の特殊性のため，住宅資源を配分するさいには，市場の働きもあれば，政府の働きもある。1990年代末，中国は住宅制度の改革を始めた。その後，住宅共同積立基金制，低価格住宅と低家賃制度などが次から次へと打ち出した。この結果，一部の都市部一般住民は住宅という資産をもつ「有産者」となり，彼らの最低生活を保障するうえで重要な役割を果たしている。しかし，住宅価格の上昇と所得の減少は低所得者，特に農村からの出稼ぎ労働者の住宅不足という社会問題をもたらした。第11次5ヵ年計画の期間，国家は社会全体の住宅保障システムを絶えず完全なものにしなければならないが，住宅保障システムは中所得者，低所得者や，結婚出産の適齢期にある若年者，都市部で働いている農民労働者に重点をおくべきである。

（4）教育保障

中国は基礎教育にしても高等教育にしても，現在明らかに問題を抱えている。政府は農村義務教育に対して一連の措置をとり，教育保障を強化している。具体的には，農村の小中学校の教員に時間どおり，金額どおりに賃金を支払うこと，ぼろぼろになった農村の小中学校の校舎を修繕する場合に補助金を出すこと，教育費の支出構造を合理化し，義務教育費の総教育費に占める割合を引き上げること，中央財政が中西部の9年義務教育の未普及地域を重点的に支援す

ること，である。

　2005年末，国務院は新たな政策を公布し，農村の義務教育費を確保するための改革を進めることを要求した。その内容は以下のようなものであった。2年以内に，農村義務教育を受ける生徒に対して，在学中の雑費を減免する。貧困世帯の生徒に対して無料で教科書を配り，寮生には寄宿生活費を補助する。小中学校に対して，公的費用投入の確実性を高め，校舎の修繕改造に対する長期的な支援制度をつくる。また，農村の小中学校の教員に対して，賃金保障を強化，改善する。2006年から2010年までの5年間に，中央と各級地方財政は新たに2180億元もの農村義務教育費を増やす方針である。

　大学教育において，もっとも厳しい問題は学費が高いことである。学費を支払えず最低生活費を維持できない貧困学生が年々増えており，その数はすでに在校生の20%を占めている。

（5）社会福祉と高齢者サービス

　社会福祉は中国社会保障の重要制度である。社会福祉とは，国家と社区が各種の社会的弱者およびある程度の生活難をもつ社会構成員の基本物質的，文化的必要を満たすために，所得保障とサービス保障を組織し，提供することである[14]。改革開放前，中国の社会福祉は主に行政機関，企業，公益法人の従業員に対して，福利厚生的な所得保障とサービス保障を提供するものであった。改革以来，社会福祉は2つの側面で変化した。1つは，それまで曖昧な性格を有していた社会福祉手当を明確な形に改めた。もう1つは，それまで政府が実施していた社会福祉を，政府と民間の共同実施に移行した。この2つの改革は，社会福祉の社会化と呼ばれている。

　これまでの社会福祉は，住宅，医療，教育，生活消費財といった項目が無料もしくは低費用で不明瞭な形で提供されていたが，これらを明確な手当に整理して，価格づけを行った。また，新しい公共サービス，たとえば，団地内の環境衛生，社区の文芸体育活動，社区教育，社区医療サービス，社区高齢者福祉サービスなどの項目が社会福祉分野に加えられた。これは民政部の管轄が拡大したことを意味する。計画経済体制下の政府は，行政機関，企業，公益法人と

いった3大組織のネットワークから漏れた寡男，未亡人，孤児，身体障害者，および労働能力がない，安定した収入がない，法定扶養者がない「三無人員」だけを社会福祉の対象としてきたが，市場経済の下では，社区化した都市部すべての住民に関する普遍的サービスの社区福祉を管轄するようになった。福祉行政の本来の姿に戻ったわけである。政府が出資した社会福祉施設も自己負担の高齢者を受け入れるようになるとともに，民間人あるいは社会団体，企業が経営する各種社会福祉サービス機構が次々と出現している。

　現在，新しい社会福祉制度はまだ完成していないが，旧制度との根本的な違いがすでに現われている。新旧制度の根本的な違いは企業，公益法人，ないし行政機関が計画経済体制時の「単位」福祉を弱めたり，取り消したりしたところにあるのでもなければ，社会組織が社会福祉に参入したところにあるのでもない。その違いは「単位」福祉と社会福祉の境界線をはっきりさせたことである。「単位」福祉はなくなっていないし，なくなるはずもない。「単位」福祉は新たな形に変化するべきであり，実際に変化している。ただし，「単位」福祉のコストは，もはや政府ではなく独立した社会組織法人が負担することになる。社会福祉と計画経済体制下の「単位」福祉の最大の違いは，サービス対象が特殊な人びとに限られるか否かにあるのではない。これまでのように政府が単独で資金や組織実施法について指示を出すのではなく，社会の3大主体，すなわち政府，企業，ボランティアを含む非営利部門が共同で負担し考案するところにある。社会福祉の社会化は，社会福祉の単位所有化でも，政府統制化でもない。その本質は，社会転換期と体制転換期といった社会環境が変化するなかで，国家，社会，個人の三者関係を見直すことのうちにある。そこでは社会福祉資源を有効に活用し運営することに役立つ社会動員メカニズムと社会合作メカニズムを作り上げることが企図されている。

（6）貧困対策

　1990年代以来，中国の貧困扶助は道義的なものから制度的なものに，救済型から開発型に変化し，対象も貧困地域から貧困層に変わった。具体的には，それぞれの地域の現状に応じて多元的な農業と農産物の生産を発展させること，

第Ⅰ部　社会政策学の現状と課題

所得増加や貧困からの脱出につながるように農民を技術訓練し，技術を普及させるための制度を整備すること，農村貧困扶助の資金を増やし，低額貸付による援助を採用すること，貧しい村の社会サービス条件を改善し，貧しい村の農民が社会サービスを受ける機会を増やすこと，生存条件の劣悪な地域では住民を他の地域に移住させることによって徐々に貧困を緩和すること，などである。1998年から2004年までの間に中央政府が貧困扶助に投入した資金の合計は，1572億元に達した。しかし，1万元当たりの貧困扶助人口は1998年の1.64人から2001年の1.18人に減少し，その他の主要評価指標もある程度低下した。これは中国の農村貧困扶助のコストが高くなったことを示していると同時に，扶助資金の流用問題を反映している[15]。

4　中国社会問題の論争焦点

（1）中国における社会政策の欠如

　2005年は論争の1年であった。これらの論争は各種メディア，特にインターネットと新聞を通して，経済，公共サービス，社会生活のあらゆる面におよんだ。国有企業の所有権改革は国有資産の流失をもたらしたのか，医療体制改革は失敗したのか，教育市場化は進むべきか，住宅価格はなぜ高いままで下げられないのか，鉱山事故はなぜ多発するのか，土地を徴用された農民と家屋から追い立てられる都市部住民の利益を侵害する事件はなぜ禁じられないのか，国有銀行の株上場は安売りになるのか，経済学者は社会転換のなかでどのような役割を果たしたのか，などである。重大な社会問題，経済問題に集まったこれらの論争は中国空前の民意の現われで，争点が政府責任に矛先を向け，改革の苦境を浮き彫りにした。また，これらの論争は国民大衆による政府の資源配分方式に対する不満と政府の権力調整，責任負担に対する期待の現われでもある。国民は重大な社会問題をめぐって自発的に論争を行い，自発的に集まり，自由に民意を発表する。これは中国の改革がもたらした重要な成果のひとつといっても過言ではない。中国では今まで遠かった民意を主とした社会が，マストの前方ですでにみえている。

これらの論争の焦点はどこにあるのか。社会政策の欠如という一言に尽きる。
　市場体制のなかで，意識的であるにせよ，無意識的であるにせよ，社会のゆくえはある種の基本的価値観を表している。社会の公正を代表し，調和のとれた社会的価値観を追求する社会政策は社会凝集力を表した土台である[16]。意識的に社会の公正を求め，社会の調和のとれた発展を内包した政策体系こそが社会政策の範疇に属している。明確な目標と価値観の志向によって社会政策と公共政策は区分された。政策を単なる政治戦略の重要な要素として，そして国家，政党，統治者，政治家による決定として，また政策執行中の技術的要素や管理面の要素として捉えるのであれば，そういう政策は社会政策ではなくて，政府政策あるいは公共政策である。このような状況は社会政策の欠如（non-social policy）である[17]。
　中国は二十数年来，経済成長を目標とし高投資を手段とする「投資牽引型経済成長モデル」を採用してきた。これは典型的な社会政策の欠如である。社会政策の欠如は，貧困の罠の形成，人的資源の損失，社会資源の欠乏および国民の政府に対する信頼低下をもたらした。経済社会にもたらした代価は広範でかつ深刻である。貧富の格差の拡大と社会的不平等の悪化も社会政策の欠如による必然的な結果である。さらに社会政策の欠如は人びとに信用や助け合いなどの基本的社会価値を失わせ，社会凝集力の衰弱と社会的暴力，社会不安などをもたらすことになるのである[18]。

（2）社会政策と経済発展

　伝統的な発展理論では，経済政策と社会政策はお互いに独立した体系である。人々は経済政策を富を作り出す手段として，社会政策を社会再分配の道具と社会福祉の形成手段として捉えている。このような両者をはっきり対立させる観点は20年前に西側の学界において流行していた。ニューライトは，膨大な福祉支出が社会資源を浪費し，経済投資力と生産力を削減し，最終的に経済を後退させたといって，福祉国家の理論を批判した。しかし社会発展，すなわち社会の公正の促進こそ長期的に安定した社会環境と凝集力のある社区生活を保つことができ，それによって，1つの地域，1国の経済競争力を高めることができ

る。社会の公正は経済発展を保証する基本である。同時に，社会政策の実施分野である社会保障，教育，医療サービスおよび家族向けの社会サービスは労働者の所得と就業機会を増やし，生活の質を向上させ，経済効率を高めることを通じて，人的資源の多元的投資にもつながる。社会政策は社会再分配を通じて，社会資源を人的投資に使わせ，人間の生存環境と能力を改善し，また国民の最低生活を保障することを通じて，リスクを予防，管理し，そして人々の経済と社会の変化に対応する能力を高める。これらの重要な社会機能はすべて人間自身の素質・能力の向上，人と人との関係を調整するという点に集中している。したがって，社会政策は，人的資源管理，リスク予防および社区発展の領域に入ることによって社会投資機能をもつ資源配分の手段となり，社会の公正だけではなく，経済的効率の向上にも大きな貢献をすることになる。

　社会政策の欠如が社会構造と秩序の乱れをもたらし，社会規範をなくしてしまうだけではなく，同時に経済発展にも長期的な負の影響を残すということを，人々は認識した。したがって，社会政策は新たな生産力の要素として見なされた。このような社会政策が生産力であるという考え方は近年の社会政策の基礎理論研究におけるもっとも突破的な進展である。その出現によって伝統的な社会政策理論を体系的な見直しは余儀なくされる[19]。

　二十数年も行われてきた中国改革の主な成果は，鎖国の足かせを打ち破り，近代化に向けて大幅に邁進したことである。しかし，振り返って考えると，現在になって現われた一連の社会問題は同じ原因によるものである。それは，つまり人々の社会的必要を無視し，経済的必要だけを重視し，資源競争，業績競争，GDP競争などのような背伸びした経済成長を推し進めたことである。

　人間を社会人ではなく，単なる経済人として認識することは，初期資本主義における社会意識形態である。1世紀前，アメリカのテーラーが提唱した科学的管理はその代表である。1920年代のはじめに，メイヨーは有名なホーソン実験を行い，人が社会人であることを主張した。つまり，人間は複雑な社会的，心理的欲求をもち，社会はフォーマル組織以外にも共同の社会感情を抱いているインフォーマル組織が存在する。これらの観点はその後の行動科学理論の基礎を定め，人間本位の社会意識形態の基礎を提供した[20]。

経済発展のみに関心をもち，社会階層と社会心理の変動が社会全体の趨勢に与えた持続的，巨大ないし決定的な影響を考慮しなかったことは，先進資本主義国家が経験した屈折である。社会政策は彼らを苦境からの脱出に導いたのである。この点についていえば，社会政策は人類自身を統治，管理するうえでの重要な発見である。19世紀末から20世紀半ばまで，ドイツの新歴史学派の経済学者は社会政策学会を創設した。ビスマルクの社会保険法案の提出からベヴァリッジ報告，アメリカの「偉大な社会」政策および北欧をはじめとする福祉国家の成立と発展までの過程はこの点を裏付ける。その後の後進国家と地域の半世紀以上の実践，たとえば日本，韓国と台湾が分散した零細農家に対して社会保護を実施する戦略や，シンガポールが中央積立基金制をつくり，個人口座を発展させた社会保障政策も社会政策が社会安定と経済発展のなかで柱石のような役割を果たしたことを証明している。

　社会政策は社会の安定と人的な発展といった社会の長期的発展目標を達成するための手段であり，社会の公平を基準にして資源配分が国家と地域に対して有利かどうかという点から判断されるべきである。しかも，一度決められたら，社会政策は自己運営のメカニズムを有する首尾一貫した体系と制度の枠組みの形成を必要とする。あらゆる具体的な政策はこの枠組みの中で決定，評価されるべきである（言い換えれば，社会政策は具体的で専門的な政策内容を含んでいるが，これらの政策内容は社会政策の核心的な部分ではない）。そうでなければ，いかなる具体的な政策も独自の効力を発揮して，公平を追求し，効率は公平に従うべきだという社会政策の価値観を崩壊させる可能性がある。

　中国の改革は今日まで，社会の不公平を緩和させたのではなく，かえって深刻化させた。これは大多数の国民が医療衛生，教育，住宅，社会福祉サービスなどの分野での政府政策に対する不満を長年抱いている所以であり，また，政府がさまざまな分野での具体的な政策に対して修正しても改善がみられない所以でもある。

（3）市場や政府に対する盲信

　最近の2，3年，党と政府は人間本位の科学的発展観，経済成長の方式転換，

調和のとれた社会といった基本治国方針を打ち出し，広範な意識形態の動員を行った。しかし，これらの新しい意識形態は社会政策の体制と制度の枠組みを形成することがなかった。経済成長方式は相変わらず自身の慣性を保っており，社会的弱者集団の利益を守ることと明らかに一致していない。衛生，教育，住宅，社会福祉サービス政策はなお大々的に実施され，国民の声や農民の沈黙的な抵抗を顧みない。政府の政策方向性はなぜ民意と合致していないのか。なぜ政府が指導部の意思と業績づくりだけに翻弄され，国民を満足させるために努力をしないのか。原因は2つある。1つは市場に対する盲信，つまり市場化・産業化は部分的に政府の公共機能を代替できると信じ込んでいることである。もう1つは政府に対する盲信，つまり中国のような統一的な集権体制は，部分的に社会組織の民意表示機能を代替し，社会安定と発展を達成できると信じ込んでいることである。

中国では，市場が改革以来もっとも魅力的な言葉となった。半世紀もの鎖国政策がとられた中国人は先進国家の発達ぶりをみると，すぐにそれが市場の効率化がもたらした結果と結論づける。このような思い込みのイデオロギーは一時期社会的な主導地位を占めていた。それに西側諸国の福祉民営化改革の影響が加わり，市場経済を導入したばかりの中国政府は自己経験に基づく判断ではなく，大多数に追随する判断を下したのである。政府の管理機能を国有企業に移すと同時に，政府の公共機能も公益法人に移した。公共資源と公共資産の配分を完全に市場経済の資源配分と混同し，両者の違いを認識，区分しなかった。このような今日からみれば低レベルの誤りを犯したのは，計画体制下で政府があらゆる経済，社会資源を公共資源として，個人（農村の自留地も資本主義の尻尾と称して許さなかった）と集団（農村の生産隊，小集団と大集団所有制の企業）の資源配分をすべて廃止したので，改革前の中国はほとんど私有資産がなく，もちろん公共資産と私的資産の区分もする必要はなかったからである。かつては大規模な組織と公有制は社会の唯一のイデオロギーであった。改革後，私有資産が正当あるいは非正当なさまざまの形で現われ，政府が何十万社の国営企業の資産運営を直接に管理する能力もなく，必要もないことが認識されたため，国営企業の経営者に権利を譲渡することとなった。しかし，同時に公共資源と

公共資産の資源調達配分の権利も手放した。病院や学校，福祉施設に自分の力で存続の道を模索させ，市場で自由競争させることは，性質が完全に異なる公共財と私的財の提供方式を混同した誤りを犯したことになる。公共財は一定の条件の下（たとえば，政府委託あるいは契約）で個人によって生産することもできるが，政府あるいはその他の公共機構が企画や融資，組織，生産計画および監督管理しなければならない。これは私的財のように企業と個人が市場ニーズに従い自己組織し，自己生産する体制と根本的に異なる。社会政策は政府あるいはその他の公共機関に公共財を提供することを促す指導的手段である。したがって，社会政策という指導がなければ，任意に政府の公共機能を下級行政機関と公益法人に譲るやり方は必然的に政府の公共機能を弱めることになる。また公共資源配分は企画，融資，組織，生産計画と監督管理の均衡制御を受けなければ，社会の各種不公平の現象を必然的に生じることになる。

　政府を盲信し，国民大衆の自主と自治が社会の安定と発展をもたらすと信じないのは，いわゆる全体主義のイデオロギーの現われであり，社会政策の基本価値に反している。

（4）国民による社会政策の構築

　社会の公平を基本的価値観とする社会政策は，民意によって主導された社会が政策決定と執行監督に参加することが必要である。政府の役人は代議制によって選出され，社会と分離することができないので，政府と社会は相互に依存するべきである。社会組織が散乱していて，公共道徳が喪失した社会においては，清廉潔白な政府が存在することは想像できない。逆に，良い政治を施す政府は社会風紀，社会文化，社会道徳，社会組織の育成に必ず力を入れる。社会に対する育成意識がなければ，政府の機能転換は不十分なものになってしまう。中国はずっと官僚本位の意識形態が統治の地位に据えられてきた社会であり，政府が何でもこなせるということで，社会の成長が抑えられてきた。そうした弱い社会組織は社会政策を推進する重要な社会的動力にならない。これは社会転換期における政府の機能転換を孤立無援の苦境に陥らせる。特に社会政策の考えをもつ政府の役人は悪い政界の習わしと利益集団の勢力によって自由

に動けず，同盟軍も後援隊もないので，良い考えをもっていても，現実を変える力とならない。

　正義が邪悪を制することができない，ということが中国の悲劇である。したがって，中国の社会政策を構築することは，国家と政府だけの問題ではなく，中国国民自身の問題である。政府は社会公平の価値観を是正する必要があるが，国民自身も社会の公平を追求するために自覚的に社会責任を負う必要がある。どこかの時点で社会の公平を求める社会政策を発動すべきである。さらに今後，長期的・連続的な発展・進化を遂げていく過程で，社会の公平を終始追求し，公示し，このことを原則とした具体的な社会政策の執行過程を指導し，修正すべきである。

5　中国において社会政策を構築するための当面の急務

　具体的にいえば，中国における社会政策を構築することは多面にわたっているが，以下の4つは当面の急務である。

（1）社会政策における政府の主導的役割

　近年，政府の方針を新聞でしばしばみかける。「人間本位の科学的発展観」，「調和のとれた社会の構築」，「心は国民のことを思い，権力は国民のために駆使し，利益は国民のためにはかる」などである。これらの方針は確かに社会政策の基本価値観に近づいている。そして，社会公平志向を反映する社会政策の起点がすでに社会体系の一部（たとえば，都市部最低生活保障制度）で始まった。しかし，これは社会政策が中国政府と国民によって認識された，ということを意味しない。今まで，政府の治国戦略は大部分がスローガンにとどまっていた。スローガンを実際の社会政策に変えていくためには，全社会が一丸とならなければならない。社会政策を普及するためのキャンペーンが必要である。政府の高官たちに限らず，一般国民も社会政策の自分に，他人に，国家に，社会に対する効用を認識しなければならない。また，政府の社会政策における主導的役割を明確にすることが，全国民の現在と未来に対して，責任を負う社会政策を

選択するように，政府の政策決定に働きかけることにつながる。

(2) 社会政策の根本政策の構築

　社会政策の評価は，長い間，安定，効率および再分配といった3つの短期的目標にとどまり，持続可能，リスクとその不確実性の回避，および政策の実施能力と内在メカニズムといった社会政策の長期的目標の視点が見落されてきた。つまり，目先の利益ばかりが重視され，長期的受益が軽視され，一部をみて全体をみず，木をみて森をみずという情況である。社会保険，医療衛生，教育，社会福祉は，それぞれ改革が進められているが，統一的な社会資源配分の発想が欠けている。都市部年金保険や医療保険といった既存制度の改革は重視されるが，中国の未来数十年先の発展を指導できるような，ビジョンの大きい政策が欠如している。これらの社会政策の企画と組織の面における欠陥がめだっており，これは現行政策の策定に問題を起こすだけではなく，数多くの新しい社会経済分野での社会政策の欠如をもたらすことになる。

　われわれは現在だけではなく，遠い未来を目標にし，中国の社会体系と構造変遷，再構築に関わる根本的な社会政策を必要としている。

　新農村建設に関する研究はこのような根本的な社会政策を構築する突破口になるかもしれない。

　何億もの零細農家を予見可能な歴史期間内に貧困から脱出させ，現代的な農家に変身させるという目標は，現存の人類経験を超えている。これは，中国が都市―農村の二元的社会構造の下で，自分の独特の農村近代化と中国近代化の道を探さなければならない，ということを意味していることは疑いようがない。これは長期的な歴史任務であり，50年をかけても足りないだろう。百年戦略を立てる必要があるかもしれない。しかし，これまでのわれわれには新農村の内容，理念，政策，歴史役割についての認識が足りなかった。社会の新農村建設に関する一般的な見方は，政府主導の下で，農村建設を支援する資源の再分配に重点をおく社会プロジェクトという見方である。すなわち，社会主義新農村を建設することが政府の財政投入を増やし，農村公共サービスを提供し，農村公共資源管理を改善し，農村経済を発展させることを意味する。一方，中国独

特の近代化の道を模索することについていえば，中国の人口の大多数を占めている農民の近代化という重大な歴史的課題の深刻さと困難さについて，人々はまだ感じとっていない。

　現行の政策には，①資産権改革，②産業化と専門化，③都市化，④貧困扶助と社区発展，⑤社会保障，⑥公共サービス，といった考え方がある。これらの政策は一定の成果をあげ，特に一部の地域と一部の項目における効果は明らかであるが，根本から農民たちの劣勢地位を変えることも，近年の都市部と農村部の格差を抑制することもできなかった。さらに，長期的持続可能な発展を保証するメカニズムという角度からみると，中国の「三農」問題を解決するための，長期にわたる安定した総合的，戦略的な政策を形成することができていない。ある意味からいえば，現在の政策は西側の農村発展の歩んだ道を踏襲することを前提にした，局部の問題を解決する措置であり，根本から中国の「三農」問題の解決策になっていない。長い目でみると，「三農」問題をもっと悪化させる可能性さえ潜んでいる。

　中国の農村には2億以上もの兼業農家がいる。政府は零細農家の経済発展に適する考え方で，零細農家の協同のための制度をつくりだし，「三農」問題を解決すべきである。焦点をしぼったうえで，理論革新と体制革新を行う。西側の政策を真似するのではなく，日本，韓国および台湾政府が農民合作組織に対して，総合的に，特別な社会保護政策をとって，農村，農業，農民の長期的資産を蓄積させた経験を重点的に研究すべきである。

　新農村建設の政策の研究から，中国社会政策の長期的構築の突破口を開くことにつながる可能性が高い。つまり，単純に経済発展あるいは社会保障の発展にとどまることではなく，零細農家に対して，全面的な社会保護を実施する視点から農村社会の全体発展を推進することである。これは人間本位の科学的発展観を農村で具体化する重要な措置である。その措置を実現するためには，農民本位を原則に，農業を発展させ，農村を建設すると同時に，個人，家庭と社区が，生活水準を改善する能力を向上させる必要がある。

（3）政府自身の政策能力の強化

政府は社会政策を企画，執行する主役である。したがって，政府の社会政策に関する政策能力の強化は急務である。社会政策能力とは敏感な社会政策の意識能力，社会政策の全体戦略をマクロ的に企画する能力および社会政策を効果的に執行する能力を含む。これらの能力を構築するには，制度資源，組織資源，認識資源および行動のロジックが必要である。

制度資源とは，行政制度を建設，改善し，政府体制と財政体制を改革し，政府役人の業績を評価するシステムを変えることを通じて，国民と人民代表が制度化されたルートで自分たちの意思を表明することを達成させることである。

組織資源とは，情報公開，自主組織，社会衝突を協議方式で解決するという方向へ向かう社会を育て上げることである。

認識資源とは，社会の公正を追求することを前提に，効率を上げるという観念を確立すると同時に，高齢者を敬い，子どもを大事にし，先生を尊び，学問を重んじ，人を助けることを善とし，貧困者や地位の低い人を軽蔑しないといった中国の倫理道徳を再び提唱し，良い社会風紀を構築することである。

行動のロジックとは，政府が政策を貫徹する場合，内実を伴わない大きなことばかり言ったり，文書だけで示したりすることを改め，政策を具体的に実施する執行機関，特に非政府非営利機構に対して，その要求に応え，その仕事を支持しなければならないことである。

（4）社会による創造的研究

中国社会は激しい転換期にあるため，社会政策の基本枠組を確定しても，具体的かつ多元的な社会政策を選択，実施する過程で，なお多くの空白を埋める必要がある。しかし，政府だけでは力不足で，それを達成できない。したがって，政府は研究領域やソーシャル・ワーク領域，ボランティア組織，事業機構および企業界といった社会の力を組織，支持し，国際組織と提携し，合作関係を築き，重要な社会政策問題を調査研究，過程分析，監督評価および創造的に実験すべきである。それらは社会政策の新しい考え方や研究方法を模索するう

えで，政府には代替できない効果を上げることができるのである。

（訳：朱　珉・鍾　家新）

1) 統計年鑑［2003］。
2) 章敬平「中国的三農問題為什麼総是開錯薬方？」中国改革論坛，2004年8月22日。
3) 中国人口網，2005年3月15日。
4) 北京の2005年の1人当たりの平均年収は4700ドルに達している。
5) 胡鞍鋼「一個中国四個世界」2001年2月22日，北方財経網。
6) 孫立平「从貧困到底層」『経済観察報』2005年5月16日。
7) 旧発展モデルは以下のようなことからすでに行き詰まっていることがわかる。
    (1) 20年あまりの間，中国のGDP成長率は年平均9％以上に達している。中国の投資率は約40％に達し，固定資産投資も毎年40％近く増加している。
    (2) 2003年だけでも，中国は世界の31％の石炭，30％の鉱石，27％の鋼鉄および40％のセメントを消費した。しかし，産出したGDPは世界の4％にもおよばなかった。2000年から2004年まで中国のエネルギー需要量の増加は世界総増加量の40％を占めている。ほかのデータによると，中国の1キロ単位の標準石炭エネルギーが産出したGDPはわずか0.36ドルであるが，世界の平均値は1.86ドル，日本は5.58ドルである。つまり日本は中国の15.5倍である。
    (3) 消費面では，富の80％を所有している20％の人口の需要はすでに飽和状態になり，富の20％を所有している80％の人口には購買力が欠乏している。
    (4) 貧富格差についても，80年代初期のジニ係数は0.28で，1995年に0.38になり，90年代末に0.46に達した。現在は0.53〜0.54の間である。わずか15年間でこのような大きな所得格差の拡大を経験した国は世界中のどこにもない。
8) 楊団「建立有中国特色的社会保障制度」『福利国家論析』第九章，経済管理出版社，2002年。
9) 『南方都市報』2006年3月20日。
10) 労働と社会保障部医療保険司「10省医療保険制度改革総合調研報告」内部資料。
11) 一時救済を加えても，合計1億2000万元であった。同年の国民総生産の0.05‰でしかなく，国家財政収入の0.03％にも達していなかった。
12) 中国統計摘要［1994］中国民政統計年鑑。
13) 民政部ホームページによる。
14) 郭晋平（1995）『中国社会保障制度総覧』中国民主法制出版社。
15) 『中国財経報』2004年6月14日。
16) 徐月斌・張秀蘭「中国政府在社会福利中的角色重建」『中国社会科学』2005年第5期，80頁。
17) D. Fouarge, *Costs of Non-social policy : Towards an Economic Framework of Quality Social Policies and the Costs of Not Having Them*, a report for the Employment and social

Affairs, Commission of the European Communities Brussels, January, 2003.
18) A. Bonlla Garcia and J. V Gruat (2003) *Social protection : A life Cycle Continuum Investment for Social Justice*, Poverty Sector, ILO.
http://www.ilo.org/public/English/socialprotection
19) 徐月斌・張秀蘭,前掲論文,82頁.
20) F. E. Kast and J. E. Rosenzweige (1979) *Organization and Management : a systems and Contingency Approach*, N. Y., McGraw-Hill.

［訳注］
1 社区：もともとcommunityの中国語訳で，地域社会を意味する専門用語として用いられてきた。90年代に入ってから，「単位」社会の崩壊によって，国家は住民の地域生活に直接に関与することができなくなり，新たな地域生活の安定維持の方策を探ることが緊急の課題となった。ところが現状の行政の力のみではまったく不充分であるため，住民の力を新たに加えざるを得なくなっていた。こうした背景のもと，「社区建設」が民生部によって主要な都市事業として90年代から実施され始めた。「社区建設」の主な内容は「社区服務」である。民生部の崔乃夫部長は，「社区服務」とは地域レベルのソーシャル・サポート事業であり，事業は政府の指導のもとで行われるが，主体は住民であると明確に表明している（陳立行「中国都市における地域社会の実像──『単位』社会から『社区』社会への転換」菱田雅晴編［2000］『現代中国構造変動5　社会──国家との共棲関係』東京大学出版会，142-143頁）。
2 超級村庄：折暁葉・陳嬰嬰によれば，郷鎮企業などを主体とした非農業経済部門が形成され，工業生産総額や非農業生産総額が生産総額の絶対多数を占める村のことを指すという。また「準政府」機能をもち，集団公司などの現代的な企業形態が採用されている。「超級村庄」は，企業集団であるとともに，村落共同体としての特徴をもつ（菱田雅晴・園田茂人［2005］『経済発展と社会変動』名古屋大学出版会，34-35頁）。

【参考文献】
黄平・占少華（2005）「中国国内遷徙：与発展聯系」『亜洲移民,発展和消除貧困』国際移民組織。
温鉄軍（2004）『三農問題与世紀反思』生活新智読書三聯書店。
孔祥智主編（2004）『中国三農前景報告』中国時代経済出版社。
国際労工局（2005）『社会保障：新認識』中国労働社会保障出版社。
謝尼亜・舎尓・阿徳龍編／王放運等訳（2004）『建立社会保障──私有化的挑戦』中国労働社会保障出版社。(Xenia Scheil-Adlung [2001] *Building Social Security : the Challenge of Privatization*, Transaction Publishers.)
徐月斌・張秀蘭「中国政府在社会福利中的角色重建」『中国社会科学』2005年第5期。
中国社科院農村経済発展研究所（2004）『中国農村発展研究報告No.4』社会科学文献出版社。

第Ⅰ部　社会政策学の現状と課題

陳佳貴・王延中（2005）『中国社会保障発展報告』社会文献科学出版社.
楊団（2002）「建立有中国特色的社会保障制度」『福利国家論析』経済管理出版社.
楊団「社会政策研究範式的演化及其対我们的啓示」『中国社会科学』2002年第4期.
羅蘭德・斯哥等編／華迎放訳（2004）『地球村的社会保障——全球化和社会保障面臨的挑戦』中国労働社会保障出版社.（Roland Sigg [2002] *Social Security in the Global Village*, Transaction Publishers.）
労働と社会保障部，民政部ホームページ
Fouarge, D. (2003) *Costs of Non-social policy : Towards an Economic Framework of Quality Social Policies-and the Costs of Not Having Them*, a report for the *Employment and social Affairs*, Commission of the European Communities Brussels, January.

補論② 社会政策時代に向かう中国

王　思斌（北京大学）

　私はいずれ中国が社会政策時代を迎えるだろうと考えている。社会政策時代の到来は中国の経済，社会および人の全面的発展にとって重要な意義をもっている。政府は社会政策の機能を強化すべきである。

　現代社会において，社会政策はひとつの重要な分野であり，経済政策と関連もするが，異なるところもある。社会政策は主に社会の公正を実現し，社会の団結を強めるために実施される政策であり，公共政策の一部としてみなすことができる。しかし，公共政策が一般的に公共利益を強調するのに対して，社会政策は社会的弱者の利益を保護し，彼らの生存状態を改善し，また彼らに社会進歩の成果を享受させることに重点をおくのである。

　時代という言葉を用いて，あるひとつの社会（世界全体あるいはある国）が比較的に長い期間にわたってそなえた特徴を表すことができる。たとえば，われわれは資本主義時代，知識経済時代，平和建設時代などの言葉を用いて，あるひとつの社会の重要な特徴を指摘する。このような意味において，私は社会政策時代という概念を提起し，これをもって，新しい発展段階における中国の社会政策と社会発展の趨向を分析したい。

　社会政策は政府が社会的弱者に対して，制度的な支持を行う施策であるが，社会政策時代は単に一連の福祉措置や政策として現われるだけではなく，一定の社会価値あるいは社会福祉の意識形態として現われる。簡単にいえば，社会政策時代は以下のような基本的な特徴を有すべきである。

①社会の公正という理念が社会のなかで一般的に容認されている。
②社会福祉政策が制定・実施される。これは社会政策時代のもっとも顕著な特徴である。付け加えて説明すると，これらの社会政策は相当な程度忠実

に執行されるべきで，つまり，本当の効力を発揮すべきである。
③社会福祉政策は普遍的に発展し，人々の正常な生活の諸領域をカバーする。
④社会政策の組織体系を有効に実施する。一般的にいえば，これらは政府に限らず，民間の，専門的な社会福祉サービスに従事する組織体系も含む。
⑤経済政策体系と社会政策体系には整合性がある。ひとつの時代の特徴として，多くの社会政策の制定と実施はそれに相応する経済と政治の条件，すなわち発展的な経済政策と民主的な政治の支持が必要である。ただし社会政策時代はイコール福祉国家ではない。西側の先進諸国の福祉国家制度は，最終的には全国民に対して包括的で高水準の福祉供給に到達したが，経済発展をある程度抑制した。しかし，社会政策時代では，自国の状況に応じて，社会構成員に対して，広範な適用範囲ではあるが，低い水準の保障を実施することもできる。一定の経済発展を成し遂げた国は，自国を社会政策時代に突入させることができるのである。

　国際的な経験からみれば，社会政策時代は工業化と関連している。経済の発展，社会問題の累積，社会リスクの増大，および社会進歩の価値は，社会政策の成立条件を整えた。近代化の過程において，ある国と地域の経済的な離陸は，その国とその地域の社会政策時代の到来を促すことになった。経済発展によって，政府はある程度の経済力をもつようになり，公共事業と社会福祉への支出を拡大することができるからである。また，社会問題の累積，およびそれらの問題が社会安定と経済の持続的発展に与える脅威が認識されるようになるにつれて，社会的弱者でも最低生活を営む権利を有するということが広範に注目されるようになり，いかに彼ら彼女らに社会進歩の成果を享受させるかといったことが話題にのぼり，社会の公正は一種の社会価値として認められるようになる。そして，工業化の進展により，社会組織の間に機能分化が生じ，社会のなかでは大量の非営利組織と専門的な社会福祉サービスに従事する機構が現われる。このような状況のもとで，政府はこれらを制度化することによって問題解決を試みるならば，社会政策時代を迎えることができる。

　実際に，中国はこのような方向に向かって前進しているところであり，現在は，前社会政策時代にあると思われる。20年あまりの改革，経済発展により，

補論② 社会政策時代に向かう中国

　中国が全体的に物不足の経済と別れ，政府と社会がある程度社会的弱者の基本生活問題を解決する能力をもつようになったことは明らかである。政府は社会転換に伴う社会問題の解決と社会の安定を重視するようになっており，社会的弱者の生存状態に対して注目している。また世論も社会の公平への関心を高めている。これらのすべてが社会政策時代の到来のための条件を整えている。もちろん社会政策時代の到来は，これまでに打ち出された一連の社会政策のなかにもっとも直接的に現われている。

　近年，中国の社会保障制度は多くの社会的弱者をカバーしている。都市部の最低生活保障制度の受給者は大幅に増加し，医療救助，教育救助が展開される都市や地域もますます増えている。社会的弱者の人権と生存権が注目されるにつれて，ストリート・チルドレンや，農村からの出稼ぎ労働者，重病患者，身寄りを失った児童および高齢者，都市部の定年退職者，失業者などを含む集団に対するもっと人道的な政策がすでに打ち出されたか，あるいは制定中である。しかし中国の社会政策はまだ不完全で，体系的になっていない。また多くの空白領域も存在している（そのもっとも重要な例は，中国がいまだに農村住民を含む社会保障制度を作り上げていないことである）。しかし積極的に取り組む姿勢は明らかである。つまり，中国は社会政策時代に向かって邁進しているのである。

　社会政策時代の到来のためには実力のある経済力という基礎が不可欠であることは疑いがない。経済発展の水準を考慮しないまま，一方的に普遍的な社会福祉を提唱することにはメリットがない。したがって，これから全面的に「小康社会」（いくらかゆとりのある社会——訳者注）を建設する実践のなかで，経済の持続的，安定的な高度成長を維持することが重要となる。科学的な発展観は社会政策にとっても重要な意味をもっている。科学的な発展観が提出されてから，「以人為本」（人間本位），「国民のために執政する」，「国民の困難に着実に関心を寄せる」，「社会の公平を追及する」などが，徐々に政府の理念となり，政府も公平を実現し，国民の基本権益を保障するために，各種の政策と法規を制定するようになっている。政府は政策という手段を用いて，広範囲に存在している，社会の調和および社会の進歩を損なう，不公正な負の社会現象の是正に努めている。そして，社会政策を制定することによって，弱者集団と広範な

社会構成員の生活を改善しようとしている。このように，どのような意味合いの手段であれ，社会政策の発展は，科学的発展観を実現させるという大きなテーマのなかに含まれている。つまり，科学的発展観に従い，その内容を確実に貫徹させることによって，社会政策時代の到来に力強く対応し，これを促進させることができる。

　チャンスに満ちている新しい時期に，政府は経済，政治と社会発展をマクロ的にコントロールする力を強めるべきである。社会の安定，社会の公正および社会の調和といった角度からみて，政府は社会政策能力を強化すべきである。社会政策能力とは，チャンスを逃さず，正確に社会政策を制定する能力と，効果的に社会政策を実施する能力のことである。政府の社会政策能力が強化されてはじめて，中国の社会構造は表面的ではなく，深い内面的なレベルで安定し，社会の団結，社会の調和が有効的に促進され，全面的に「小康社会」を建設するという目標が実現することができる。

（訳：朱　珉）

補論③　中国における社会政策の発展

唐　鈞（中国社会科学院）

　改革開放政策の結果，1980年代以来の経済の高成長がすでに二十数年続いている。その過程において，経済の著しい変遷（経済移行）と社会の変革は多くの問題をもたらしてきた。それらの問題を解決するために，中国の新しい指導者たちは「社会主義調和社会の構築」というスローガンを打ち出した。そのような考えは，すぐに共通認識として全国民の間で共有された。

　目標が設定されてからは，政策の立案と実施が目標達成のカギとなる。すべての偉大なる理念と目標は具体的な政策を通じて実現されるからである。これまでの現行の政策の多くは，「GDP 中心主義」に基づいて制定されたため，それらを検討しなければならない。たとえ近年に打ち出された新しい政策でさえも，前例踏襲や伝統的な考えに制約されているため，非効率であり大きな政策効果がみられていない。

　中国において，社会政策は20世紀末から21世紀初頭にかけて生まれた新しい社会科学のひとつである。社会政策研究の発達は中国の社会政策の制定に大きな影響を及ぼすかもしれない。「調和社会の構築」という発展目標は社会政策研究に役割を発揮する機会を与えてくれた。社会政策研究は発展する良い機会に直面しているといえよう。

1　中国における社会政策の発展状況

　応用社会科学のひとつとして，社会政策という学問は現代中国において始まったばかりである。改革開放の初期から，経済学，社会学，政治学などの研究分野の学者が政策研究に加わって，社会政策研究を世間から注目される研究

分野のひとつにした。しかし，二十数年経った現在でも，政策研究に従事している各研究分野の学者は共通認識を形成していない。それどころか，各自の学問分野に立脚し，異なる視点（矛盾となる視点の場合もある）から社会問題を考察し分析している。そのため，共通認識をなかなか得られない。

　中国では，政策の策定は政府の役割であり，開示されないものであると思われる。しかも，政府が政策をつくるときには，しばしば各部門の既得権に制約されるために，政策の視野が狭くなる。つまり，全体を俯瞰することなく，細部しか考慮していない。また，政策を考案するにあたって，長期的な目標ではなく，近視眼的なことしか考えないため，本質的ではない形式的なものになってしまうこともある。それゆえ，政策の効果は期待したとおりにはならない。

　社会問題を解決する目的で作られた政府の社会政策を真の社会政策にするために，社会政策の研究と教育を発展させなければならない。それは目前に迫っている重要な課題である。1980年代において，社会工作（日本語の社会福祉やソーシャルワークに近い意味をもっている――訳者注）が新たな学問として中国で確立し始めるにつれて，社会政策もそのなかの一分野として注目され始めた。1999年，中国社会科学院は社会政策研究センターを設立した。これは中国での社会政策を専門的に研究する研究機関の第一号となった。21世紀に入り，一部の大学と研究機関も社会政策の研究機関を設立した。研究成果に関しては，いくつかの文献をあげておこう。たとえば，中国社会科学院社会政策研究センターが出版した『社会政策研究叢書』，イギリスに留学中の学者貢森らが翻訳した『社会政策翻訳叢書』（このなかには，『理解社会政策』と『英国社会政策論文集』が含まれている）などがある。また，教科書として，花菊香の『社会政策と法規』，叶海平・李冬妮の『社会政策と法規』があげられる。さらに，中国社会科学院社会政策研究センターの内部学術誌である『社会政策評論』やWEB雑誌の"社会政策ネット"，また，『社会学研究』，『戦略与管理』，『中国改革』，『紅旗文摘』，『中国党政幹部論壇』，『中国社会工作研究』などの学術誌にも社会政策関連の論文や研究ノートが掲載されている。

　実践の面においては，中国の最低生活保障制度の創設に社会政策の研究者が参加したことがもっとも成功した例であろう。1993年に，上海市で最低生活保

障制度が試行された。そのときから，この制度に対して研究者たちは追跡調査を行い，制度を改善するために有効な修正案を提案し続けてきた。たとえば，1995年に最低生活保障制度の枠組みを設計した際に，研究者たちは資金調達の制約を乗り超える必要があると提案した。また，2003年の最低生活保障の制度化設計や，2005年の農村部の最低保障制度の実施にも積極的に参加した。さらに，医療衛生体制の改革，社区（コミュニティ）の建設とサービス提供，非営利団体（NPO）の発展などの面においても，研究を行い，実行可能な政策提言を行ってきた。現在，社会問題に関わる政策の評価も主に社会政策を研究している者によって行われている。

2003年には，北京大学社会学部教授の王思斌が講演会において「中国がすでに社会政策の時代に入った」という新しい観点を打ち出した。それは，社会政策という学問が花開こうとしていることを示唆していた。これからは，多くの研究者が社会政策という学問の価値観，理論と方法を用いて，社会政策研究に参加し，この分野において自分なりの貢献をしてくれるよう期待されている。

近年，中国の経済は急速に成長している。それによって政府の財政収入も増えつつある。「人をもととして」，「科学的発展観」と「調和社会の構築」というような政策理念を確実に実行するために，政府は「民衆」のために財政支出を行いたいと考えているはずである。また，そのための財政力をもっているはずである。そのため，政策研究におけるさまざまな問題は現われている。社会政策の理論分析でいうと，現在の問題は，政策目標からそれるという問題である。社会政策のなかでは，各々の政策は全体の目標を中心にして運営されなければならない。もし，各々の政策は全体の目標から離れてしまうと，わずかな差であっても，結果は大きく異なってしまう。これはおそらく現代中国の社会政策における最大の問題であろう。

現在の社会的背景の下で，社会政策の専門家は政府と国民の間の仲介役を演じている。いうまでもなく，権力と情報の非対称性によって，国民が政府と直接対話することは困難である。一方，マスコミにおける透明性が低いため，情報が十分に伝わらない。それゆえ，政府側の意思決定者が国民の本当の声を聞くことも容易ではない。そのため，学者など仲介役の重要性はより鮮明となっ

ている。また，学者という身分によって，彼らは比較的，問題を客観的に考察することができる。特に，さまざまな意見を聞く場合は，学者の役割がより大きい。さらに，学者はアンケート調査やインタビューなどの研究方法を用いて，社会問題を分析し，民衆の意見を正確に反映することができる。そのうえで，学者は社会政策の理論に基づき，政府に選択可能な政策提案を行う。このようにして，政府の意思決定はより容易になる。

2　中国における社会政策の発展趨勢

　社会政策研究の第1の対象者は政府である。社会政策研究は政府の力を借りて促進される必要がある。先進諸国において，政府機関は管轄の仕事に対して自ら調査したり，評価したりすることはしない。そのようなことをするならば，信憑性に欠けることは明らかであろう。通常実施される方法としては，大学，研究機関，あるいは調査会社に委託することである。このような方法は中国においても行われると思われる。他の学問と異なっているのは，社会政策研究においては，研究者はさまざまな問題を「体制問題」や「資金問題」の所為にはしたがらない。また，他人の受け売りをして，一般的な「対策」や「提案」を出そうとはしない。社会政策の研究者から提出される提案は中国で実行できるような，かつ有効的な政策提案でなければならない。これは，中国における民主政治の形成に対してもきわめて良い影響を与えると思われる。
　社会政策研究の2番目の対象者は非営利団体あるいは社区である。社会政策の研究者は，これらの組織と協力関係を結び，共同で中国の「国民社会」を開発し，利用できるすべての社会資本を活かして弱者を助けなければならない。
　中国の改革開放と経済建設には，数多くの社会政策研究者を必要としている。現在，中国の大学のなかで，社会工作という学科を開設したのはすでに100校を超えている。近年，一部の大学では社会政策学部や社会政策研究所が設置された。たとえば，北京師範大学の社会発展と社会政策研究所，南開大学の社会工作と社会政策学部，などがある。中国は，社会政策に関する研究および教育の第一歩を踏み出したのである。

2005年の夏，中国社会科学院社会政策研究センターは，中国社会工作教育協会，清華大学，北京大学と北京師範大学の関連学部と一緒に社会政策フォーラムを開催した。フォーラムと同時に社会政策に関する講座をも設けた。社会政策に関する講座においては，国内外（英国，日本，米国，ノルウェーなど）の著名な学者が講義を担当し，大きな成果を収めた。

3 中国における社会政策の発展構想

中国では，社会政策は依然として社会学の応用分野のひとつとみなされている。しかし，それに関わる知識は社会学のそれをはるかに超えている。そのため，伝統的な学問区分の隔たりをなくして，社会政策の学際的な特徴や交差性・開放性といった特徴を堅持しながら，経済学，政治学，公共経営学，社会心理学などの知識を同一の知識の体系に取り入れなければならない。その他の分野の知識を取り入れるとき，社会政策学における「公平」と「権利」という基本理念を堅持しなければならない。

この点に関しては，研究プロジェクトを立ち上げ，国内の関連学者を集め，同一の政策研究を行う。また，研究フォーラムを開き，社会学，経済学，政治学，経営学および歴史学の専門家の参加を呼びかけ，情報交換のできるプラットフォームを作るべきである。

世界的にみれば，社会政策という学問はすでに130年の歴史をもっており，多くの理論と経験を積み重ねてきた。社会政策にかかわる理論や学説を翻訳し，国内に紹介する必要がある。そのため，計画的に社会政策に関する古典をシリーズの形で翻訳し出版することは当面の急務であろう。社会政策は幅が広い，内容が複雑な学問である。そのため，社会政策という学問を発展させていくなかで，社会政策における「問題の誘導性」と「行動の誘導性」という特徴を堅持しなければならない。社会政策の一般的知識を把握することに満足せず，ひとつの問題に関して深く掘り下げるよう努力しなければならない。その上で，社会政策における新たな専門，学科を発展する。

中国の社会政策研究は始まったばかりである。しかし，社会の発展は，社会

政策研究の急速な発展を要求している。そのため，この研究分野において多くの人材を必要としている。相応しい人材を養成し，研究と教育を充実させるために，社会科学院社会政策研究センターは国内外の有名大学と共同で大学院生を募集しようとしている。良い人材を養成するために，よりよい研究指導と研究環境および実践の機会を提供していく。

(訳：于　洋)

第Ⅱ部
東アジアにおける社会政策の諸相

4章　韓国の開発主義福祉レジーム
——新しい東アジア福祉レジームを求めて

鄭　武權（延世大学）

はじめに

　近年，日本を含む東アジアにおける新しい福祉レジームを見出そうとする試みが福祉国家および社会政策分野の研究者の間で盛んに行われるようになってきた。この学問的関心は3つの局面をふまえて展開されてきた。第1の局面は，日本が先進西欧諸国に比べて公平な所得再分配や完全雇用，高い福祉水準を達成してきたとして，日本の福祉システムが西欧の研究者から注目を集めるようになったことである。そのため日本の福祉システムは「福祉国家」というよりもむしろ「日本型福祉社会」といわれるようになった [Rose and Shiratori 1986]。第2の局面は，韓国，台湾，シンガポール，香港といった東アジアのいくつかのNIES諸国で産業化が進展し，それらの国々で西欧福祉国家とは異なるパターンの社会福祉政策の展開がみられ，また，東アジア内における福祉システムとしても，その形式や内容には明らかな差異が含まれることがわかってきたことである。そこで，研究者らが東アジア諸国における社会福祉システムの共通性と相違について説明しようと試みるようになった。そして第3の局面は，経済のグローバル化，とりわけ1990年代末の東アジアにおける金融危機，そして国家経済に多大な影響を及ぼした東アジア諸国における民主化の動きを背景とするものである。そしてこれらの挑戦に対応するために，東アジア諸国はさまざまな形で経済や福祉システムの改革を進めた。
　これらの現象を踏まえ，東アジアには西欧産業社会とは異なる福祉レジームの本質的特徴が存在するのかという議論が理論的，実証的に展開されるように

なった。もし，そのような本質的特徴ともいえるものが存在するのであるなら，われわれは，無視し得ない共通の政治経済発展経路や機能といった東アジアの背景に基づいて，レジームと呼びうる社会福祉システムを開発する必要がある。

　本論文はこれらの知的な問いかけに答えようとするもので，次の4つのテーマを取り上げる。①東アジア福祉レジームに関する上記の説明を批判的に評価すること。②「資本主義の多様性」(VOC, Varieties of Capitalism) の観点から新しいタイプの東アジア型福祉レジームの分析枠組みを追究すること。③資本主義の多様性に基づき，韓国型開発主義福祉レジームの形成過程を検証すること。④東アジアを背景とする比較のなかでみられる含意や，経済のグローバリゼーション，民主化，人口高齢化といった新たな課題に直面したなかで将来の発展の方向性を追究することによって，新しい研究課題を示すこと。

1　東アジア福祉レジームに関する理論的議論

（1）文化による説明──儒教

　社会福祉政策の形態と内容について東アジアと西欧諸国の間の違いをすべて明らかにしたい場合，おそらく文化的な差異に着目するのが簡単な方法である。なぜなら，他の事柄に大差がないなら，文化の違いは東アジアの社会と西欧の社会を区別するのにもっとも適した変数だからである。日本をはじめ，韓国，台湾，シンガポールや香港などの東アジアの国々が達成した経済的奇跡を説明する際にも，儒教はアジアにおける主要な価値観として強い学問的，政治的関心をもたれてきた。しかし，皮肉なことに，クローニー資本主義ともいえるこの文化的変数は，アジア金融危機のもっともゆゆしき要因ともなったのである。

　文化による説明では，東アジア諸国における福祉の遅れや社会福祉事業の形態と内容が多様性を帯びるものとなったことの重要な要素として，家族主義，集団志向，社会的秩序におけるコミュニタリアン概念があげられ，また，社会福祉の課題における政治的駆け引きが個人主義や合理主義の西欧社会に比べて比較的少ないこともあげられる [Jones 1993; Goodman, Gordon and Kwon 1998; Rieger and Leibried 2003]。

しかしながら，文化による説明では福祉システムの発達パターンや福祉改革のダイナミクスを説明することが難しい。もし文化がもっとも重要な決定的要素であるなら，私たちは文化の変容がいかにして，またどのくらいの程度でもって福祉政策の発達パターンとその形態や内容に影響を及ぼしているのかを説明できなくてはならない。私は文化が福祉政策の発展にある意味で影響を及ぼしているということを否定するものではない。しかしながら，文化による説明のリスクは，文化本質主義に陥ってしまう傾向にある。すなわち，いかなる差異もすべて文化によって説明できるとする傾向である。社会のある主流な価値観が所与の社会環境の中で人々の行為や動機を規定するということは明らかである。しかしながら，福祉システムの発展のすべてにおいて文化が主要な要素となっているというわけではない。

文化は媒介変数として重要性をもっている。だが，現代資本主義の政治経済は福祉国家や特有の力関係，生産および政治システムの制度的あり方の本質的礎であり，資本主義的産業化のダイナミクスの歴史的背景も重要である。もし文化が差異についての説明に大いに有効であるのなら，私たちは，どのような点において文化がレジームの形成，変容のダイナミックなパターンに影響を与えているのかを識別する必要がある。

（2）政治による説明――国家建設・政治的正統性・民主化

文化による説明の根本的な限界に気づき，それを批判した論者らは東アジア諸国でみられたある典型的な政治過程を強調した [Goodman, Gordon, and Kwon 1998；Kwon 1998；Calder 1988；Campbell 1992]。この見解によると，たいていの東アジア諸国は第二次大戦後に誕生し，社会福祉制度のなかでも兵士や公務員，教員を対象とする事業が国家建設プロセスの一環として実施された。権威主義的政府，たとえば韓国や台湾は潤滑に支配するために政治的正統性を必要としたのである [Kwon 1998]。韓国では，1960年代初期の軍事政権が労働災害補償制度を1963年に，1970年代のユシン（維新）独裁体制が医療保険制度を1977年に施行した。言い換えると，新たな社会福祉制度の実施や既存の福祉制度の拡大いずれもが，当時の支配階級にあったエリートの正統性を維持するための決

定的な政治的手段に用いられたのである。この見方はまた，1980年代の韓国と台湾における民主化が福祉の拡大に大きな役割を果たしたとする立場をとる。民主主義社会にあってさえ，1970年代初期の日本で，当時の日本政府は目前に迫った選挙で政治的指示を取り付ける必要があったことが指摘できる [Calder 1988]。

　この政治的な理由づけは，時の支配エリートの動機や政策的誘導や実施のタイミングといった政治的思惑をとてもよく説明している。しかし，このスタイルの政治的説明は非常に一面的で，因果関係を単純化しすぎており，東アジアの社会福祉のダイナミックな歴史的発展プロセスを説明することが難しい。だが，階級利益や独特な労働市場構造，社会的アクター間のダイナミックな提携 (coalitions) は，産業化の程度の成熟にしたがってより顕著になってきた。したがって，私たちは福祉—経済関係を政治的説明に付け加える必要がある。

（3）エスピン・アンデルセンモデルの限界

　今日では「レジーム」という言葉は社会科学のさまざまな領域で用いられている。これは福祉国家や社会政策の領域でも例外ではない。福祉国家やレジームの多くの類型が比較社会政策の分野で紹介されてきた。しかしながら，私たちは表面的なレジーム類型であるとか，単なる公的な組織や制度的構造による比較に慎重でなければならない。なぜなら，そのような類型論は，私たちが所与のレジームについての歴史的形成過程や変容過程を説明しようとする際に，その妥当性を失いかねないからである。

　レジームは，ふつう，ある一定のパターンや影響をもつ暗黙的あるいは明瞭な規則や組織，制度の複雑な集合を概念化するものである。この意味で，レジーム研究は重要な因果メカニズムのみならず，レジームの類型に関係する機能や帰結を描き出せるものであるべきである。ポランニーが進化する制度としての資本主義市場経済および社会政策は現代資本主義の主要部分をなしているとする見解を示した [Polanyi 1963] ことを受け，エスピン・アンデルセンは福祉国家／レジームを同時代的資本主義の重要な特徴であるとする理解を示している。彼はレジームの概念を「国家と経済の関係性のなかで，法的また組織的側面の複雑性がシステマティックに相互に織り成されたものである」と定義し

ている。彼が示したモデルはイデオロギーの歴史的展開，階層関係と政治的関わり，制度的遺産を主たる規定要素とし，それらの相互作用がいかにして異なるタイプの福祉ミックスを経済と社会における脱商品化と階層化の多様なレベルとの関連から形成してきたのかを説明する。

しかしながら，エスピン・アンデルセンの福祉資本主義は，ある意味で，資本主義のケインズ主義的考え方に焦点をおきすぎている。すなわち，彼は資本主義の核である企業中心の政治提携や福祉の生産的側面よりも，連携の基盤として，労働者の側の動員や福祉の分配の結果を強調する。さらにいうと，彼による3つのモデルは先進西欧諸国の福祉国家の経験に基づいて考案されたものである。したがって，理論的かつ実証的妥当性がみえにくくなっている。

エスピン・アンデルセンは日本を保守主義レジームと自由主義レジームのハイブリッド型であるとカテゴライズし [1996]，日本の福祉レジームは保守主義モデルへと展開していくであろうと推測している [1999]。彼は東アジアの福祉レジームはいまだ未成熟で，彼が示した3つのモデルに新たなレジームモデルを付け加える必要性はないとしている。しかし，西欧の福祉レジームの規定因とは異なる要因に基づいて，東アジアで決定的に異なる発展の軌跡や，政治経済および福祉的状況に対する機能がみられるならば，新たなモデルをその成立可能性を模索するために設定することは理にかなったことといえよう。

（4）生産主義的福祉レジーム――経済と福祉の連携

エスピン・アンデルセンによるレジームモデルの使いやすさを認める一方で，東アジアにおいてそれらのモデルを応用することの限界に気づいた研究者らが最近になって東アジアにおける福祉レジームの発展において経済と福祉との連携の重要性を見出した [Holliday 2000; Lue 2002; Ku 1997; Gough 2000; Tang 2000]。彼らは社会福祉政策の形成，実施の主たる担い手として，また，それら福祉政策の経済産業政策における付随的役割として開発主義国家の重要性に気づいたのである。そこで，これらの研究者らは生産的あるいは開発主義的な性格をもつものとして，東アジア福祉レジームと名づけるようになったのである。

このような見方は福祉と経済の連携の重要性を認めるようになったという意

味で，さらにグレードアップされてきたのであるが，その一方で，どの福祉制度がどのように生産（production）と関係しているのかといった具体的な規定メカニズムに欠けている。そのことは次節で述べる「資本主義の多様性」の視点からも指摘されている。すなわち，私は開発主義を後発国である東アジアの産業化の鍵となるイメージとして取り上げるのであるが，東アジア諸国がなぜそれぞれ独自の福祉システムをもつに至ったかということについて，それらの文献では上記の論者らの説明が十分になされていないのである。

したがって，ここで私たちは福祉と経済の連携を特定するための方法論的課題を提起しなければならない。多様な新しい制度論のひとつとしての歴史的制度論はさまざまなレジームの形成と変容を説明するのに有意義である。なぜなら，歴史的制度論はいかに多様な制度と担い手が歴史の中の時間と空間の中で相互作用を及ぼしてきたかを捉えるための分析枠組みを提供するからである[Hall 1997 ; Katznelson 1997 ; Ragin 1989]。換言すると，類型的（configurational）アプローチは，多様な因果関係を強調するもので，また，あるレジームがある特定の方策である決定的な時期に，いかにして形成，発展してきたかを描き出し，開発主義の道筋を浮かび上がらせるのに非常に有効である [Katznelson 1997]。

(5) 資本主義の多様性の視点——開発主義福祉レジーム

エスピン・アンデルセンの福祉資本主義のオルタナティブとして，「資本主義の多様性」の視点がこのところ比較政治経済や福祉資本主義の分野で注目を浴びている。理論的にはフランスのレギュラシオン理論，方法論的には新しい制度論に則り，この「資本主義の多様性」アプローチは，生産の社会システムを資本主義の分析の中心におき，事業所を中心としたその他の関連生産セクターとの関係で生産システムを検討する [Berger and Dore 1996 ; Crouch and Streeck 1998 ; Kitschelt, Lange, Marks, Stephen 1999 ; Soskice 1990, 1999 ; Huber and Stephens 2000 ; Hall and Soskice 2001 ; Hollingsworth and Boyer 1997]。

「資本主義の多様性」の基本的仮説は，もし資本主義の生産システムが制度的背景により分析されるのであれば，国の経済制度に基づいて「資本主義の多様性」が存在するということである。こうして各国の生産システムは，歴史的

図表1　生産レジームと福祉レジームの関係分析枠組み

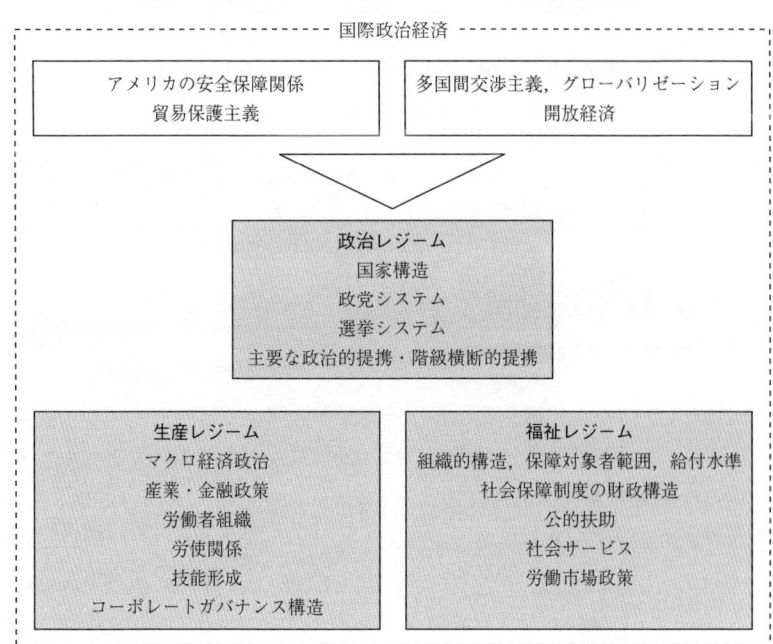

```
┌─────────────── 国際政治経済 ───────────────┐
│  ┌──────────────────┐    ┌──────────────────┐  │
│  │ アメリカの安全保障関係 │    │ 多国間交渉主義，グローバリゼーション │  │
│  │    貿易保護主義      │    │       開放経済        │  │
│  └──────────────────┘    └──────────────────┘  │
│                    ▽                             │
│           ┌──────────────────┐                   │
│           │    政治レジーム    │                   │
│           │     国家構造      │                   │
│           │   政党システム    │                   │
│           │   選挙システム    │                   │
│           │主要な政治的提携・階級横断的提携│         │
│           └──────────────────┘                   │
│                                                 │
│  ┌──────────────────┐  ┌──────────────────┐    │
│  │    生産レジーム    │  │    福祉レジーム    │    │
│  │   マクロ経済政治   │  │組織的構造，保障対象者範囲，給付水準│ │
│  │   産業・金融政策   │  │  社会保障制度の財政構造 │    │
│  │    労働者組織     │  │      公的扶助      │    │
│  │     労使関係      │  │    社会サービス    │    │
│  │     技能形成      │  │    労働市場政策    │    │
│  │ コーポレートガバナンス構造 │  │                   │    │
│  └──────────────────┘  └──────────────────┘    │
└─────────────────────────────────────────────────┘
```

プロセスのなかで所与の国際的，国内的制度条件に則って歴史の主たるアクター（企業／資本・労働者・国家）の相互作用を経て発展してきた。生産レジームの主な領域には，産業関係（労働者組織と労働関係），職業訓練や教育（技能に関する情報），コーポレートガバナンス，そして政府のマクロ経済運営および産業政策が含まれる（図表1参照）。

「資本主義の多様性」の見方の核にある問いは，生産レジームの各要素はいかにして競争的かつ効率的な生産に向けて調整されるか，である。歴史的プロセスを経て，政治的制度と種々の連携（coalitions）は重要な仲介的役割を果たしてきており，これらの生産局面は制度的な補足性と特定の経済的パフォーマンスに帰結するような比較競争力を内包するようになったのである。経験的には2つの生産システムが西欧先進資本主義諸国から発見されている。1つは，イギリス，アメリカにみられる無調整の自由市場経済（liberal market economies,

図表2 生産レジームと福祉レジーム間の選択的親近性

	生産レジーム	福祉レジーム
	無調整・自由主義市場経済	自由主義福祉レジーム
調整市場経済	ゲルマン型社会市場・セクター調整型経済	キリスト教民主主義・保守主義的コーポラティスト福祉レジーム
	北欧型ネオコーポラティズム 国家調整市場経済	社会民主主義的・普遍主義的・福祉レジーム
	東アジア型グループ調整市場経済(日本・韓国) 東アジア型開発主義的生産レジーム	ハイブリッド福祉レジーム？ 生産主義的福祉レジーム？ 開発主義的福祉レジーム？

出所：Eddinghaus and Manow [2001：10-12] を要約，修正。

LME) である。その下では生産における調整の問題はそれに対応する市場からの信号によって解決される。もう1つは，ヨーロッパ大陸やスカンジナビア諸国にみられる調整された市場経済 (coordinated market economies, CME) で，それによってさまざまな非市場型の調整メカニズムが開発され（たとえば政治的コンセンサス），生産における調整の問題を解決している。また，調整された市場経済のなかには，調整の水準と範囲によってサブグループが存在しうる（図表2）。したがって，経済のグローバル化の圧力にもかかわらず，国によって異なる経済制度は，必ずしも自由市場経済に向けた新自由主義的な解決へと収斂していくとは限らないのである。各国の資本主義システムはそれぞれの生来的な拠り所をもっており，だからこそグローバリゼーションによる新自由主義の影響に対する回復力をもっているのである。

最後に，いくつかのタイプの生産レジームは制度的に補足性を有しており，福祉レジームのいくつかのタイプとある程度の類似性をもっている [Ebbinghaus and Manow 2001]。興味深いことに，エスピン・アンデルセンによる福祉レジームの各類型は生産レジームの各タイプと実証的には矛盾しないのである。

2 韓国型開発主義的福祉レジーム——比較の視点

「資本主義の多様性」によれば，生産レジームと福祉レジームの主要素が各

4章　韓国の開発主義福祉レジーム

国のいかなる調整メカニズムの中でどのような相互作用をもっているのかを描き出すことが重要である。したがって，次に「資本主義の多様性」の枠組みに基づき，韓国における開発主義的福祉レジームの形成と近年の変容について述べることにする。

（1）韓国型開発主義的福祉レジームの形成

　韓国政府は，伝統的な開発主義的国家の視点にたって，産業化および福祉システムの形成において他の産業化の担い手をさしおいて支配的役割をもった。しかし，それはビジネスセクターと労働者セクターがまったく影響力をもたなかったというわけではない。国とビジネスの提携は産業化の初期から強く組み込まれてきた。なぜなら，ビジネスセクターは当時の世界市場における競争に勝てるだけの資本やテクノロジーをもっていなかったからである。社会との緊密なネットワークを拠り所に，社会の中に組み込まれた国の権威は，乏しい資源を効果的に掘り出し，産業化に向けて国が社会各層をコントロールすることを可能にするものであった [Evans 1995]。

　韓国の産業化戦略は20世紀前半から戦後期にかけての日本の産業化戦略によく似ており，国による金融セクターの厳しい統制，コングロマリットを基盤とする産業化，経済官僚組織（韓国の経済企画院，日本の通商産業省）が産業化プロセスの計画，調整を行う役割を担っていたことが特徴である。それに加え，国際環境的要因として，アメリカと日本の東アジア地域の安全保障についての関心が韓国の安定的な経済成長と政治的安定を図るうえで重要な役割を果たした。これらの国々が韓国の産業化と輸出市場のための援助や融資を提供したのである。

　韓国における福祉システム形成の初期段階は，深刻な経済的必要に応じてというより，非軍事的規範に社会が転換していくなかで，軍エリートの正統性を維持するための政治的対応として始まった。このとき，軍事政権は社会保障制度の基本原則に関する法律（基本法）および医療保険と労働災害補償制度に関する法律を施行し，韓国における社会福祉システムの基本的枠組みを整備した。基本法では福祉および労働インセンティブにおける政府の役割が最小限に抑えられている。これらは当時の国家エリートがもっていた開発主義の核心的価値

観を反映したものである。軍エリートは一部の製造業を対象として労働災害補償制度を実施することを決定した。このことは、その後のさらなる産業化に向けて国が社会保障システムを打ち立てたという重要な意味をもつものであった。

軍事政権は軍人年金制度と公務員年金制度も施行した。これは国家幹部エリートへの支持を勝ち取ることによって国家機構を機能させ、国家建設を進める過程によくみられる手法である。

(1) 1970年代重化学工業の振興

韓国開発主義国家は1970年代に権威主義的な維新体制のもとで産業の重化学工業化を達成し、最盛期を迎えた。この期間に政府は国民年金制度(1973年)および医療保険制度(1977年)という2つの主要な社会保険制度の実施を試みた。しかし、国民年金制度はオイルショックによって引き起こされた経済不況のため、実施には至らなかった。年金制度実現の試みの裏側には、年金基金が国内資本の格好の財源となるという期待から、重化学工業の発展による国内資本の動員を行うという思惑があった。しかしながら、国民年金の実施はオイルショックによる経済不況とビジネスセクターからの反対で延期を余儀なくされた。年金制度は実施されなかったが、その目論見は産業化に向けていかに国と社会福祉制度が関係しているかを示したのである。

しかし、実のところ政治的エリートたちはこの頃、社会福祉制度の整備を主導したり、実施したりすることにあまり乗り気ではなかった。だが、重化学工業の振興をめざす政治経済は、社会福祉の整備において国がある程度の役割をもつことを要請したのである。重化学工業の急激な発展は男性の熟練労働者を疲弊させ、労働市場は熟練労働者の不足に陥った。主要ビジネスセクターは労働者を保護しなければならなくなり、労働者のための医療費負担が急激に増加し始めた。このような状況のなかで、国と主要ビジネスセクターの強固な提携により、医療保険制度が1977年に施行されるに至った。医療保険は主として重化学工業化の基幹労働者である従業員数500人以上の製造業を対象とするもので、医療保険基金は大企業との連携の下に設立され、大企業連盟(韓国産業連合会)が医療保険事業を運営することとなった。この制度機構はドイツや日本

にみられるようなコーポラティスト型といえる。

　社会政策分野の多くの研究者は福祉レジームの制度的基盤と密接に関わるマクロ経済政治を見落とす傾向にある。韓国政府は予算不足を最小限に抑えるためのあらゆる努力を行い，保守的な財政を行う立場を保持した。それに加え，マクロ経済運営の基本原則は，西欧先進諸国のなかで福祉国家の拡大を促す力となったケインズ主義の需要対応型よりむしろ供給側にたつものであった。利率や外国為替政策はビジネス投資や輸出促進と密接にかかわって調整が図られていた。これらのパターンは後発国である東アジア開発主義国家に共通してみられるものであった。

　このマクロ経済運営原則は社会福祉政策への国からの財政支出を抑えるうえで，とりわけ不可欠な制度的要素となった。東アジアの奇跡は政府による厳しい予算コントロールに助けられたと分析するエコノミストも多い［World Bank 1993 ; Nam and Kim 1997］。東アジアの開発主義国家は経済資源を動員し，効果的に各経済セクターに分配しようとした。なかには，どうしても税を財源にせざるを得ない福祉制度もあったが，福祉制度の財政原則は常に最小の福祉コストを維持する社会保険制度にみられるような保険料ベース（use's charge base）で考えられてきた。この原則は，開発主義の理念と関係している。

　社会保険制度は大多数の労働者を保護し，かつ，後には主たる社会的リスクからすべての市民を保護するという，資本主義経済における福祉制度の現代的な形である。その一方で，社会保険制度は被保険者の保険料支払いによってその受給資格が規定されるため，国の財政支出を最小化するための非常に効果的な方法でもある。したがって，熟練労働者を必要とする製造業を基盤として急速な産業化を推進した日本，韓国，台湾は，各国の社会福祉制度の核となる制度として社会保険制度を実施することになったのである。

(2) 大企業中心の産業構造・技術養成・企業福祉

　東アジア開発主義国家の産業化を成功に導いた重要な要因は，これらの国々ならではの良質な労働力の創出にあることが知られてきた。国家統一や国家建設に向けた強い意志を開発するために国は教育システムにおけるコントロール

を中央集権化した。こうして教育システムは産業化プロセスをおし進める貿易や産業政策と緊密につなげられたのである。

　福祉システムの形成に決定的な影響を及ぼす生産レジームにおいてもっとも重要な制度的側面は、技術養成（職業的・教育的システム），労働市場構造，そして労使関係である。労働市場における熟練労働者の飽和状態およびそれと並行する熟練労働者の生産性改善のための企業による労働者保護は，企業福祉を発展させる重要な促進力となった。例外は，国または企業および労働者が技術養成を特定の方法で社会化したドイツのような場合である。

　1970年代の重化学工業の振興は，韓国における大企業グループを中心とする産業構造を強化し，国と企業の関係を大きく変えた。熟練労働者を供給するため，国は矢継ぎ早に職業専門高校や公立の職業訓練機関運営組織を設立した。この戦略は，低熟練の技術しか必要としないフォード式大量生産段階の生産技術レベルの場合においては効果的であった。

　ところが，急速な産業化の結果，労働市場が厳しい状況に陥るにつれ，重化学工業セクターの大企業は高度な技術をもつ労働者を確保する必要がでてきたため，独自の企業内トレーニング（OJT）や企業福祉事業を始めるようになった。韓国における企業福祉の発展は民主化が始まった1980年代の半ばごろから急速に進んだ。国の福祉制度の水準が低く抑えられ，この頃の熟練労働者の労働市場が逼迫した状況におかれていたこともあって，大企業の連合体の交渉力が増したのである。大企業は企業内トレーニング（OJT），終身雇用制度，さまざまな企業福祉を提供することで熟練労働者を保持する戦略を選んだのである。

　しかしながら，韓国における企業福祉はビジネスセクターの純粋なボランタリー精神によるものではない。政府が企業福祉を推奨し，また，国の粗末な福祉制度を補完するために，法律で規制することもしばしば行われた。同時に，国は意図的に雇用主に働きかけ，規制に則った企業福祉制度によって労働者を統制させることもした。これは日本の例と非常によく似ている。ただし，技術養成や終身雇用システム，企業福祉のレベルは日本企業のものほど洗練されているわけではない。

　よく知られているように，企業福祉の拡大は福祉レジームの二層性を深刻化

させる。大企業セクターは生産性と競争力を維持できる一方，そのコストは労働市場の組織化されていない部分に低賃金非定型労働の増加や下請け中小企業の増加という形でまわってくる。そうして，大企業セクターの労働者は国と民間の両セクターから高いベネフィットを受け，その一方で，中小企業や都市の末端部門の労働者はより低レベルの公的ベネフィットを，粗末ながらも企業福祉があればそのベネフィットとともに受け取るのである。この二層性が広がれば，長期的にみると，企業福祉の安定性と競争力は危ぶまれることになる。

(3) 民主化・厳しい労働市場・社会保障プログラムの拡大

維新体制による重化学工業への過剰な投資は1970年代後半の深刻な不況を招いた。その結果，維新体制は朴正熙大統領の暗殺と同時に崩壊した。その後，短期間の民主化の動きを経て，新たな強権的政権が誕生した。全斗煥政権に課せられた課題は緊縮経済政策により経済を安定化させることであった。したがって，この時期には医療保険制度の対象者が徐々に拡大したこと以外，めぼしい社会福祉制度の発展はみられなかった。ただし，医療保険基金の組織改革に関しては，水面下で政治的努力が続けられた。

その次に訪れた社会福祉政策拡大の転換期は1980年代後半から始まった民主化の動きに伴うものであった。全斗煥政権による大統領非選挙制の延長に対する猛烈な反対運動に直面し，全政権は「福祉三事業」を打ち出した。それは最低賃金法，1988年からの年金制度の施行，そして農業，漁業従事者への医療保険制度の対象拡大を内容とするものであった。そして，新しく選挙で選ばれた盧泰愚政権が実際に1988年から従業員5人以上の事業所を対象とする年金制度を施行，1989年には医療保険制度の対象を都市自営業従事者にも拡大し，全国民を対象とする皆保険を実現した。

緊縮政策の後，韓国経済は安定性を増すようになり，もっとも繁栄している分野が成長するようになったが，労働市場では労働者の技術のミスマッチの兆候がみられるようになり，しだいに労働力確保が難しくなってきた。これに対応するため，政府は1995年，従業員30人以上の事業所を対象とする雇用保険制度を施行した。雇用保険制度の内容は他の保険制度と同じく，開発主義の性格

に実によく馴染むものであった。すなわち、この制度は、比較的安定的な雇用条件で保険料支払能力を有する労働者のみを対象とし、積極的労働市場政策を強化し、大企業セクターの企業内訓練（OJT）に対して補助金を支給するというものであった。

結果的に韓国は、1997年に金融危機が発生する直前の1990年代の半ばまでに主要な保険制度を整備した。それまでの公的扶助制度は稼働能力をもたない人々に対して厳しい資産調査のうえで援助を行うというものであった。社会福祉サービスはといえば、さらに粗末な状況であった。政府は非営利の福祉サービス団体に対して、厳しい規制にのっとって補助金を支給するにとどまっていた。このような社会福祉制度のアンバランスな構造が韓国における開発主義福祉レジームの典型的な特徴であった。

(4) 韓国型開発主義福祉レジームのまとめ
韓国の開発主義福祉システムの主要な特徴は次のような点にまとめられる。
①開発主義のイデオロギーが社会全体のシステムに深く組み込まれている。
②保守的な支配階層の提携。
③社会政策の経済政策への従属関係。
④財政的保守主義つまり福祉よりむしろ経済投資に重点をおく公的金融政策。
⑤社会保険が主要な福祉制度になっており、公的扶助や社会福祉サービスが軽視されている。
⑥保健医療および特に教育による人的資本開発の重視。
⑦最小限の所得保障、非常に低位な労働力の脱商品化、労働インセンティブの強調。
⑧雇用関連または産業的目標達成モデルの利益は労働によってのみ受け取ることができる。
⑨自由主義モデルとは異なる企業福祉、規制による企業福祉。

（2）韓国における金融危機と社会福祉改革
1997年の金融危機は大量の失業をもたらし、労働者の所得と生活の質は低下

した。1994年7月に2.2％であった失業率は，1999年初期には8.5％にはねあがった。とりわけ大きな打撃を受けたのは製造業および建設業セクターであった。生起する問題をみこして，政府は早急に社会的セーフティネットの拡大施策を計画した。第1に，政府は失業保険制度の対象者を1998年に30人以上の事業所から5〜10人の事業所に拡大し，1999年には臨時雇いやパートタイム労働者にまで拡大した。このことは事実上，失業保険がすべての常勤労働者を対象とすることになったことを意味する。同時に，政府は失業者を吸収するために大規模な公共事業を行った。全体として，政府は労働市場に関係する施策を拡大することに力を入れていた。労働市場関係施策に対する政府支出は1999年にピークを迎え，GDPの2.7％を計上した（イギリス2.2％ 1993年，ドイツ 1994年，カナダ2.9％ 1992年［OECD 2000a］）。失業対策のための1999年の政府予算は次のような内容であった。失業対策全体でGDPの3.2％，公共事業はGDPの16.1％，失業者への所得補助はGDPの34.8％，雇用創出はGDPの39.2％であった。OECDの分析によると，韓国政府の失業者対策は他のOECD諸国のそれに比べて非常に印象深いものであった［OECD 2000c］。

　失業問題への即時的対応に加え，政府はその他の社会保険制度の対象者も周辺セクターへと拡大した。たとえば，1999年以降から国民年金制度が都市貧困層や自営業者を含むすべての市民を対象とするようになった。労働災害補償制度の対象も，従業員5人以上の事業所からすべての事業所へと拡大した。

　政府は社会保険制度の組織構造を改革し，運営効率を上げ，かつ，社会福祉政策の社会的統合の機能を向上させようとした。その第1のターゲットは，バラバラに存在していた各保険運営の組織システムの統合であった。医療保険制度は，会社員および227の自営業者の地域保険組合から成る142の保険組合で構成されていた。1998年10月，227の地域保険組合および公務員，教員の保険運営が統合され，新たに設立された機関は国民健康保険公団（National Health Insurance Corporation, NHIC）と呼ばれることとなった。国民健康保険法が1999年1月の国会で可決された。残されたあとの企業ベースの保険組合も2000年7月には国民健康保険に統合された。政府はさらに4つの保険制度をひとつの運営機関に統合しようと試みたが，その試みはすぐに中止となった。

統合された保険システムの下で都市と地方における自営業者にまで対象を拡大したことはヨーロッパの先進福祉国家に比しても，先駆的な試みであった。というのは，都市インフォーマル部門への保険の拡大は保険料の徴収が困難であるという保険運営上の難題を伴うためである。

新設された公的扶助制度（国民基礎生活保障法，National Basic Security Law, NBSL）は稼動能力の有無を問わず，貧困層に最低水準の所得を権利として支給することを目的として制定されたものである。これは，悪評高いエリザベス救貧法方式の公的扶助が現代的な形の貧困者救済制度にとって代わられたという意味で，韓国における社会福祉の歴史の中でも重大な転換であった。

これら一連の社会福祉改革は，補償の視点から議論されているように，グローバリゼーションの圧力を背景に，韓国が社会福祉における国の役割を拡大してきていることを明確に示している。これは，グローバリゼーションの圧力の下で社会福祉が縮小されるといった型にはめたような新自由主義の議論とは逆の傾向を示すものである。

その後，金大中政権は自らの社会福祉改革を「生産的福祉」と名づけた。これは，雇用機会の増加と最低水準の生活保障が経済に対して生産的な貢献をすることを狙いとするものである。「生産的福祉国家」の概念は，積極的労働施策と普遍的な国民所得保障を通して，経済政策と福祉政策が緊密に関連しているスカンジナビア・モデル，とりわけスウェーデン・モデルにその由来がある [Esping-Andersen 1990]。生産的福祉国家の根底にある目標は，人材を活用することで完全雇用と生産性の増大を図って経済成長を維持し，また同時に，より人間らしい生活水準を維持することである。

しかしながら，韓国で実施されている「生産的福祉」は，スカンジナビアの生産的福祉国家よりもむしろ，ワークフェアを主眼とする福祉の新自由主義的考え方により近い形で現れている。主要な社会保険制度の対象の公式的拡大や新たな公的扶助制度の導入がなされたにもかかわらず，全体としての所得保障水準はいまだかなり低く抑えられている。まず第1に，医療保障の内容をみても，疾病給付はなく，必要な医療サービスの一部が補填されるにすぎない。老齢年金制度をとってみても，4人に1人が年金を受け取っているにとどまり，

しかも年金支給額は，現在のところ，最低賃金の3分の2でしかなく，成熟した制度とはまだいえない。失業保険に至っては，厳しい規制があるため，ほんの一握りの人々が受けているにすぎない［OECD 2000b］。さらには，スカンジナビアの生産的福祉の重要な条件となっている社会サービス提供については，韓国では非常に乏しい状況といわざるを得ない。言い換えると，韓国の社会福祉システムの主たる特徴は，労働力の高度な商品化とワークフェアの強力な推進を本質とするところにある。つまり，形式的構造としては国家統制主義的アプローチを採用しておきながら，給付構造は自由主義モデルにより近いのである。

この政府による社会保障システムの拡大は，単に韓国が他の国々に遅れをとっているためだと説明する人もいる。国主導による産業化は分配よりも経済成長を強調するものであったため，政府は十分な社会的セーフティネットを整備してこなかったのである。したがって，近年の社会的セーフティネット拡大の動きは，経済危機による社会不安や政治不安を抑止するための政府の自然な対応策であったといえる。だが，さらなる市場順応型経済を創出しようとする政府が，なぜ，社会的セーフティネット整備のために国家統制主義的アプローチを採用し，また合意に基づく労使関係を選択したのか，について問うことは重要である。

韓国のこのハイブリッド型の構造は開発主義国家の制度的遺産と金大中政権以来の国家―社会間の権力関係の変化により説明できる。別の表現をするならば，生産的福祉主義は，国家主導による産業化の過程で過去の開発主義国家が創り出した「開発主義的福祉主義」の現代版ともいえるのである。すでに述べたように，韓国の福祉システムは国家主導による産業化戦略に不可欠なものであった。韓国の福祉システムの基本構造は開発主義的な考え方をもった保守的官僚主義的アプローチを通して形成されたのである。

ところが，金大中が民衆セクターからの支持を得て掌握した政治的権力が国家―資本―労働者の三者関係のパワーバランスを大きく転換させることとなった。この転換は，上述したように，経済危機がビジネス・グループや保守派の力を弱めたことによってますます現実味を帯びることとなった。以上からわかるように，韓国の背景において，もっとも興味深い要素は，市民運動団体が社

会福祉政策の形成や改革において批判的立場を保っていることである。1980年代末に民主化が進められた頃から，韓国の市民社会は急速に強化されてきた。社会福祉システムとの関係においては，市民運動家（とりわけ「参与民主主義のための国民連帯〔参与連帯〕」の活動家）が，連帯やすべての人々の保護という考え方に基づいて社会福祉改革のモデルの青写真をつくるのに貢献した。「参与連帯」は従来の社会給付制度について，その根本にある非人間的な性質について批判し，制度改革に向けたアドボカシーを展開してきた。社会福祉改革に向けた運動は「参与連帯」によって組織化されてきた。政府側は，争点となっている改革の課題や大多数の市民の関心事に関わる施策について，影響力をもっている市民運動団体としばしば協議を行っている。このことは，韓国における民主主義が，少なくとも社会福祉の分野においては，形式的な国家から参加型の国家に移行してきたということを示しているといえよう。

　しかしながら，韓国社会では，政策担当者や社会的エリートはみな，社会福祉制度が開発の組織的基盤を蝕むようなことがあってはならないとする開発主義の理念にとらわれている。そのよい例が国民基礎生活保障法の策定過程によく表れている [Ahn 2000]。経済官僚と保守的なマスメディア，そして学識経験者が，国民基礎生活保障法は特に稼働能力のある人々の労働へのインセンティブを萎えさせかねないという観点から反対し続けた。国民基礎生活保障法が成立してからも，これらの人々は保障水準を低く抑えることに非常に慎重である。

　従来の公的扶助制度の弱点が新制度を2000年10月1日から施行する方向へと政府を促した。新しい公的扶助法に底流する概念は「生産的福祉」の概念である。たとえば，制度の目的とするところは所得扶助であるが，同時に，受給者が労働市場に参加することを促そうとするものでもある。しかしながら，国民基礎生活保障法は保護受給に際して，親族の所得力（実所得ではない）に基づいた，厳しい所得・資産基準を設けているため，低所得者の多くは国民基礎生活保障法によって保護されないままになるだろう。貧しい人々の最後のよりどころとなる保護給付という当初の目的に照らせば，このような厳しい保護基準は改編され，支給水準は引き上げられるべきである。生産的福祉を実現させるために，地方自治体がシステムの実施運営を行い，対象者の稼働能力を審査した

り，就業を目的とする相談サービスを行うなどの役割を担うことが求められる。

　現在の社会福祉システムが社会的保護による社会統合にむけた機能をもつためには，今後さらに各制度を改正していく必要がある。そのためには，国と社会の間のパワーバランスをさらに改善していく必要があるし，また，民主主義を進化させていくことが求められる。

3　開発主義福祉レジームの持続性
　　　──グローバリゼーション，民主化，人口高齢化のインパクト

　現在，韓国は新たな課題に直面している。第1に，グローバリゼーションの影響が韓国の経済と社会の隅々にまで及ぶようになり，韓国経済は成長を維持して国際競争に立ち向かうためにさらなる変革を迫られている。しかし，IMFの新自由主義による経済改革施策は経済を制御するための重要な装置を廃棄してしまった。コーポレートガバナンス改革はまだその途上にある。韓国政府は経済と生産レジームを調整する新たな役割を模索すべきである。

　しかしながら，新自由主義による経済改革は産業構造（熟練労働者やハイテクを基盤とする競争の激しい大企業セクターおよび安い労働力と低位な技術レベルを基盤とする競争力の弱い中小企業）や労働市場（非定型雇用の労働者数の増加）といったさまざまな領域で両極化を深化させ，結果的に所得格差の拡大を招いた。産業構造は知的産業へと移行しつつあり，新しい技術，労働市場の柔軟性，経済活動への積極的参加が求められている。このような背景から，従来とは異なる側面をもつ福祉レジームの必要性がうまれ，また，一方で，福祉レジームは労働市場で不利な立場におかれる人々の最低所得を保障し，かつ，人材育成に重きをおく施策や，子どもや女性を対象とする社会サービス制度が求められるようになっている。

　第2に，韓国における民主主義は徐々に成熟してきてはいるが，さらなる民主化の進行は，従来からのリージョナリズムや，保守主義勢力と進歩的なグループの間の深刻な対立，労使間の対立，そして北朝鮮の核の脅威をめぐる国際的緊張などによって執拗に妨げられている。現在の韓国社会を支配している

連携体制（coalition）の保守主義的な体質はまだまだ存続するであろう。

　第3は，韓国社会が急速に高齢化してきていることである。出生率は世界最下位ではないものの，高齢者（65歳以上）人口の割合は2018年には14.3％，2026年には20.8％にも達する。この高齢化の問題は，韓国の経済成長の可能性を決定的に弱め，次の若年世代に高齢者ケアの重荷を残すこととなる。この問題についてもっとも悪いことは，韓国の福祉レジームがこの高齢化問題について何も準備してこなかったことである。年金制度が1988年から実施されたものの，財政の安定性からみると年金制度はもはや持続可能なものではなく，高齢者の所得保障を維持できなくなっているのである。

　これらの新たな課題はすべて，さらなる財源の確保と福祉レジームのための組織基盤整備を必要としている。これらの新たな課題や環境に直面し，韓国の生産レジームと福祉レジームはいま，それぞれが辿ってきた道の交差点にさしかかっているといえよう。それは歴史の中の非常に重要な結節点であり，古い制度を衣替えし，新しいものをつくっていく契機となるものである。しかしながら，障壁は多い。政治改革が遅れた結果，首尾一貫した改革に向けた政治的コンセンサスを図るのは至難の業であるし，政府はいまだ，財源確保や具体的サービス提供のための財政的，運営的能力を欠いている。いくら制度の変更や改革をしても過去の遺物からさほどかけ離れたものにはならないのは，これまでとられてきた方策が依存的性質をもった制度変更にすぎなかったためだということを覚えておかねばならない。

　とはいっても，経済および社会福祉において韓国政府が将来的に果たすべき役割は，グローバリゼーションの圧力よりもむしろ，韓国経済のパフォーマンスや国内政治の動向如何にかかっているといえよう。

4　結論——今後の研究課題

　韓国のケースにみられる開発主義的軌道や福祉レジームのいくつかの主な特徴は，日本や台湾といった他の東アジアの国々の特徴とも共通するが，社会福祉制度のそれぞれの形態や内容，組織機構はまったく異なっている。これらの

相違は，単に社会福祉制度が未成熟であるところによるものなのか，それとも，東アジア諸国の固有の特異なメカニズムによるものなのかを検討する必要がある。

この意味で，東アジア開発主義レジーム論は，既存の制度を分析したり，グローバリゼーションや民主主義，高齢化社会といった別の共通課題に立ち向かうための将来的指針を検討する際の参考になるものとして意義を見出すことができる。開発主義レジームの古い体制がどのようにこれらの課題に対応し，自己変革を進めていくかは，今後を待たなくてはならない。

したがって，私たちは，生産レジームの特定の局面およびそれらと福祉政策との間の関係性，さらには新たな課題がいかに現在の生産レジームと福祉レジームの運動メカニズムに影響を及ぼすことになるかということについて，さらに実証的，具体的研究を進めていくことが求められる。

(訳：小田川華子)

【参考文献】

Ahn, Byung-Young (2000) "A Study of The Policymaking Process of the National Basic Livelihood Security Law" *Korean Journal of Public Administration*. 38 : 1-50.

Amsden, Alice H. (1989) *Asia's Next Giant : South Korea and Late Industrialization*, Oxford University Press.

Calder, Kent E. (1988) *Crisis and Compensation : Public Policy and Political Stability in Japan*, Princeton University.

Campbell, John C. (1992) *How Policies Changes : The Japanese Government and the Aging Society*, Princeton University.

Chang, Ha-Joon (2002) "The East Asian Model of Economic Policy" in *Models of Capitalism : Lessons for Latin America*, Everlyne Huber ed. University Park. The Pennsylvania State University Press.

Chung, Moo-Kwon (1996) "A Study of the Early Formation of Social Welfare System in Korea" *Korean Social Policy, Vol. 3*. (In Korean)

Chung, Moo-Kwon (2001) "Rolling Back the Korean State : How Much Has Changed ?" Paper to be presented at the 2001 Meeting of the IPSA of Structure of Governance, University of Oklahoma, March 30-31, 2001.

Crouch, Colin, and Streek, Wolfgang (1998) *Political Economy of Modern Capitalism :*

Mapping Convergence and Diversity, Sage Publications.
Chu, Yun-han (2001) "Re-engineering the Developmental State in an Age of Globalization : Taiwan In Defiance of Neo-liberalism" Paper for delivery at the 6th International Conference on Korean Politics. August 22-24, 2001.
Deyo, Frederik C. (1992) "The Political Economy of Social Policy Formation : East Asia's Newly Industrializing Countries" in Richard P. Appellaum and Jeffrey Henderson eds. *State and Development in the Asian Pacific Rim*, Sage.
Ebbinghaus, Bernhard, and Manow, Philip (2001) *Comparing Welfare Capitalism : Social Policy and Political Economy in Europe, Japan and USA*, Routledge.
Esping-Andersen, Gosta (1990) *The Three Worlds of Welfare Capitalism*, Princeton University Press.
Esping-Andersen, Gosta ed. (1996) *Welfare State in Transition : National Adaptations in Global Perspectives*, Sage.
Esping-Andersen, Gosta (1997)"Hybrid or Unique ? : The Japanese Welfare State Between Europe and America" *Journal of European Social Policy*. 7 : 179-189.
Esping-Andersen, Gosta (1999) *Social Foundations of Postindustrial Economies*, Oxford University Press.
Estevez-Abe, Margarita, Iversen, Torben, and Soskice, David (2001) "Social Protection and the Formation of Skills : A Reinterpretation of the Welfare State" in Peter A. Hall and David Soskice. *Varieties of Capitalism*, Oxford University Press.
Estevez-Abe, Margarita (2001) "The Forgotten Link : the Financial Regulation of Japanese Pension Funds in Comparative Perspective" in Bernhard Ebbinghaus and Philip Manow, *Comparing Welfare Capitalism : Social Policy and Political Economy in Europe, Japan and USA*, Routledge.
Evans, Peter. (1995) *Embedded Autonomy : States and Industrial Transformation*, Princeton University Press.
Garon, Sheldon (1987) *The State and Labor in Modern Japan*, University of California Press.
Gerschenkron, Alexander (1962) *Economic Backwardness in Historical Perspective*, Harvard University Press.
Goodman, Roger, White, Gordon, and Kwon, Huck-ju (1998) *The East Asian Welfare Model : Welfare Orientalism and the State*, Routledge.
Gough, Ian (2000) "Welfare Regimes in East Asian and Europe" The Paper presented at [Towards the New Social Policy Agenda in East Asia]. Parall session to the Annual World Bank Conference on Development Economics Europe 2000. Paris, 27 June

2000.

Hall, Peter A. Hall and David Soskice, eds. (1997) *Varieties of Capitalism*, Oxford University Press.

Holliday, Ian (2000) "Productivist Welfare Capitalism: Social Policy in East Asia" *Political Studies*, 48 : 706-723.

Hollingsworth, Rogers J. and Robert Boyer, eds. (1997) *Contemporary Capitalism*, Cambridge University Press.

Huber, Evelyne, Stephens, John D. (2000) *Development and Crisis of the Welfare State : Parties and Policies in Global Market*, Chicago University Press.

Iversen, Torben, Pontusson, Jonas, and Soskice, David. (2000) *Unions, Employers, and Central Banks : Macro Economic Coordination and Institutional Change in Social Market Economies*, Cambridge University Press.

Johnson, Charlmers. (1982) *MITI and the Japanese Miracle : The Growth of Industrial Poicy. 1925-1975*, Stanford University Press.

Jones, Catherine (1993) *New perspectives on the welfare state in Europe*, Routledge.

Katznelson, Ira. (1997) "Structure and Configuration in Comparative Politics" in Mark Irving Lichbach and Alan S. Zucherman, eds. *Comparative Politics : Rationality, Culture, and Structure*, Cambridge University Press.

Kitschelt, Hebert, Lange, Peter, Marks, Gary, Stephens, John D. (1999) *Continuity and Change in Contemporary Capitalism*, Cambridge University Press.

Kwon, Juck-ju (2002) "Democracy and the politics of social welfare : a comparative analysis of welfare systems in East Asia" in Roger Goodman, Gordon White, and Huck-ju Kwon eds. (1998) *The East Asian Welfare Model : Welfare Orientalism and the State*, Routledge.

Ku, Yeun-wen (1997) *Welfare Capitalism in Taiwan : State, Economy and Social Policy*, Macmillan.

Lue, Jen-Der (2002) "Can the East-Asian Welfare Capitalism sustain through the Callenge of Globalization? : Taiwan's Social Policy Regime in Transition" Paper to be presented at the Korean Political Science Association Conference on 'Social Welfare in East-Asia'. 27-28 Sep. 2002.

Manow, Philip (2001) "Welfare State Building and Coordinated Capitalism in Japan and Germany," in Wolfgang Streek and Kozo Yamamura. eds. *The Origins of Nonliberal Capitalism : Germany and Japan in Comparison*, Cornell University Press.

Nam, Sang-Woo, Kim, Jun-Il (1997). "Macroeconomic Policies and Evolution" in *The Korean Economy 1945-1995 : Performance and Vision for the 21th Century*, KDI.

OECD (2000a) *Economic Surveys in Korea : Economics.*
OECD (2000b) *Pushing Ahead with Reform in Korea : Labor Market and Social Safety-net Politics.*
OECD (2000c) *Regulatory Reform in Korea.*
Pempel, T. J. (2002) "Labor Exclusion and Privatized Welfare : Two Keys to Asian Capitalist Development" in Everlyne Huber ed., *Models of Capitalism : Lessons for Latin America*, University Park. The Pennsylvania State University Press.
Polanyi, Karl (1963) *The Great Transformation*, Rinehart & Co.
Ragin, Charles, (1989) *Comparative Method : Moving beyond Qualitiative and Quantitative Strategies*, University of California Press.
Rieger, Elmar, and Leibfried, Stephan (2003) *Limits to Globalization : Welfare State and the World Economy*, Polity.
Rose, Richard and Shiratori, Rei (1986) *Welfare State East and West*, Oxford University Press.
Shinkawa, Toshimitu, and Pempel, T. J. (1996) "Occupational Welfare and the Japanese Experience" in Michael Shalev. ed. *The Privatization of Social Policy ? Occupational Welfare and the Welfare State in America, Scandinavia, and Japan*, Oxford University Press.
Soskice, David (1999) "Divergent Production Regimes : Coordinated and Uncoordinated Market Economies in the 1980s and 1990s" *Continuity and Change in Contemporary Capitalism*. 101-134. Cambridge University Press.
Streek, Wolfgang and Yamamura, Kozo (2001) *The Origins of Nonliberal Capitalism : Germany and Japan in Comparison*, Cornell University Press.
Tang, Kwon-leung (2000) *Social Welfare Development in East Asia.* palgrave.
Wade, Robert (1990) *Governing the Market : Economic theory and the Role of Government in East Asian Industrialization*, Princeton University Press.
Word Bank (1993) *The East Asian Miracle : Economic Growth and Public Policy*, Oxford University Press.
Woo-Cumings, Meredith ed. (1998) *The Developmental State*, Cornell University Press.

5章　金大中政府の「生産的福祉」
——その歴史的意味と残された課題

李　惠炅（延世大学）

はじめに

　19世紀の西欧がレッセフェールの時代であったとすると，20世紀の西欧は福祉国家の時代であった。とりわけ第二次大戦後の先進諸国では，社会保障制度と累進税制，財政政策と金融政策，研究開発と教育政策などをつうじて，完全雇用と大衆の経済的福祉が実現された。これはマルクスの予言からの逸脱であり，レーニンが資本主義下では不可能であると主張した状況の実現であった。このような戦後の福祉国家の成長はケインジアン混合経済体制に対する広範な合意によって可能となったものであり，その背景にはブレトンウッズ体制という安定した世界秩序が存在し，またアメリカとソ連の覇権的指導力を両軸とする冷戦体制が存在した。

　しかし20世紀末になると，1970年まで当然視されていたケインジアン福祉国家に対する合意が失われる。1970年代半ばからは福祉国家の成長の速度が著しく低下しただけでなく，戦後の福祉資本主義の内的矛盾や不安定が批判され，福祉国家の危機論が盛んになった。しかし現実に存在する社会主義の没落，情報技術革命，知識経済の登場，グローバル化などのマクロ環境の変化とともに，福祉国家危機論は，福祉政策の再構造化と再編成が進んだことによって沈静化した。

　ヨーロッパ諸国の社会民主主義政党は，福祉国家の脱官僚化や自由市場を重視する現実主義的な路線を採用し，新たな状況への適応を試みている。また，これによって新しい政治連合を模索している。ブレアの「第三の道」はイギリ

ス労働党が新自由主義と伝統的な社会民主主義の両方を乗り越えようとする現実的対応の典型的な例であろう。Pierson［1998：166］が指摘するように，1975年以後の25年間を振り返ってみると，福祉国家の危機というものは，福祉国家そのものの危機というよりは福祉国家の知的危機（intellectual crisis）であった。

韓国は1997年末の経済危機以後，グローバル資本主義理論のもう１つの実験場になっている。IMFと世銀の救済金融によって新自由主義的経済改革を着実に実行してきた金大中政府は，1999年，「市場経済」と「民主主義」の実現という国政政治哲学の２つの柱に，「生産的福祉」の実現という３つめの柱を追加することによって，新自由主義的構造調整と福祉国家の超高速拡大を同時に進めるという，グローバル資本主義における類例のない実験を推進した。もちろん，この実験が成功したかどうかを論じることは時期尚早である。しかしその性格を把握し，本質を究明することは，21世紀における韓国の福祉国家の進む道を探求する社会政策研究者にとって重大な挑戦であろう。以下，第１節では，「生産的福祉」というレトリックを考察し，第２節では実際に実施された福祉政策改革を公的扶助と社会保険を中心に考察し，第３節では，残された課題について考えることにしたい。

1　IMF危機と金大中政府の「生産的福祉」

1997年末に韓国を直撃した金融危機の直後に登場した金大中政府は，韓国の社会福祉政策の地平や地形を大きく変えた。金大中政府は，IMFや世銀が要求する新自由主義的経済哲学と自らの進歩的な思想の狭間におかれ，新自由主義的構造調整と生産的福祉を同時に進めることを選択した。IMF救済金融の支援には，いわばワシントン・コンセンサスを基本的枠組みとする急激な安定化と根本的な経済改革の要求が含まれていた。金大中政府は，IMFの新自由主義的処方箋を忠実に実行し，外貨保有高の増大，貿易収支の黒字実現，外資導入の拡大，経済成長率の回復など多くの成果を遂げ「IMF早期卒業」を宣言した。

5章　金大中政府の「生産的福祉」

　しかし，このような金融危機への適応過程のなかで，景気後退，高失業，貧困の増加など深刻な社会問題が累積した。特に失業と貧困の増加によって，社会的不平等が拡大したため，金大中政府は財政支出を増やさなければならない状況におかれた。IMFは財政支出縮小の要求をしていたが，同政府は1998年半ばからIMFとの交渉をつうじて経済回復と社会的セーフティネットの構築のための財政支出を大幅に増やした。

　政権発足後1年たった1999年，新年の挨拶と光復節の祝辞のなかで，金大中大統領は「中産層の育成と庶民生活の向上を目標とする人間開発中心の生産的福祉」を約束し，関係省庁はこれを実現するための措置を発表した。それは，2000年4月13日の総選挙を控え，新党の創設を準備する金大中政府の政治的選択の表明でもあった。中産層と庶民を中心とした改革を標榜する新党の結成のためには，平民党の時代からの支持者であった労働者，農民など民衆の支持を引き続き維持する必要があった。このため新自由主義的改革のなかにあっても，彼らの支持を取りつけなければならなかった。大統領は政治改革，財閥改革，税制改革，腐敗清算などによって旧体制の解体を宣言し，同時に，国民所得増大，完全雇用，全国民の中産層化，生産的福祉をつうじての「先進韓国創造」のビジョンを提示した。

　大統領秘書室・生活の質の向上企画団による『生産的福祉への道』［1999］によれば，生産的福祉は，人権・労働権・社会的連帯を哲学的基礎とする民主的―福祉―資本主義の体制として解釈することができる。既述したように，生産的福祉は，民主主義の実現と市場経済の発展という2つの国家目標と同等の比重をもつ国家目標として位置づけられた。金大中政府の生産的福祉は，民主主義と市場経済に単純に並列的関係で加えられたのではなく，民主主義と市場経済の内容を深化させつつ，これらが相互作用する政治経済の体制として捉えられた。言い換えると，生産的福祉は，民主主義や市場経済と福祉の統合的動態的な関係を前提としているところに特徴がある。

　このような人権・労働権・社会的連帯を哲学的基礎とする生産的福祉の体制は，少なくとも次の3つの構造的特徴をもっている。

　第1に，生産的福祉は，これまでの経済成長の過程では福祉に対する考慮が

不足していたことから、福祉に対する国家責任を強調している。生産的福祉は20世紀のケインジアン福祉国家の中核概念である市民権としての福祉を基本的な考えとしている。このため生産的福祉は残余的福祉ではなく、人権や社会権としての福祉といった概念に基づいた社会保障を要求する。したがって国家責任が生産的福祉の基礎として繰り返し強調される。すべての国民を貧困から解放し、人間らしい生活をすることができるように、基礎生活を人間の基本的権利として保障することが国家の責任であると考えられているのである。

第2に、生産的福祉は、21世紀のグローバル資本主義という環境の下における韓国経済の危機やその克服過程で生じた中産層の弱体化と庶民生活の不安を改善しようとする積極的意志の表現でもある。したがって生産的福祉は公正で競争的な市場秩序に基盤をおかない経済は、結局は崩れてしまうと認識しており、一方で、国家福祉の規模を拡大するが、他方で、市場の秩序やその機能を最大限に担保しうる方法を模索する。それゆえ生産的福祉は国家の再分配政策のみに依存するのではなく、人的資源の高度化をつうじて、労働の権利と機会を拡大しようとする。たえざる教育と訓練をつうじて労働者が自ら知識産業社会の新たな需要に対応するように支援することが生産的福祉の重要な柱である。生産的福祉は労働生産性を向上するための社会投資としての福祉を強調する。

第3に、生産的福祉は、雇用の安定と創出、失業者の生活安定と再就職のために政労使が協調することを強調する。政府は雇用創出的なマクロ経済政策をつうじて完全雇用の実現をはかるが、労働組合や使用者団体をはじめとする市民社会の多様な諸主体も参加と協力につとめなければならない。とりわけ過酷な競争のなかで企業が生き残るためには、労働者の創意と自発的参加が不可欠であり、労使が共同で参加する労使協議や労働者の経営参加の道を同時に追求すべきであり、政労使による社会的パートナーシップを形成しなければならないというのである。

このように生産的福祉は基本権保障・人間開発・参与福祉を根幹とする民主的―福祉―資本主義のシステムである。それは過去の成長至上主義に対する反省に基づき（基本権の保障）、21世紀のIT革命に積極的で生産的に対応することを目標とし（労働を通じた福祉、人間開発中心の福祉）、公私や政労使の参加す

る民主的—福祉—資本主義体制の構想であるといえる。生産的福祉は社会権の積極的拡大を主張する社会民主主義路線と，市場経済の活性化を主張し人間開発や福祉多元主義を強調する新自由主義路線を統合的に克服しようとするブレア流の「第三の道」に近いといえよう。言い換えれば，「第三の道」がそうであるように，金大中政府の「生産的福祉」のなかには20世紀的なケインジアン福祉国家の要素と21世紀のグローバル化時代の福祉多元主義的社会投資の要素が共存している。

　世界史的な観点からすると，この2つのモデルは時代背景を異にしており，またこれらを採用した国も異なっている。ところが韓国の現代史では，この2つのモデルが二重の課題として同時に登場している。このような壮大な生産的福祉の構想は，金大中政府の時代にすべて実現できるものではなかった。金大中政府の後を継いだ盧武鉉政府に多くの未完の課題を残したのである。

2　金大中政府の社会福祉改革

　金大中政府の福祉改革は速いスピードで進められた。1997年11月に経済危機が韓国を直撃した当時，公的扶助制度は全人口の1％程度に生活費を支援する名目的な扶助制度にすぎなかった。社会保険制度はいわば四大社会保険の制度があったが，医療保険を除けば，どれも全人口を適用対象としておらず，実際の受給者の範囲も制限されていた。国民年金制度は運営されていたが，都市自営業者を排除しており，完全年金はまだ支給されていなかった。産災補償保険や雇用保険もまだ適用範囲が制限されていた。さらに社会福祉サービスは貧困階層のみを対象とするきわめて低い水準の給付が行われていたにすぎなかった。こうしたなかで金大中政府の福祉改革の具体的内容としては公的扶助の改革，社会保険制度の改革，そして福祉財政の拡充の3つに要約することができる。

（1）公的扶助制度の改革

　金大中政府の福祉改革におけるもっともめざましい成果は，国民基礎生活保障制度という社会的セーフティネットの整備と実施である。1997年末の経済危

機は，高度成長期には経験しなかった大量失業と貧困人口を生み出した。特に，離婚，高齢者の家出，ホームレス，欠食児童の増加など各種の病理現象を随伴する貧困が韓国の重要な社会問題として浮かび上がった。従来の生活保護制度は基本的に労働能力の有無によって生計費を制限的に支援したため，このような危機状況で社会的セーフティネットとして機能することができなかった。

そこで労働能力の有無にかかわらず最低生活を保障する憲法上の権利の実際的保障を規定した国民基礎生活保障法の制定が45の市民団体の連帯会議によって推進・請願され，1999年9月には同法が成立し，2000年10月から施行された。国民基礎生活保障制度と従来の生活保護制度との違いは，第1に，過去40年間の慈恵的な単純保護レベルの生活保護から脱皮し，国民の権利として生活保護を受けることができるようにした点，第2に，最低生計費以下のすべての国民に対して国家の義務として基礎生活を保障するようになった点，そして第3に，貧困層が社会的排除や貧困から抜け出すための自立生活を体系的に支援する仕組みを構築した点などがあげられる。この制度の導入によって，生計給付の受給者数は1997年の37万人から2002年の155万人にまで大きく増加した。最低生活保障の水準もまた，大きく向上し，4人家族の場合，1997年の33万ウォンから2002年の87万ウォンへと約2.6倍に引き上げられた。このような受給者数の拡大と給付水準の向上は，政府予算の大幅な拡大によって可能となった。1997年には9000億ウォンであった公的扶助の予算が2002年には3兆4000億ウォンにまで増加し，保健福祉部の予算の44％を占めるまでになった。

国民基礎生活保障制度の導入によって，韓国は歴史上初めて全国民のための社会的セーフティネットを確立したが，これに伴って初めて給付の条件として資力調査が実施されるようになった。また貧困から抜け出すための自活支援事業が体系的に導入されたことも意味深い。ただし，資力調査をはじめ公的扶助の行政事務を担当する社会福祉専門の公務員を拡充すること，そしてまだノウハウが十分に蓄積されていない自活事業を効率よく施行することなどが課題として残されている。特に公的扶助への過度の依存を防止するために給付体系の改善と自活後見機関の創設など福祉インフラ構築が重要な課題である。公的扶助の改革は，韓国に現代的な制度の仕組みを導入することに成功したという点

5章　金大中政府の「生産的福祉」

で大きく評価できるが，給付が受けられない死角地帯の解消，資力調査の適切な施行，自活支援体制の定着など，残された課題も見逃すことができない。

（2）社会保険制度の改革

　金大中政府の福祉改革のなかで最も包括的なものは社会保険の改革である。金大中政府は年金保険，医療保険，産災補償保険，雇用保険といった四大社会保険制度それぞれの制度改革を追求し，適用対象の拡大をつうじて普遍主義的社会保険体系の確立に相当な成功をおさめた。さらに適用対象の拡大過程では社会保険の社会統合的機能を維持した。

　(1) 国民年金

　韓国の公的年金制度は，公務員（1960年），軍人（1963年），私立学校教職員（1975年）など，特定の職域を対象とした年金制度が先行した。国民全体を対象とする国民年金法は1973年に成立したが，経済状況のため施行が延期され，ようやく1988年1月から10人以上の事業所の労働者を対象として施行された。金大中政府の以前までに5人以上の事業所の被用者，農漁村の住民にまで段階的に拡大されていた。

　1999年4月，金大中政府は，国民年金の適用を受けていなかった都市地域の5人未満の零細事業所の被用者と，臨時，日雇労働者，零細自営業者など約900万人を国民年金の適用対象に入れた。これによって，1988年の実施から11年で皆年金が実現された。国民年金の加入者総数は1997年末の784万人から2001年末の1608万人へと2倍以上増加し，年金制度の成熟に伴って受給者総数も同期間に15万人から75万人へと大幅増加した。

　全国民，特に都市自営業者を公的年金制度のなかに編入したことは大きな成果といえる。これによって所得捕捉率のまったく異なる自営業者集団と被用者集団は，所得比例拠出・再分配的所得比例給付を原則とする単一の国民年金保険制度のなかに包括された。年金改革の過程では，世銀の代案，たとえば，三階建て制度や年金民営化論が拒否されたことはよく知られている。しかし全国民を所得比例拠出による再分配型の単一年金保険に包括することは，垂直的再

143

分配と社会統合という側面からすればよい評価が得られるが，所得の捕捉が困難であるという現実的な制約のゆえに，制度の公平性という側面においては問題が多い。そのため自営業者と被用者との分離運営，基礎年金制度の導入などの提案がなされている。特に都市自営業者の実際の保険料納付率はきわめて低く，2001年12月現在，総加入者のうち54.5％のみが保険料を納入しているにすぎない。加入対象者1600万人のうち1000万人が地域加入者であるが，彼らに対する国税庁の所得捕捉率は30％にすぎず，地域加入者の平均申告所得は事業所加入者のそれの57％にとどまっている。

また修正積立方式である国民年金は，完全年金の支給が始まる2008年までは積立金が累積するが，2034年には基金の枯渇が予想され，制度改善に関する議論がすでに行われている。金大中政府は国民年金保険の給付水準を賃金代替率で70％から60％へと下向調整し，5年ごとに財政再計算を行うことで，再調整しうる可能性を開いた。

(2) 医療保険制度

医療保険はすでに全国民を対象としていたが，長い間，組合主義対統合主義の論争が繰り広げられていた。金大中政府はこれに終止符を打った。1977年に導入された医療保険制度では組合方式が採択され，一般被用者の場合は職域別の組合に，農漁民，自営業者，日雇労働者は地域別の組合に組織された。1989年には，全国民が医療保険の対象となったが，このときも組合方式は維持された。組合方式は，医療保険の適用拡大の容易性，組合間の競争原理による管理運営の効率性，保険料の付加決定，迅速性などの点で長所がある反面，次のような問題を抱えていた。第1に，組合別の分離運営の結果，職域別地域別ともに，組合間の競争力格差が大きくなりすぎた。政府が国庫負担や組合間の財政調整によって，その格差を埋めようとしたが，うまくいかなかった。第2に，財政力の低い組合を基準として医療サービスの保障範囲が決められていたため，サービスの水準は低く，これを高めることが困難であった。それゆえ財政力の強い組合の積立金は増えていく反面，一部の財政状態のよくない組合の場合には，診療費を支給できないことすらあった。そして第3に，組合別管理は多く

の職員を必要とするだけでなく，加入者が職場や居住地を移動するさいにも，資格管理や保険料徴収などの点で組合間の連携がうまくいかず，全国民的な社会保障制度としての限界が現れていた。

　金大中政府の発足直前に第一期政労使委員会で医療保険の統合が合意され，政権発足直後には，地域医療保険組合と公務員や教職員の医療保険管理公団とを統合する国民医療保険法が公布された。これによって1998年10月に国民医療保険管理公団が誕生し，職域別組合も含めて完全統合を推進するための医療保険統合推進企画団が設置された。統合前には227の組合，142の職域別組合，そして公務員・教職員医療保険管理公団に分立していた医療保険を，2000年7月に単一の国民健康保険公団に統合した。金大中政府は医療保険の統合推進とともに，健康保険の給付範囲を漸進的に拡大した。保険適用の上限年間日数（1997年270日）を無制限にすることによって，被保険者の医療費負担を軽減した。また，高額療養費の自己負担が軽減され，自己負担が100万ウォンをこえたときは，その超過分の50％が給付されるようになった。さらに産前診療に対する保険給付を実施して，母体の健康維持と胎児の先天性障害発生の予防につとめた。これらの改革は，医療のような基本問題は社会保障の原則と社会連帯性の原理によって解決すべきだとする金大中政府の選択の結果であった。

　しかし，このような医療保険の改革は，医師と薬剤師との間の先鋭な対立の争点であった医薬分業の施行と絡み合って，医療保険財政問題の壁にぶつかった。統合後の2001年の赤字規模は4兆ウォン，積立金は3兆ウォンが不足すると推計された。これに対して，政府は2001年3月に健康保険財政安定のための緊急対策本部と緊急対策委員会を設け，20あまりの財政負担軽減対策を含む財政安定総合対策を発表した。

(3) 産災補償保険と雇用保険制度

　産災補償保険の場合も，金大中政府は適用範囲の拡大を推進した。1964年に産業災害補償保険法が施行されて以来，適用範囲は拡大を続けていたが，従業員5人未満の零細事業所の労働者が保護されていないなど，制度の適用を受けない死角地帯が存在していた。さらに近年における産業構造や雇用構造の急激

な変化に起因する新たな要求に対応することには限界があった。金大中政府は，2000年7月から強制加入の対象となる事業所を，従業員5人以上の事業所から全事業所にまで，そして保護対象の範囲を被用者だけでなく零細事業所にまで拡大し，適用対象となる業種も全業種に拡大した。

　これらの制度改革の結果，適用事業所の数が1997年の22.8万ヶ所から2001年には90.9万ヶ所へと4倍近く増加し，保護対象労働者の数も1997年の823.7万人から2001年の1058.1万人にまで増加した。さらに産災として認定される範囲も拡大され，労働者に対する産災からの保護が強化された。従来は治療と補償が中心であったが，新しい制度では自活プログラムが強化され，産災労働者の自立および社会復帰を支援する仕組みができあがった。しかし制度の適用を受けない多数の事業所と労働者が存在することもまた事実である。新規に適用を受けた事業所であっても，非正規雇用は死角地帯として残されている。したがって産災保険の管理および監督体系を強化し，非正規労働者の保護機能の充実化が求められている。

　1995年に導入された雇用保険は，経済危機以前の利用度は低かったが，経済危機以後，急増する雇用不安や失業のなかで，これらに対するもっとも重要な政策手段となった。金大中政府は雇用保険の適用範囲を以前の30人以上の事業所から1998年1月には10人以上の事業所にまで拡大し，1998年10月には全事業所へと拡大した。雇用保険の強制加入の対象を全事業所にまで拡大したのは，韓国の社会的セーフティネット拡充および福祉政策発達史において重要な意味をもつ。これによって対象事業所数は1997年の4万7400ヶ所から1998年の40万ヶ所，2001年には80万ヶ所へと急増したが，これは1997年を基準にすれば17倍以上の増加である。被保険者数も1997年が428万人であったのに対し，2001年は690万9000人に達した。これとともに失業給付の受給資格を緩和し，給付水準も低所得者保護のための下限額を最低賃金の70％，90％へと調整した。これ以外にも失業者の再就職訓練を拡大し，雇用環境変化に対する雇用安定事業による対応を強化した。しかし2001年末，雇用保険制度によって管理されている被保険者数690万9000人は，過去に比べれば大きな増加であるが，加入対象者数の75％にすぎない。強制加入の対象の拡大，受給条件の緩和，受給期間の

5章　金大中政府の「生産的福祉」

延長などにもかかわらず，失業給付の受給者は2001年の場合，失業者全体の16.6％にとどまっている。

（3）社会支出の拡大

金大中政府の福祉改革の柱は支出の画期的な増加である。福祉支出・予算規模の拡大は福祉制度に対する政府のコミットメントの程度を物語っている。OECD基準の総社会福祉費の支出規模をみると，1996年と1999年の間に対GDP比で5.3％から9.8％にまで増加し，保健福祉部の予算も対一般予算比でみると，1996年の4.0％から2001年の6.7％にまで急激に増加した。

もちろん1995年のOECD諸国の社会費支出規模の平均である22.5％に比べれば，韓国はOECD諸国のなかで最下位圏にある。過去40年間にわたる市場の拡大が進行していくなかで，家族や地域社会を含む伝統的なインフォーマル部門は加速度的に解体されたが，これを埋めるためのフォーマルな福祉制度は未整備のままであった。しかし，ほとんどのOECD諸国の1人当たり所得水準や老年人口比率は，韓国の2〜3倍の水準であり，また韓国の制度の仕組みが完備されたとしても，制度の未成熟さのゆえに本格的な支出が行われていないという理由から，先進諸国との単純比較には無理があるだろう。特に2008年以後，国民年金の老齢給付の本格的な支給が始まると，社会保険支出も大幅に増加すると予想される。したがって，今後10〜20年後には，制度成熟の効果だけでも，先進諸国の支出水準に到達すると思われる。

以上のように，金大中政府の福祉改革には，民主主義と市場経済の発展とともに生産的福祉を三大国政目標と位置づけ，市場経済と民主主義の実質的な発展のためには生産的福祉が必要であるという国政の構想が前提とされていた。このような枠のなかで社会的セーフティネットを拡充し，生産過程への参加を通じた労働参与福祉と産業民主主義を実現し，脆弱階層の自立支援，民間役割の強調を推進する生産的福祉の構図は明確であった。もちろん現実的にはきわめて部分的な実践であったし，青写真のなかにおいてもそれらの優先順位が明らかになっていなかったが，それにしても生産的福祉は韓国における21世紀の福祉の長期課題と短期課題の双方を含んでいた。

3 未完の課題と新しい政府の選択

　保守主義と地域主義が蔓延する韓国の政治のなかで，金大中政府の後を継いで成立した進歩的少数派による盧武鉉政府ができることには確かに限界が存在するだろう。それにもかかわらず盧武鉉の参与政府は金大中政府の生産的福祉を継承・深化させると期待されていた。しかし参与政府は経済成長と分配の好循環を強調しているが，参与政府の福祉政策の設計図はまだ明確ではなく，参与政府のいわば「参与福祉」の具体的な内容がなんであるかを把握することは難しい。福祉政策の総合的ビジョンと哲学，調整総括機能の中心が存在しない。

　参与政府の時代認識には，金大中政府とは異なり，ポスト構造主義的な参与（参加・参画）と連帯，ネットワーキングを核心とする新たなガバナンスのパラダイムがその基底に存在している。このため参与政府は，国民を支配し動員する政府，一方的な福祉供給者としての政府ではなく，国民と協働する政府，成熟した市民と協働する政府，社会的排除ではなく参与を原則とする政府を標榜している。「参与」というコードから読む21世紀の福祉問題は，生産的福祉の20世紀的ケインジアン・パラダイムとは異なり，多面的かつ多次元的に，また創意的に接近されるべきであろう。

　すでに先進諸国の学者たちは，福祉国家モデルとして20世紀パラダイムを脱皮しなければならないと主張している。彼らの福祉国家再編論においては，少なくとも3つの論理が支配的である。第1に，エスピン・アンデルセンは「経路依存性」に依拠して福祉レジームの漸進的な適応を予想しつつ，科学技術革命，情報化，労働市場の変化，人口高齢化，ライフサイクルの変化，家族構造の変化，女性の社会参加などの変化が伝統的な社会民主主義型の福祉国家の維持を不可能にしていると主張する。第2に，レギュラシオン派の理論家のジェソップは情報化，知識経済，単一地球経済の登場は，生産と蓄積様式の変化をもたらし，このような生産様式の変化が調整様式の変化を要求しているという。彼はシュンペーター的ワークフェア国家がケインズ的ウェルフェア国家にとって代わり，新国家主義，新自由主義，新保守主義の混合形態としてその姿を現

すだろうという展望を示している。最後に，フェミニストは，福祉レジーム論の家父長制的な前提と既存の社会福祉政策が支持してきた性分業的な前提を批判しつつ，福祉国家の二重構造，すなわちケア労働と福祉国家の関係の解明をつうじて，21世紀の脱産業社会のジェンダー認知的な福祉国家再編を要求している。さらにギデンスの第三の道をこれらに付け加えることができる。

　これらの議論の背景には，グローバル化，ローカル化，高齢化，ジェンダー主流化に伴う水平的ネットワーキングの支配構造への変化などが共通の前提として存在する。これらの議論の共通点は，21世紀のグローバル資本主義時代の福祉は完全雇用ではなくフレキシブルな雇用，製造業中心の産業経済ではなく情報知識基盤の経済，人口高齢化と女性の社会参加を前提とする福祉の枠が必要であると主張していることである。ここで市民は与えられた消極的な市民権（entitled citizenship）ではなく，参加する積極的な市民権（active citizenship）を行使すべきである。

　参与政府がすべきことは，進歩政権としてのアイデンティティを有する参与福祉の青写真を提示し，それに対する国民的合意を導出することであろう。新しい政府は，第1の課題として，すでに導入している国民基礎生活保障制度と社会保険制度の内実化に力を入れるべきである。特に適用対象の拡大に続いて，皆年金皆保険の実質的な内実化が求められる。また，給付水準と負担水準の適正性の確保と，これに対する国民的合意の導出という重要な課題が待っている。

　第2に，伝統的な社会保険制度が前提としていきた完全雇用，フォード主義的蓄積様式と労働市場構造，そして国家の役割が全世界的に変化しつつあり，韓国においてもこれらの変化がすでに進行しているという認識のもとで，社会権の保障という古典的課題と，新たな環境に適応する課題との接合が必要となってくる。特に男性正規労働者を中心とする完全雇用体制は，もはや前提となりえない。労働市場のフレキシビリティが加速化しつつあり，雇用状態が不安定な臨時職，パートタイムなど非正規雇用が全雇用の半分以上を占めるようになった今日の韓国において，過去の完全雇用を前提とした社会政策の基本構想は適切ではない。新たなフレキシブルな労働市場と新たな蓄積体制への適応が考慮されなければならない。

第Ⅱ部　東アジアにおける社会政策の諸相

　第3に，これと関連して，21世紀の韓国社会は生産的福祉の社会権保障の要素に加えて，人間開発，参与福祉，福祉多元主義の要素の拡大を求めている。金大中政府の下で，共同募金会の民間募金活動はめざましい成長を遂げており，数多くのボランティアおよび市民団体による自発的な福祉サービスの機能遂行が著しく増加した。公共部門と民間部門のパートナーシップは時代の要求として認識されている。公的扶助の自立支援事業や社会保険改革に関する参与政府の選択は，生産的福祉の第2の要素，第3の要素をよりフレキシブルに組み合わせ，統合させるべきである。生産的福祉を継承するにせよ，「参与」というコードの新たな福祉青写真を作成するにせよ，参与政府の福祉マスタープランが明らかにされなければならない。福祉政策が破綻すれば，市場の拡大は期待しえず，結局，東北アジアの時代は開かれないだろう。

（訳：金　成垣）

【参考文献】

고경환 외 (2002)『OECD 기준에 따른 우리나라 사회보장비 산출에 관한연구』한국보건사회연구원. （ゴ・ギョンファン『OECD 基準による韓国の社会保障費算出に関する研究』韓国保健社会研究院。）

대통령비서실, 삶의 질 향기획단 (1999)『새천년을 향한 생산적 복지의길：'국민의 정부' 사회정책청사진』퇴설단. （大統領秘書室，生活の質向上企画団『生産的福祉への道「国民の政府」社會政策青写真』。）

대통령직인수위원회 (2003)『참여징부국정비격과정과제』. （大統領職引受委員会『参与政府の国政ビジョンと国政課題』。）

이혜경 (2002)「한국복지국가 성격논쟁의 함의와 연구방향」, 김연명편『한국복지국가 성격논쟁』인간과복지. （イ・ヘギョン「韓国福祉国家性格論争の含意と研究方向」キム・ヨンミョン編『韓国福祉国家性格論争』人間と福祉社。）

Blair, Tony (1998) "Forward and Introduction," *Green Paper on Welfare State Reform*.

Esping-Anderson, Gosta (1999) *Social Foundations of Postindustrial Economies*, Oxford University Press.

Giddens, Anthony ed. (2001) *The Global Third Way Debate*, Polity Press.

Jessop, Bob (1994) "The Schumpeterian Workfare State", in R. Burrows and B. Loader eds., *Towards a Post-Fordist Welfare State*, Routledge, pp. 13-48.

Pierson, Christopher (1998) *Beyond the Welfare State？: The New Political Economy of Welfare*, Polity Press.

6章　金大中政府の女性政策

鄭　鎭星（ソウル大学）

1　金大中政府の女性政策を決定した変数

　韓国において女性政策の歴史はそう長くない。本格的な経済開発を遂げ始めた朴正熙政府において，経済開発および社会全体の開発のための政策の一部として，女性が主要な政策対象となったのが起点である。人口政策とセマウル運動を進展させた主な行為者は女性であり，低賃金に依拠した労働集約的な産業発展の中心的労働者も女性であった。より直接的に女性に向けられた政策としては，要保護女性（主に売春女性）政策および主婦を対象とした生活教育政策などが社会開発の次元から行われた[1]。しかし，女性政策を女性の地位向上のための政策として規定する場合 [Kim 2003]，それらは真の意味での女性政策とはいい難いものであった。韓国社会の他分野の発展と同様に，女性政策の発展も民主化過程とともに進められてきた。1980年代末，民主化が急激に進むにつれて，その間土台を築いてきた女性運動は，政策決定過程に重要な声を発するようになり，盧泰愚，金泳三政府における女性政策は，そこに基礎をおくことになったのである［黄 2003：102-116］。もちろん，国連などの国際社会の影響も女性政策形成・展開にとって主要な契機となった[2]。
　金大中政府は，当初から「親女性政府」（ウーマン・フレンドリー）として出発した。長い間在野と野党の時期を経験した金大中大統領の主要支持勢力である中下層の庶民，労働者，そして女性を代弁する政府であることを公言していたのである。このような政府の意思にもかかわらず，金大中政府は経済危機とともに出発し，IMFとの協定を執行せざるをえない悲運を迎えた。「皆様が私

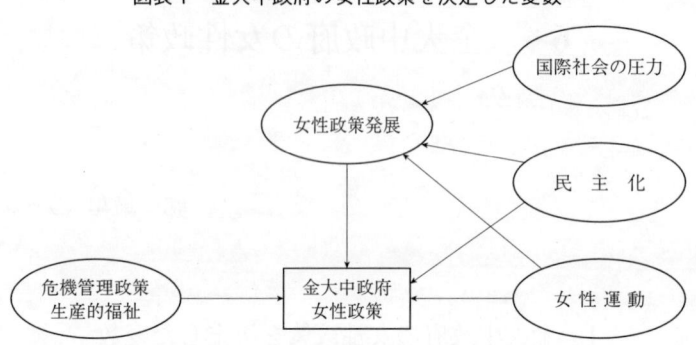

第Ⅱ部　東アジアにおける社会政策の諸相

図表1　金大中政府の女性政策を決定した変数

```
                                国際社会の圧力
                 女性政策発展
                                民　主　化
  危機管理政策      金大中政府
  生産的福祉       女性政策      女性運動
```

を大統領に選んでくださったのに，これから私は皆様が嫌がることを始めなければなりません」と述べた，大統領当選後の初演説は，金大中政府の悩みをそのまま露にするものであった。金大中政府のすべての社会政策は，危機管理（crisis management）政策として始まった。危機状況は予想より早めに収まったが［Song 2003］[3]，それ以降の社会政策は，ひき続き危機管理政策と密接にかかわりながら展開してきた。いわゆる生産的福祉政策はこのようななかで生み出されたものといえる[4]。危機管理政策の主な被害者であると同時に受け手となった女性は，生産的福祉政策にも大きく影響された。新自由主義政策を遂行する小さな政府は，女性を専担する国内本部機構（ナショナル・マシーナリー）の樹立と予算配分において，その改革の意思と限界を同時に表出することとなった。

　すなわち，金大中政府の女性政策は，民主化以降着実に発展してきた女性政策自体のメカニズムと，危機管理および生産的福祉政策という2つの軸が交差してでき上がったものといえる。政策の内容によって，その2つの軸が及ぼす影響の程度は異なるが，相互に緊密な関連を結びながら発展したのである。このような過程を下から支え推し進めた力として，女性運動は何よりも重要な役割を果たしてきた。金大中政府において，女性政策の遂行と市民社会における女性運動は，人的・物的に深くかかわっており，そのような趨勢は盧武鉉政府においても引き継がれると思われる。

本稿は，金大中政府の女性政策に関するこのような全般的な過程の整理を目的とする。まず，以後の議論を容易にするために，金大中政府の女性政策の内容および機構，予算問題などを範疇化し，それぞれの部分の評価を試みる。政策および市民社会との関係を明らかにした後，今後の展望を述べることとする。

2　金大中政府の女性政策の内容

　1995年12月30日に制定された女性発展基本法に基づき [Kim 1996；成 2003：51-55]，1998年から2002年にわたり執行される第1次女性政策基本計画が樹立された。これは，韓国においては初めて設けられた女性開発のための本格的な国家次元の総合計画であった。実際，1997年の金泳三政府の女性政務長官室で策定されたのが発端ではあったが，積極的に女性政策を実行する基盤として活用されたのは，各省庁に女性担当部署を新設し，女性部（省）を設立した金大中政府においてであった。また，これをもとに，盧武鉉政府において推進される第2次女性発展基本計画が立てられている。金大中政府の女性政策は，政策内容，女性に対する視点，政策の目標などにおいて一貫した明瞭な立場をとっているとはいい難いが，その成果はなによりもこのような体系化を実行したところにあるといえよう。

　本計画に基づき金大中政府の女性政策の内容を分けると以下のとおりである。まず，具体的に女性を対象とする政策と，それをサポートする法，制度，機構の発展に区別できる。前者にあたる具体的な政策としては，労働，福祉，性，人権，家族などの分野，および女性代表性の増進，国際協力，統一への寄与問題などがあり，後者の範疇には，女性部など政府の女性専担機構および各種法律の整備などがあげられる[5]。具体的な女性政策は，それぞれ対象とする女性を異にする。労働分野の政策においては女性を労働者として，家族政策においては基本的に女性を家族内的存在として，女性に対する暴力および人権分野においては女性を被害者として規定しており，女性の代表性や国際協力や統一への寄与問題においては，女性をより積極的な歴史的主体として捉えている。福祉政策は，これらすべての視点における女性を包括しながら，政策の内容に

図表2　金大中政府女性政策の内容

	労働者と母としての権利		女性の市民権	
女性の権利	労働者としての女性	家族内の女性	被害者としての女性	歴史的主体としての女性
女性を捉える視点	労働者としての女性	家族内の女性	被害者としての女性	歴史的主体としての女性
政策内容	労働政策	戸主制問題 単親家族支援 （育児支援等）	女性暴力 女性人権 買売春問題	女性代表性 国際協力 統一への寄与等
	←――――――福祉政策――――――→			
政策対象層	←―一般女性―→	←―特殊階層―→		←―一般女性―→
			←‐‐女性部‐‐→	
政策実施機構	←――――――該当部処――――――→			

よって特殊階層と一般女性に選別的に適用している。労働と家族分野の政策が労働者と母としての女性の権利に注目するとしたら，性暴力，人権，代表性および歴史的役割などの政策は，女性の不完全な市民権を完成させる政策として理解することができる。

3　女性労働および女性福祉政策

女性労働と福祉にかかわる政策は，労働者と母としての女性の社会的権利を保護するためのものと捉えられる。実際，この部門における政策は，女性を子どもを出産する存在として前提しながらも，それを配慮せず単に労働者としてだけの女性を対象としている政策が，その多くを占めている。このことは，一方では出産しない女性を排除する結果をもたらし，他方では家事と養育担当者としての女性に対する性別に敏感な（ジェンダー・センシティブ）観点が欠如していることを意味し，より精密な政策立案を要する部分である。女性労働と福祉政策はまた，社会全般の経済状況に直接かかわるものとして，金大中政府の生産的福祉政策に対する理解の下で把握される必要がある。

（1）女性労働政策

女性労働問題を雇用，平等および母性・育児関連の3つの部分にわけてみると，金大中政府の女性労働政策における雇用の問題は，その政治的性格と労働政策からの直接的影響のなかで陰陽の両側面をあらわした。平等と母性関連分野は，経済危機収束後，相当程度の発展を達成したと評価できる。

(1) 雇用

「両性平等を実現する男女共同参画社会の構築」を標榜した金大中政府は，経済危機を迎えると，整理解雇制度や派遣労働者制度を施行した[6]。整理解雇の優先的対象者は女性であったし，保護対策の微弱な派遣法は，女性の雇用不安定をより深化させた。また，非正規労働者に対する差別規制および保護方策が皆無の状態で施行された労働市場柔軟化政策は，女性労働者の状況を悪化させる一方であった。

しかし，他方で，政府の失業および労働連携の福祉政策の面では，女性労働に少なくない肯定的影響を与えた。金大中政府は女性に特化した失業対策を実施したが[7]，それは主に女性家長（女性が稼得者となり生計を維持する家庭）を対象にする創業支援[8]，特別職業訓練，女性家長採用奨励金制度，職業安定サービス，職業斡旋サービスなどの政策であった[9]。そのほかに，公共勤労事業に女性が大量に吸収されたことや，雇用保険の適用範囲の拡大および最低失業給付額の引き上げ調整を通じ，その影響は女性全般に及んだ。さまざまな問題点にもかかわらず，これまでは作動せず，その機能を果たしてこなかった雇用保険が金大中政府では積極的に稼動し，その給付が女性にも適用されるようになったことは評価に値するであろう。ただし，非正規職などの立場の弱い女性労働者に対する政策は，深刻なほど不足している状態である[10]。

(2) 平等

経済危機後にめだった女性の差別的解雇に対する措置は，実質的な効果をあげることはできなかった。しかし，1999年末の除隊軍人加算制の廃止［Chung 2001］は，画期的な発展として注目する必要がある。また，採用目標制の拡大

および職場内のセクシュアル・ハラスメント防止措置[11]も肯定的に評価できる部分であろう。

(3) 母性・育児

金大中政府は経済危機状況がひとまず落ち着くと，女性運動界が要求してきた母性・育児のための制度改善を大幅に受け入れ始めた。女性労働者の母性保護のための産前・産後休暇期間を拡大し，政府と雇用保険からそれに伴う費用を負担する措置を施行した。また，育児休職制度の活性化と事業場保育施設の拡充を通じて，女性が家庭と職場を両立できるような基盤を発展させた。

（２）女性福祉政策

金大中政府の女性福祉政策の基盤は，保健福祉事業全般のジェンダー主流化という目標と生産的福祉の理念である。このような理念と目標は，女性福祉政策のさまざまな部分に反映されており，福祉政策全般に求められたのと同様に，福祉給付を一般女性層に拡大することと，要保護対象集団に対する選別的な給付を強化することを，結合させる方向で進められた。ただし，改革の進展の一方，基本的には女性を家計の一員として把握するという限界からは離れていないことがうかがえる。

(1) 社会保険

一般女性を対象にした社会保険政策は，所得維持を通じた女性の経済力の保障を目標とする。国民年金においては，婚姻期間が5年以上である場合の，離婚配偶者の年金分割受給権を認定したことや，専業主婦の任意加入率を引き上げるために保険料率を調整したことなど，政策改善が試みられたが，依然として，女性を配偶者に対して経済的に依存する存在と前提する限界からは免れていない。健康保険においても，出産前後費用が保険適用になるなどの進歩がみられるが，出産女性を前提にしているものの，未婚の女性が考慮されていない［Park ほか 2001；Eom 2002］。

(2) 公的扶助

　低所得の女性稼得主に集中している公的扶助は，生産的福祉理念に立脚し，勤労誘引と体系的な自活支援のための積極的な労働市場政策と結び付けられた。その結果，前述のような創業支援をはじめとし，子女学費支援，児童養育費支援の拡大などが行われた。しかし，家事・育児支援の補強が求められるような限界がみられる。

(3) 社会福祉サービス

　母子家庭，未婚の母，家出および売春女性に代表される要保護女性に集中してきた社会福祉サービスを，金大中政府は，女性障害者，女性農民，家庭暴力被害女性，女性高齢者および介護を担う女性にまで拡大させた。介護などのケア労働に対する支援はジェンダー主流化目標を反映するものと評価できるが，究極的にはそれが社会的責任であることを前提する必要があると思われる。さらに，生産的福祉政策が進められるなかで，既存の要保護女性に対するサービスの発展はほとんどみられないという批判を免れない面がある。

4　女性暴力，女性の人権および女性の代表性増進政策

　労働と福祉分野における女性政策が女性を働く母として規定したとするならば，暴力，人権および代表性の問題においては，男性と同等の市民としての女性の権利を追求しているといえる。この2つは，実は緊密に交差しており，政策も相互に重なっている。女性が同等の市民権をもてるとき，はじめて労働と福祉における男女平等の法制度が設けられ，その円滑な施行が可能になるからである[12]。それにもかかわらず，暴力，人権および代表性の領域では，女性政策は経済危機管理政策と生産的福祉政策と直接的な関連をもたずに展開された。それよりは，社会全般における民主化とこれまで蓄積されてきた女性政策およびその発展を図る金大中政府の意思に基づいて，進展を遂げた部分が多かったといえよう。

(1) 女性暴力, 人権分野

女性暴力と人権問題は,事実上,韓国社会において女性運動が民主化や労働問題などの社会問題の重荷を降ろした1980年代末に至って,そのような社会運動から独立して女性独自の問題を振り返ることで,社会的な関心を集められるようになった分野である。また,女性運動の役割が特にめだつ分野であって,韓国において社会問題として扱われてきた歴史は浅いが,短期間の間に早い進展をみせていると評価できる。

(1) 性暴力,家庭暴力(ドメスティック・ヴァイオレンス)

性暴力に対する社会的認識が高まるにつれて,被害申告も増え,その結果さまざまな法制度の整備が遂げられた。女性の電話,性暴力相談所など,女性運動団体の蓄積された経験を政府が大幅に受け入れた点も注目に値するであろう。金大中政府は,経済危機と関係なく,政権初期(1998~99年)において性暴力犯罪の処罰および被害者保護などに関する法律[13]の改正,男女雇用平等法にセクシュアル・ハラスメント規定の新設,男女差別禁止および救済に関する法律の制定など,法律を整備するとともに,性暴力相談所および被害者保護施設を支援し,性暴力予防教育を実施した。しかし,申告制の廃止および検察,警察,判事,医療陣の認識改善のための政策,サイバー性暴力対策などが課題として残されている。ドメスティック・ヴァイオレンス(以下 DV)は,性暴力よりは社会問題としての認識が遅れたが,直ちに家庭暴力防止法(1997年)が制定され,金大中政府は,新政府樹立当初から女性特別委員会(女性省の前身)と6つ省の共同事業として,DV 防止のための総合対策を立て(1998年)推進した。特に,女性緊急電話の設置があげられる。しかし,性暴力に比べ社会的認識が低いため,このための広報・教育が必要であり,被害者の自活プログラムも求められる。

(2) 性売買問題

金大中政府が力を注いだ政策は,特に青少年の売買春に関する問題であった。青少年の性保護に関する法律を制定し(2000年),青少年の性売買防止とその取

締りを実施し，被害者の支援を行っている。この法では，性売買にかかわる業主と需要者に対する処罰を強化し，身元公開規定を明示した。また，性売買を行った青少年は被害者として認識し，刑事処罰の免除，社会復帰させるための支援などを与えている。さらに，韓国内において外国人売買春が拡大することに対する対策が整っていない状態で，国際的な批判とともに，売春女性に対する無対策を女性運動界から持続的に指摘されてきたことから，金大中政府は，2002年には性売買防止総合対策を樹立した。青少年にだけ限定していた被害者視点を，売春女性全体に拡大するとともに，男性中心的思考が支配的であった既存の「淪落」（売春）行為などの防止法の廃止が要求されている。

(3) 日本軍慰安婦被害者対策

金大中政府の人権政策の主要な成果のひとつとして，これまで水面下におかれていた日本軍慰安婦問題を政策課題として可視化した点があげられる。1994年金泳三政府は，日帝下日本軍慰安婦の生活安定支援に関する法律を実施し，保健福祉部（省）にその業務を管轄させるようにしたが，金大中政府は女性部（省）を新設し，それらの業務を権益増進局の主務として移管した。被害者支援のみならず，研究調査および記念事業にかかわる市民団体および研究者の支援を行っている。しかし，そもそもの問題解決の意味での政府次元の努力は弱いものであったといえよう。

（2）**女性の代表性増進**

金大中政府は，2002年に政党法を改正し，国会議員の30％および市・道議会議員の50％にあたる比例代表候補の一定比率以上を女性に割り当てるようにした。これに伴い，2002年地方議会広域議員比例代表の67.1％を女性が占めるという快挙を成し遂げたが（2000年国会議員全国区の女性比率は26％であった），地域区を含む全体の議員比率からすると，2002年の地方議会が3.4％，2000年の国会議員は6.2％と相変わらず低い水準である[14]。政府の各種委員会における女性比率は，2002年に30.1％にまで増加し，女性の公職参与も増加している。しかし，人事関連委員会の女性参加や，高位公務員における比率が非常に低い状

態は，量的な拡大対策が質的な発展へと結びついていないことを示唆していると考えられる。

（3）女性の積極的な役割支援

女性を同等な市民権を所有する存在として扱うだけでなく，より積極的に社会開発にかかわる歴史的主体として設定しようとしたのが，女性団体連合などの女性運動界のこれまでの基本的立場であった。これを金大中政府は積極的に受け入れ，韓国社会の発展において重要な目標のひとつである統一に，ジェンダー平等の側面からアプローチできるようにし，統一のためのさまざまな活動に女性の参加を促進させた。南北女性交流の増進や南北共同行事へ女性の参加機会を拡大させたのである。国際会議，国際機構における人材など，国際活動への女性参加を促進させたのもそのような脈略から捉えられる。さらに，女性団体に対する支援が増加したのも金大中政府の成果のひとつといえよう。

5　女性機構および法・制度整備

このような女性政策を遂行するに伴って，その基礎となったのは政府による女性問題専門担当機構の設置であった。金大中政府の女性政策の最も可視的な成果といえば，なにより女性部（省）の新設と主要部処（省庁）に女性政策担当官室を設けたことであろう。そして，これを基盤として各種法・制度の整備が行われたのである。

（1）女性機構と予算

韓国政府の女性専担機構は，1997年に政務第2長官室が設立されたことに始まる。韓国の女性運動は，1980年代末からその影響力を強め，1995年の国連第4回世界女性会議（北京）に後押しされ，女性専担機構の実現が具体化したのである。政務第2長官室は，政府部処としては初めて女性問題を担当したが，その拡大は不可欠のものであったように思える。「親女性」政府としての金大中政府は，女性部の新設に対する期待を背負いながらも，IMF危機管理政策

6章 金大中政府の女性政策

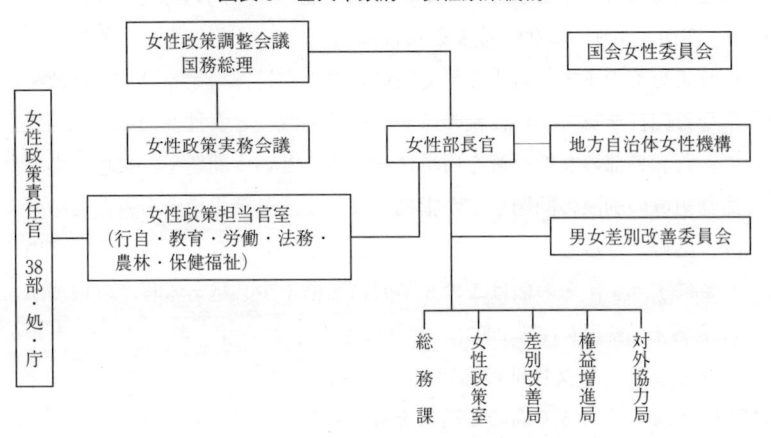

図表3 金大中政府の女性政策機構

```
                 女性政策調整会議                国会女性委員会
                   国務総理
女
性        女性政策実務会議           女性部長官    地方自治体女性機構
政
策
責       女性政策担当官室                         男女差別改善委員会
任       (行自・教育・労働・法務・
官         農林・保健福祉)
38
部             総  女  差  権  対
・             務  性  別  益  外
処             課  政  改  増  協
・                 策  善  進  力
庁                 室  局  局  局
```

のため，その実現を遅らせざるを得なかった。女性部を設置し，人員と権限を拡大するのは，当時の IMF の要求する小さな政府の志向に反するものだったからである。そこで金大中政府は，女性部を新設する代わりに，政務第2長官室をなくして大統領直属の女性特別委員会（以下，女性特委とする）を新設した。女性特委は，大統領との意見交換通路を随時にもつものであるが，規模と行政力の面で微弱なものであった。地方自治団体においても，女性政策担当の総括組織や部署および担当者が設けられるようになった。

より注目したい点は，法務・行自・保健福祉・農林・教育・労働部における女性政策担当官室の新設である。これは，女性政策の主流化 (mainstreaming) のための画期的な発展であった。しかし，女性政策の核心にある部処である女性部が各省の所管事項にタッチすることができず，他方で労働・教育などの各省の女性担当官室が，省の政策の全般的な流れから離れにくいため，ジェンダー問題を可視化するのが難しいという限界ももっている [Kim, Yh 2002: 16]。経済危機を経験した金大中政府が，性・人権問題における成果の著しさに比べ，労働や福祉などの分野では限界をみせたのも，このような機構の構造と無関係ではないと思われる。

経済危機状況がある程度沈静した後，金大中政府は，各部処に散在していた

女性関連業務の統合の必要性にかかわる女性運動界の問題提起をうけとめ，政権後半（2001年1月）に女性特委を女性部に拡大・発展させた。各部処の固有の女性政策をそのまま維持する形で設けられた女性部の業務は，女性政策の企画および方向性を総合する役割のほかに，差別改善と女性暴力・人権問題に限られていた。各部の女性政策を円滑に総括するという問題や，女性部の人員規模と活動領域の制限の問題などが指摘されるが，予算規模からみるとそのような状況に納得せざるを得ない。1998年の政府予算のうち，女性関連予算の比率は0.23％にすぎず，その額はこの5年間に2倍を少し越える程度の増加があっただけである［韓国女性部 2003］。それにもかかわらず，特にナショナル・マシーナリーとしての女性部の発足は，韓国社会において性認知（ジェンダー問題に関する認知）を大きく高める結果をもたらした。

2002年12月には，国務総理を議長とし関連部処の長官で構成される女性政策調整会議と，すべての中央行政機関の室・局長クラスから運営される女性政策責任官制度を導入した。これは，各部処の女性政策を円滑に調整する一方，女性部と女性政策担当官に女性政策が集中してゲットー化することを防ぎ，関連部処との業務連携および調整を柔軟にさせるための試みと理解できよう。

このほかに，行政機構ではないが，国会における女性関連部処間の議案や請願を審査し，女性部の国政監査および予算・決算を予備審査する国会女性委員会（1994年設置された女性特別委員会が廃止された後，2002年に新設）にも注目を払うべきであろう。

（2）法・制度整備および意識改革政策

前に述べた女性政策基本計画の樹立（第1次，1998～2002年）と，推進（第2次，2003～2007年），男女差別禁止および救済に関する法律の制定，国民年金法の改正をはじめ，女性差別を是正する法の制定・改正が持続的に行われた。女性部の報告によると，金大中政府は，任期の5年間に771件の国家法令および地方自治法規を整備した［韓国女性部 2003］。なお，各部処の法令の重複や空白の調整問題が提起されている。

そのほかに，男女差別意識を改革するための生活文化の改善キャンペーンや

公務員意識教育などが行われた。その成果は微々たるものではあるが,持続的に発展を試みる必要がある。

6　女性運動とジェンダー・ポリティックス

韓国近現代史の展開において,社会運動の重要性はいくら強調しても過言ではない。特に,1970年代以降の民主化運動は,韓国の社会発展を導いた動力であった。女性はこのような社会運動のなかでの役割を担いながら,女性運動独自の領域を作っていった [Kim 1999]。軍事独裁の時期に徹底して排除されていた市民社会勢力が,文民政府(金泳三政府)の登場とともに政府機構に直接的・間接的な影響を及ぼすようになり,野党への初の政権交代を達成した金大中政府においても,その影響は少なくなかった[15]。なかでも,女性部と女性政策は,特に社会運動(女性運動)の影響を多く受けた部門である [Seo 1995 ; Park 1999 ; Kim 1996 ; Kong 1998]。

女性運動の影響は隅々にわたっているといえる。なによりもまず,可視的な部分として,政府の女性政策担当者の特性からもその影響がうかがえる。長官をはじめとする女性部の職員,各部処および地方自治団体の女性政策担当官には,多くの人々が女性運動団体から採用された[16]。また,各部処の女性政策関連委員会と政府主催の女性関連政策会議および学術会議には,欠かさず女性運動団体の代表が大勢含まれている。そのほかにも,政府と女性運動団体の間に非公式的な人的ネットワークが形成されていることはよく知られている。政策に関する直接的な圧力も非常に強く働いてきた。女性団体は大統領および国会議員選挙のさい,各候補と政党の女性公約を比較・分析し,選挙にも影響を与え,女性政策基本計画などの新しい政策が行われるさいは,事前に細部にわたる案を作成し女性部に提出してきた [大選女性連帯 2002 ; 韓国女性団体連合 2002]。新たな法案の制定・改正の試案が女性団体から作られることは通例となっている。ジェンダー・センシティブ(性認知的)予算の導入を国会に請願したのも女性運動団体である。労働・福祉分野より,性暴力などの女性独自の問題における女性運動の役割は絶対的ともいうべきであろう。女性学者を含む

専門家の意見が，むしろ女性運動団体を通じて政府に伝わるという現象もしばしばうかがえるのが韓国の現状である[17]。

女性部という機構それ自体が，既存の政府において新たな観点を盛り込んだものであり，また，新たに設けられた機構であることから，社会運動の影響に対し容易にオープンになれたと考えられる。一方，今日における女性政策の様態が，多様な形態に分化するよりも法制度改善に集中している状態や，女性学と女性運動の円滑な協力が発展できていない状況も，このような女性運動の独占的な影響を物語っているといえよう。

女性政策の発展が本格化する時点で女性運動の影響が大きかったことは肯定的に解釈される。しかし，女性政策の長期的な展望を考えるさい，いくつかの問題点を指摘せざるを得ない。女性運動がこのように政策に直接的な影響を与える状態が続くと，政府に対しジェンダー平等の志向点を提示し，圧力をかけるという本来の役割を放棄し，政府とともに実現可能な政策の追求に腐心するにとどまる恐れがある。それは，政府にとっても，政策決定に重要なヴィジョンを提供してくれる資源を失うことにもつながり，それと同時に，女性運動においても，より本質的な問題の追求を軽んじる結果を招くことになるだろう。逆に，官僚の蓄積された行政経験と専門家の知識が運動の論理に圧倒され，政策の専門性を弱める危険性も看過できない。政府と市民団体の協力は，成功に結びつく政策樹立のためには必要不可欠である。しかし，それは各部門の位置づけと役割分担が整っているという前提が満たされて初めて可能となるものであろう。

7　むすびにかえて

金大中政府の女性政策をどのように評価できるか。まず，全般的な拡大と発展をあげられる。法・制度・機構が拡大・整備され，差別改善と女性人権の伸長が相当程度進められた。経済危機を経て萎縮していた雇用，福祉分野は，それ以降展開された社会・福祉政策によって定着しつつあるが，女性労働と福祉が周辺化されるという問題は，持続的な発展を要する部門である。そして，戸

主制の廃止，ジェンダー・センシティブ統計の構築や予算の構成など，まだ多くの課題が残されている。

より根本的には，ジェンダー平等と国家や家庭の発展に関して安易な概念化が行われている点を指摘すべきであろう。第1次女性政策基本計画は，「健全な家庭の具現と国家および社会発展において，男女が共同で参加し，責任を分担する社会システムの構築」を究極の目標としている。しかし，現代韓国社会において，民主化と労使問題などどれだけ多くの問題が，国家・社会・家庭の発展のためという名目の下で犠牲にされてきたかを想起すると，このような目標設定はいかにも安易に映る[18]。つまり，男女平等がなぜ社会発展に必要であり，さらには（ときには葛藤するであろうが），それが究極的にはなぜ社会発展に寄与するかという点に関して，哲学的であると同時に科学的な論議の基盤が薄く感じられるのである。それと関連して，男女の完全なるジェンダー平等を目標とするのか，漸進的で衝突のない社会発展のために相対的な不平等をどの程度まで認めるか，男女の差異の問題をどのように反映していくか，また，女性を政策のなかで扱うさい，暫定的または過渡期的な視点から捉えるか，それとも根本的な視点から捉えるかなど，政策次元における一貫した視角の定立も必要であろう。基本的には女性政策は，女性が家庭と職場を両立しながら，男性と平等に働けることを前提にしている。しかしながら，現状では女性を家計補助的に捉える観点が分散的にあらわれており，女性を出産する存在として画一化したり，それとは逆に，家事や育児が女性の役割とされている現実を無視した政策も共存している。女性政策に関する理論的，実践的研究[19]に基づき，女性に対するより精密な理解のうえに設けられるべきといえる。ジェンダー主流化が女性政策の基本理念になっているようにみえるが[20]，そこにはまず，それに対する体系的な概念定立が行われるべきであろう[21]。このような観点や視点が体系化されず，発展の哲学や長期的な展望が粗末に扱われた点が，金大中政府の女性政策の基本的な弱点だったといえる。

（訳：成　垠樹）

1)　1960～70年代の韓国の女性政策に関しては Hwang [2000] 参照。

2) 韓国女性政策の性格変化を世界女性会議を基準に判断する視点もある [Lee 2001]。国連と韓国女性政策に関しては成 [2003] の付録2を参照。とくに，女性差別撤廃条約との関連では Kang [2000] を参照。
3) 金大中政府は，IMF 危機が始まってから1年半が経過した1999年8月15日に「外貨危機は克服された」と宣言した。
4) 生産的福祉（productive welfare）は，1995年3月金泳三政府が社会政策に関する包括的な改革を試みながら唱えた名称である。しかし，政治的修辞にとどまっていた生産的福祉が，文字通りに経済成長に寄与する福祉政策としてその内実を図られ，機動力を発揮できるようになったのは，危機以降の金大中政府においてであった。その他，金泳三政府と金大中政府との差異に関しては Song [1999] を参照。
5) 第1次女性政策基本計画に基づき，女性部は2003年1月にこれまで5年間の女性政策の成果を評価しながら，次の8つの内容に分けている：女性政策推進の制度的基礎枠の整備／男女差別的法と制度，意識および慣行の改善／女性の代表性増進／女性の雇用安定と拡大のための支援強化／女性の人的資源の開発と活用／多様な女性福祉基盤の拡充／女性の社会・文化活動支援／国際協力と統一への女性の寄与拡大。一方，最も影響力のある女性団体のひとつである韓国女性団体連合は，金大中政府の女性政策を，女性政策専門担当機構／女性代表性問題／予算問題／福祉／ジェンダー／労働問題に区別して評価している。
6) これに関してみられる否定的な評価に関しては，Roh [2001]，民主労働党政策委員会 [2001] などを参照。
7) イギリスなどでは青年に特化した失業対策を施行したが，金大中政府においては，そのような特化政策はなかった。
8) 政策立案時に，政府内での少なくない反対もあって，5000万ウォン（500万円相当）という限度額が設けられた。
9) このような失業対策を通じて，1998年に5.6％だった女性の失業率が，2002年には2.5％にまで減少した。
10) 1年未満の短期契約勤労者，短時間勤労者，在宅勤労者に対する勤労基準法の適用指針，建設日雇い勤労者の保護指針が2000年に施行されただけである。
11) 男女雇用平等法および男女差別禁止法を通じて行われている。
12) 公式的な法・制度にはあらわれないが，ジェンダー平等の政策施行を妨げる「間接差別」の状況が多々あり，金大中政府ではこれに注目して1999年男女雇用平等法に間接差別規定を導入した。
13) 女性運動界の長年にわたる努力の結果として1994年に制定された。
14) IPU が2001年177ケ国を調査した結果，女性委員の比率順位は，韓国が94位であった [Oh 2002: 47]。
15) このような状況は「市民運動の政治」という用語で表すこともできる [Kim, Ym 2002: 113]。
16) 初代，そして第2代女性部長官すべてが，韓国女性団体連合の常任代表出身であるこ

とは，そのことを象徴的に表している。
17) 女性運動界は，女性学界との協力を試みたが，今では，運動団体自ら委員会や研究所を設立し，専門家を集め，早急な対応が求められる問題に対する政策案を作っている。
18) 今後の韓国の女性政策は，国家発展パラダイムの克服から出発しなければならないという主張もある [Cho 2001：6]。
19) 日本の女性政策に関する実践的な研究に関しては，大沢 [2002] を参照。
20) 女性の主流化と，性観点（ジェンダー・パースペクティブ）の主流化が入り混じって使われている。
21) 1995年の世界女性会議（北京）において，ジェンダー主流化は，「体系的な手順とメカニズムの両性平等に向かう跳躍を意味し，ジェンダー・イッシューを主に政府と公共機関のすべての意思決定と政策実行において考慮すること」であると定義された [Kim 2003：7]。

【参考文献】

大沢真理（2002）『男女共同参画社会をつくる』日本放送出版協会。
韓国女性部（2003）『男女がともにする健康な社会：国民の政府年女性政策の成果』。
韓国女性団体連合（2002）『韓国女性団体連合「2次女性政策基本計画」試案』。
韓国女性団体連合（2001）『金大中政府女性政策3年評価および政策提案のための討論会』。
黄晶美（2003）「韓国女性政策の展開過程」山口大学経済学会『東亜経済研究』第61巻第4号。
成垠樹（2003）『民主化以後の韓国社会政策——ジェンダー視点からの検討を中心に』東京大学大学院人文社会系研究科修士論文。
大選女性連帯（2002）『第16代大統領候補女性公約比較評価』。
民主労働党政策委員会（2001）『金大中政府3年評価と代案』イフ。
Cho, Eun（2001）「21世紀女性政策の新しいパラダイム」韓国女性開発院『2010韓国女性政策 VISION』。
Chung, Chin-sung（2001）「軍加算制度に関する女性主義観点からの再考」『韓国女性学』17（1）。
Eom, Kyu-sook（2002）「女性と国民年金」韓国女性政策研究会『韓国の女性政策』未来人力研究院。
Hwang, Jeong-mee（2000）『開発国家の女性政策に関する研究』ソウル大学社会学科博士論文。
Kang, Nam-shik（2000）「UN 女性差別撤廃条約20年と韓国女性の地位向上」韓国女性団体連合代案社会政策研究所『UN 女性差別撤廃条約20年と韓国女性運動の課題』。
Kim, Eun-kyung（1996）「韓国の女性政策形成過程に関する分析」延世大学政治学科修

士論文。
Kim, Kyung-hee（2003）「両性平等概念と政策議題の主流化のための試論」韓国女性学会3月月例発表会。
Kim, Yang-hee（2002）「第2次女性政策基本計画推進戦略」韓国女性部『女性政策討論会』。
Kim, El-lim（1996）『女性発展基本法の内容と課題』韓国女性開発院。
Kim, Yeon-myung（2002）「社会福祉改革の社会的葛藤の構造」ソウル大学社会発展研究所『韓国の民主化と社会葛藤』。
Kim, Young-jeong（1999）『1980年代韓国女性運動の性格に関する研究』淑明女子大学女性学協同課程修士論文。
Kong, Sung-min（1998）『女性運動が女性政策に与える影響研究』建国大学政治学科修士論文。
Lee, Bong-hwa（2001）『韓国と日本の女性政策に関する比較研究』ソウル私立大学行政学科博士論文。
Oh, Yu-seok（2002）「女性と政治」韓国女性政策研究『韓国の女性政策』未来人力研究院。
Park, Eun-sook（1999）『女性政策形成過程における女性団体の役割』慶北大学行政学科博士論文。
Park, Young-ran ほか（2001）『社会保険制度の女性需給現況および改善方案研究』韓国女性開発研究。
Rho, Jung-gi（2001）「金大中政府の労働政策」民主社会政策研究院『民主社会と政策研究』ハンウル。
Seo, Myung-sun（1995）「女性と社会活動」政務長官室『韓国女性発展50年』。
Song, Ho-keun (2003) "Globalization and Social Policy in South Korea: The Politics of social Protection and Structural Adjustment," Ruschemeyer ed., *Globalization and Social Policy*, Princeton University Press (forthcoming).
Song, Ho-keun（1999）『政治なき政治時代：韓国の民主化と利害衝突』ナナム。

7章 韓国社会保障システムの財政的安定性と政策的措置

朴　純一（前・韓国保健社会研究院長）

1　経済危機と社会保障支出の増加

　韓国の社会支出の大きな部分は，1997年の経済危機以前には，社会保険支出に振り向けられていた。しかし，社会支出の規模は先進諸国と比べればきわめて少ないものにとどまっていた。他方，危機以降の社会支出は，現金給付，公共的就労事業（public works），失業給付，公的年金と医療保険への支出が大規模に増加したために急速に上昇した。その結果，1999年での社会支出のGDPに占める割合はほぼアメリカや日本の水準にまで上昇し，高齢化の進展と歩調を合わせて今後も上昇していくと見込まれている。このような社会支出の急速な拡大は，維持可能な（sustainable）水準とこれからの世代の負担能力（affordability）を越える可能性がある。

（1）1997年経済危機以降における社会的セーフティネット支出の劇的な増加
　OECDメンバー国である韓国は，1995年，1996年に1人当たり国民所得が1万ドルを超え，1997年の経済危機以前に，先進工業国になったといわれていた。1980年頃から始まったグローバリゼーションの波は，韓国経済が経済危機を経験した1997年の11月までは，深刻なイシューではなかった。しかし経済危機と，グローバリゼーションの過程によりうまく適応するための政府・民間部門双方のリストラクチャリングの取り組みがあいまって，未曾有の景気後退が労働市場および中・低所得階層を襲った。
　記録的な6.7％のマイナス成長を経験した1998年の短期間に，劇的な変化が

継続的に韓国経済に生じた。深刻な不況は1998年に1人当たり国民所得を6744ドルにまで減少させ，2002年になってようやく以前の1万ドル水準にまで戻ったのである。政府の財政収支は，1996年の1兆990億ウォンの黒字から1998年の18兆7570億ウォンの赤字にまで悪化したが，それは主として金融倒産の危機にあった大規模企業と銀行の構造改革のために費やされた補助金の増加によるものであった。さらに，一般会計，特別会計と政府基金を含む実質的な国の純財政収支 (real national net budget) は，1998年以降，年次予算が黒字に転じた2000年以降でも赤字になっている。

以上のような経済の下降の余波は，韓国社会のあらゆる方面に劇的なインパクトを及ぼした。第1に，失業率は危機の勃発以来毎月記録を更新し，1996年の2.0％から1998年2月にはピークの8.6％に達した。ただし，1998年末から経済は急速に回復し，2002年の失業率は3.1％にまで下がっている。長期失業者，つまり，6ヶ月以上の失業を経験している人の割合は，1998年1月の5.6％から2000年10月の15.8％へと直線的に急激に増加したが，それ以降は14％台にとどまっている。不規則労働者 (irregular workers)――雇用契約1年未満の一時的労働者 (temporary workers, 1999年で66.5％) と日雇労働者 (daily workers, 33.5％) から構成されている――の割合は，1995年の42.0％から，1999年の51.7％，2000年の52.4％へと増加した。

都市労働者の貧困率――これが毎年，また，4半期ごとに収集されている唯一のデータである――は，1997年の3.5％から1999年には8.4％へと急上昇し，その後2002年の4.3％へと低下した。1999年に計測された最低生活費は，貧困ラインより低い水準の範囲にとどまっている可能性がある。

経済危機はまた所得分配の状況を悪化させ，ジニ係数は1996年の0.335から2000年には0.386に上昇した。このジニ係数は，危機以前を上回る水準で高止まりしている。第10・十分位（トップ10％――訳者）の所得が第1・十分位（ボトム10％――同）の所得に対する倍率は，1996年の6.76倍から2002年の8.32倍へと上昇した。大部分のOECD諸国ではその倍率（1994年）は，アメリカの6.42を例外として，4倍を下回っているのである。

経済危機の社会的インパクトは，深遠で長期にわたる痕跡を社会構造に付与

7章 韓国社会保障システムの財政的安定性と政策的措置

図表1 社会保護の制度別予算支出と受給者数（1998〜2002年）

単位：10億ウォン，千人

	1998		1999		2000		2001		2002	
	予算	受給者数	予算	受給者数	予算	受給者数	予算	受給者数	予算	受給者数
総計	56,672	4,320	92,400	5,744	59,407	3,616	60,204	3,172	57,794	2,937
◇雇用安定	1,224	781	4,832	667	3,663	445	3,665	568	3,196	475
◇雇用創出	10,444	438	26,218	1,525	13,207	886	6,750	575	5,819	515
◇職業訓練と職業紹介	3,011	386	6,868	399	4,305	222	4,797	229	4,396	224
◇公的扶助	35,593	2,697	54,482	3,153	38,232	2,063	44,992	1,800	44,410	1,723
失業手当	8,500	441	15,012	463	10,109	304	8,737	374	9,456	363
失業者への貸付	7,500	109	11,382	99	2,761	11	3,559	5	920	?
生活保護	13,971	1,160	14,531	1,175	17,090	893	32,696	1,421	31,034	1,382
一時的生活保護	2,588	599	8,616	893	6,046	652				
その他	3,644	388	4,941	523	2,226	203	—	—	—	—

することになる。さまざまな社会問題が個人の生活の質の面で生じた。ホームレスの人々の数が数倍になった。また，家族の解体，離婚率，少年非行が増加した。韓国政府はこれらの深刻な結果に対して迅速な対応処置を数多く講じ，種々のプログラムに前例のないほどの額の予算を投入した。

(1) 公的扶助支出の未曾有の増加

政府予算のもっとも著しい拡大は公的扶助プログラムに帰せられる。旧生活保護法（the old Livelihood Protection Act）にとって代った新しい国民基礎生活保障法（the new National Basic Living Security Act, 2000年10月施行）は，1997年〜2002年に給付や多くの現金給付プログラムをそれぞれ3.0倍，3.75倍に増やした。医療保護のための予算はそれと同程度に増加し，今後も大幅に増え続ける可能性がある。雇用保険制度および国民年金制度の基金も動員され，失業している貧困者に対してローンを提供するようになった。その他にも，失業女性，日雇建設労働者，新規労働市場参入者に対して，特別支援プログラムが施行された。

(2) 積極的労働市場政策と雇用保険制度の充実

1998年5月，政府は失業者を保護するための数多くの大規模プログラムを開始し，いくつかの主要プログラムに多額の資金を投入した。公共的就労事業プロジェクト (public works project) はそのなかでも最大のもので，失業している貧困者の生計を安定化するために施行されたものである。公共的就労事業プロジェクトは失業率を減らすだけでなく市場の需要を増加させるのに非常に効果的であった。その他の積極的労働市場政策も強化されて，失業者や貧困者の家計に対してスキルを向上させ，職を見つけ，所得を増やすための機会を提供した。

現行の社会保険プログラムは1998年以降一貫して強化されてきた。雇用保険基金は，不十分な政府予算を補足するもっとも重要な手段となり，新しい失業貧困者を支援する事業に乗り出した。同プログラムはほとんどの事業所の労働者をカバーするように拡大され，1年という短い期間に限って以前より多額の給付を支給した。その結果，1998年の雇用保険支出は1997年の9.9倍に達し，手当受給者数は5.4倍に増加した。支出でもっとも急増したのは雇用サービスプログラムであり (15.2倍)，次いで，失業手当 (11.9倍)，職業再訓練 (6.4倍) であった。受領者数 (the number of beneficiaries) がもっとも増加したのは，失業手当であり，雇用サービス，職業再訓練がそれに次ぐ。失業手当受給者数は1997年から1999年の間に6.5倍になった。そして，雇用サービスを受けた人，再訓練プログラムを受けた人は，同じ期間にそれぞれ，5.7倍，4.9倍になった。1999年時点で雇用保険基金のなかで，失業手当が支出総額の60.6％，職業訓練が27.5％を占めている[1]。

(3) 年金と医療保険支出の増加

社会保険制度は2001年で社会保障支出の45.4％を占めている。これに対し，税収入によるものは24.9％，民間部門 (private sector) は29.6％である。民間部門の伸びはもっとも大きく[2]，退職金 (severance benefits) が急激に増加している。

しかしながら，福祉支出の増加をもたらした重要な要因の一つは公的年金制

度である。公的年金は社会保険支出のなかでもっとも急激に増加した構成要素である。公的年金支出は1997年の5兆5400億ウォンから1999年には12兆9500億ウォンへと増加し、公務員年金制度（the Civil Servant Pension）の支出は1997年2兆8000億ウォン、2002年7兆2700億ウォンへと螺旋状に増加している。その他の年金制度である私学教職員年金（the Private School Teachers' Pension）および国民年金（the National Pension）への支出も、同じ期間に、それぞれ894億ウォン（2.24倍）、387億ウォン（2.61倍）へと増加している。そのような増加は大部分、1997年経済危機後の経済的リストラの措置に伴って増えた失業者と年金生活者数に拠るものである。公務員年金制度の給付水準の上昇は1998年と2000年の2度にわたる資金の枯渇（depletion of the fund）を招き、そのため2000年末には一時しのぎの埋め合わせ策（stopgap measures）として保険料率が15％から17％へと引き上げられることになった。しかしながら、この当座しのぎの措置では、もし33年の拠出歴をもつ受給権者に対する76％という現行所得置換率が維持されるならば、新たな枯渇を避けることができない。私学教職員年金と基礎年金制度もこうしたことの例外ではない。韓国は一方での保険料拠出率の引き上げか、他方での適正水準への置換率の引き下げかという岐路に立っている。

国民健康保険制度——これは社会支出全体の29.9％という最大の比率を占めている——の赤字の事態は急を要しており、2000年以降、政府と社会の悩みの種となっている。1996年以降の赤字累積額は加速的に増え、1999年には8690億ウォン、2000年には1兆ウォン、2001年には2兆8000億ウォンに上っているが、それは主として医療サービス料金や高額医薬品の処方の増加と過剰医療行為（excessive medical treatment）に拠るものである[3]。

1990年代半ばに至るまで、政府の福祉支出は必要と考えられる水準の3分の1程度であったと見積もられる。しかしながら、1997年から、GDPのなかから社会支出に振り向けられる割合が増加した。OECD基準によれば、韓国の社会福祉支出がGDPに占める割合は1997年から急速に増加し、1999年には9.8％に到達した。この水準は1996年およびそれ以前のほぼ2倍である。1998年にはその割合は、大部分失業数の減少によって（そのため退職金支払いのため

図表2　GDPに占める社会支出の割合（OECD諸国）　　単位：％

	1990	1991	1992	1993	1994	1995	1996	1997	1998	1999
韓　　国	4.25	4.02	4.39	4.48	4.68	5.05	5.29	6.46	10.86	9.77
オーストラリア	14.37	15.53	16.51	16.80	16.55	18.09	18.27	18.74	18.86	17.74
オーストリア	26.00	26.28	26.90	28.24	28.92	28.81	28.80	27.87	27.62	—
ベルギー	25.85	26.60	26.79	28.33	27.73	26.74	27.16	25.98	26.30	—
カナダ	18.25	20.64	21.28	21.21	20.17	19.23	18.41	17.84	18.03	17.31
チェコ共和国	16.81	18.18	18.52	19.02	18.99	18.64	18.59	19.41	19.42	20.34
デンマーク	29.79	30.59	31.13	32.77	33.43	32.85	32.13	31.03	30.10	—
フィンランド	24.78	29.91	33.92	34.06	33.20	31.40	31.12	28.87	26.67	—
フランス	26.45	27.09	27.88	29.34	29.07	28.98	29.31	29.27	28.82	—
ドイツ	21.74	25.79	27.21	27.95	27.67	28.28	29.52	28.95	28.48	—
ギリシャ	21.64	20.88	19.98	20.91	20.95	21.15	21.83	21.92	22.73	—
アイスランド	—	—	—	—	19.33	19.88	19.49	19.37	19.64	—
アイルランド	19.02	19.80	20.12	20.05	20.21	19.62	18.52	17.16	15.77	—
イタリア	25.04	25.71	27.06	27.18	27.01	25.19	25.76	26.29	26.42	—
日　　本	10.97	11.12	11.64	12.28	12.90	13.73	14.20	14.64	15.05	—
ルクセンブルク	21.74	22.22	22.48	23.03	22.58	23.30	23.51	22.33	22.09	—
メキシコ	3.23	3.58	3.93	4.24	4.68	7.44	7.54	8.02	8.22	8.23
オランダ	28.29	28.45	28.89	29.13	27.58	26.64	25.29	24.88	23.90	—
ニュージーランド	22.53	22.56	22.40	21.02	19.90	19.32	19.67	20.76	20.97	19.97
ノルウェー	27.16	28.37	29.53	29.15	28.87	28.56	27.64	27.23	28.16	—
ポーランド	16.19	23.02	27.31	26.64	25.44	24.74	24.86	24.21	22.83	23.27
ポルトガル	14.05	15.02	15.71	17.23	17.40	17.87	18.56	18.20	18.60	—
スロバキア共和国	—	—	—	—	14.09	13.86	13.57	14.01	14.32	
スペイン	19.29	20.01	20.89	21.71	21.53	20.94	20.92	20.16	19.71	—
スウェーデン	31.02	33.18	36.39	37.18	35.61	33.39	33.28	32.61	31.47	—
スイス	19.80	21.28	23.35	25.18	25.44	26.20	27.53	28.54	28.28	—
トルコ	6.44	7.99	7.35	7.19	7.86	7.46	10.41	11.72	11.59	14.31
イギリス	21.74	23.57	25.93	26.67	26.30	26.03	26.09	25.66	25.07	—
アメリカ	13.89	14.97	15.67	15.86	15.85	15.87	15.73	15.31	14.96	14.68

出所：韓国保健社会研究院
注：1）教育支出と住宅支出は除外されている。
　　2）韓国の2000年, 2001年の割合はそれぞれ9.13％, 8.70％。

の支出が縮小した），10.86％とやや低下したが，急速な増加であることには変わりがない。1998年の韓国の福祉支出が GDP に占める割合は1990年の日本に相当する。韓国と日本の経済力の間には20年の差が存在することを考慮に入れれば，韓国と日本との間の福祉支出のギャップは急速に縮まりつつあるといえる（図表2）。

（2）社会支出の現実値と必要値の間のギャップの縮小

過去数年間，韓国は種々の社会的・経済的変化に対応して，社会的セーフティネット構築に向けた画期的な一歩を踏み出してきた。それにもかかわらず，社会福祉の専門家たちは OECD 諸国と比べて韓国の社会支出が低いということをあまりにも強調しすぎている。社会支出の最適水準を見出し，定義することは容易なことではない。その最適水準は1人当たり GDP が1万ドルを上回り始めた頃に先進諸国が社会福祉の経済的維持可能性に及ぼす負のインパクトを懸念し始めた時期の社会支出の水準に基づいて算定できるであろう[4]。したがって，1人当たり GDP が1万ドルの経済に及ぼす社会福祉の負の影響を検討する際に，適切な社会支出の水準は，1976～1982年（この時期に主要先進諸国の1人当たり GDP が1万ドルを超え始めた）の時期の国連データ[5]を用いたモデルに基づいて推計される。データは22ヶ国をカバーしている[6]。推計モデルは次のとおりである[7]。

$$ST/GDP = 8.22 + 0.00099\,PGDP + 7.18\,D$$
$$(4.86)\quad(5.65)\quad\quad(4.62)$$
$$F = 27.4 \quad R\text{-squared} = 0.28 \quad \cdots\cdots(1)$$

上の ST は社会支出総額[8]，PGDP は1人当たり GDP のことであり，変数 D は1980年のオイルショックが社会支出に及ぼした影響を考慮するためのダミー変数である。推計された係数は統計的に有意である。

韓国を除く OECD 21ヶ国における社会支出／GDP と比較するために，国連データと比較可能な1980～1989年の時期について同じ推計式を適用した。PGDP 変数は GDP デフレータを用いて1980年価値に変換されている。時間効

図表3　適正な政府福祉支出の予測（GDP に占める割合）

1人当たり GDP	$10,000	$20,000	$30,000
UN（1976～82年）	11.2%	14.0%	16.9%
ODEC（1980～89年）	13.2%	14.0%	14.8%
（平均）	(12.2%)	(14.0%)	(15.8%)

注：UN Statistical Yearbook による（22ケ国）。

果は時間ダミー変数をいれてコントロールされている（1981年 D 81, 1982年 D 82, ……1989年 D 89, 1980年が基準変数である）。福祉国家の類型もまた，リベラル諸国の LIB, 社会民主主義諸国の SDE, ドイツ，フランスなどに対する基準変数といった類型変数（type variables）を通してコントロールされている。推計式は統計的に有意であるようである。

$$ST/GDP = 15.70 + 0.000298 + 1.05D81 + 1.99D82$$
$$(14.4) \quad (4.61) \quad (0.86) \quad (1.63)$$
$$+ 2.34D83 + 2.40D84 + 2.85D85 + 2.38D86$$
$$(1.91) \quad (1.95) \quad (2.32) \quad (1.96)$$
$$+ 2.18D87 + 1.78D88 + 0.90D89 - 5.37LIB + 7.92SDE \cdots\cdots (2)$$
$$(1.81) \quad (1.47) \quad (0.74) \quad (8.89) \quad (10.38)$$
$$F = 30.5 \quad R\text{-squared} = 0.65$$

推定式(1)，(2)が現在と今後数年間の韓国についても妥当すると仮定した上で，1人当たりGDP＝1万ドル（名目）における社会支出の適正な水準を推定した。また，1人当たり GDP の1980年での価値を，1万ドルの1980年時点の値（つまり2902ドル）の2倍，3倍に仮定することによって（このことは2002年価値で2万ドル，3万ドルの1人当たり所得を評価することである），1人当たりGDP が2万ドル，3万ドルの場合の適正社会支出水準を推定した。

韓国が1万ドル水準を回復した2002年時点で GDP に占める現実の社会支出の割合が，適正と考えられる水準よりも3〜4％低いということが判明した。1人当たり GDP が2万ドル，3万ドルの時期における適正な社会支出の水準は平均してそれぞれ14.0％，15.8％であると見積もられる。したがって，1998

年以降の社会福祉の拡大には顕著なものがあったが，以下の2つの点からして不十分であると考えられる。1つは，1980年前後の OECD 諸国との比較の観点からしてであり，もう1つは多くの韓国国内の社会福祉専門家が適正水準について論じている観点からしてである。

2　高齢化社会成熟期にみられる社会保険システムの財政的不安定さ

韓国の高齢化の過程は日本のスピードを上回り，もっとも速いと考えられている。韓国の高齢化率は2000年7.2%，2002年8.3%であるが，2019年には14.4%になる。要約すれば，韓国は19年という短い期間に高齢化社会（an aging society）から高齢社会（an aged society）へと移行していく。ちなみに，日本はその移行に24年，ドイツは40年，イギリスは47年を要したのである。1997年経済危機の影響と併せて，人口構造の変化は韓国の合計特殊出生率を急速に低下させた（2003年1.19）。そして平均寿命は，人生の健康な時期の伸長と並んで，1981年の66.2歳から1997年の76.5歳へと伸びた。

さらに，家族の構造が1997年経済危機を経験してその基礎が掘り崩され，また，侵食され，その結果，さまざまな社会問題を生み出した。数例をあげれば，離婚率の継続的な上昇，核家族化，子どもへの過保護，少年非行事件の増加などであり，これらには速やかな注意が払われたうえで対策が講じられるべきである。

韓国の離婚率の上昇もまた日本よりも進行が速い。1970年以降の25年間での韓国離婚率の平均上昇ペースは，1930年以降50年間の日本の平均上昇率とほとんど同じである。1997年経済危機により韓国の離婚率は2.5%に上昇し，その後，多かれ少なかれコンスタントにその水準にとどまっている。そのような高齢人口と離婚率の上昇は，不可避的に，脆弱な貧困者（the vulnerable poor）の割合を高め，それに比例して，社会保障受給者数を増やす。さらに，経済危機以降の大量失業者は家族のさまざまなトラブルの引き金となり，社会的変動をもたらしている。

急速な高齢化と，将来における社会保険支出増加への期待と脆弱なグループ

の福祉需要の増加が予想されることがあいまって，財政的安定性の問題が懸念されるイシューになっているように思われる。現在の財政収支は1997年経済危機後に赤字に転じ，1997年に財政赤字は支出の10.8％に至った。2000年には財政収支は黒字（2.5％）に再び転じたが，OECDのEconomic Outlook［2001］によれば2050年には赤字が7.7％になると予測されており，この数字は大部分のOECD諸国に比べてより厳しいものである[9]。つまり財政赤字増加のペースはその他のOECD諸国を上回っているのである。国民負担率（税＋社会保険料／GDP）も1998年の22.9％から2002年の28.0％へと急増している。これらの変化はまた，国の累積債務のGDPに占める割合を高めている（1993年11.8％，2002年21.2％）。ただし，国の累積債務の割合は他のOECD諸国よりも低くなっている。こうした将来における財政的不安定性には2つの社会保障プログラム――医療保険と年金保険――が決定的に重要な役割を果たしている。

（1）国民健康保険制度における財政的不安定さの展望

　国民健康保険制度はすでに1996年以降赤字になっている。もっとも2003年からは黒字が予想されている。そのような財政不均衡を是正することは容易ではない。というのも，ただ単に生活水準の向上だけでなく，高齢者の急増により医療サービスへの需要が増すためである。ある分析［Kim 2003：21］によれば，韓国の医療費のGDPに対する弾性値はOECDの1.0よりも高く1.21である［Yooほか 2003］。医療支出はGDPよりも早く増大するのに対し，医療収入はGDPの成長率に釘付けされている。高齢化はまた，長期的な医療支出の増大にとって決定的である。Yoo［2003］は，高齢化（65歳以上）変数がGDPに占める医療支出の割合を2001年の5.9％から2050年の26.9％へと引上げると分析している。ちなみに，Yoo［2003］によれば，社会支出に対する高齢化の寄与率は1人あたりGDPの寄与率の1.16～1.75倍となっている。さらに，医師会およびその関連団体は，政府をして診療報酬を引き上げさせることが可能なほど強力になりつつある。政府は健康保険料を現実的な水準に引き上げる十分な能力をもっていない。

　したがって，国民健康保険は保険料引き上げやその他の財政上のやりくりを

動員する緊急の必要性に直面してきた。韓国の国民健康保険の保険料率は「低保険料と低給付水準」制度を維持してきた結果，先進諸国の水準の4分の1〜3分の1と考えられる[10]。その一方で，韓国は現金支払（out-of-pocket payment）の点で，OECD諸国の中でもっとも抜きん出ている。2003年に発表されたOECDのレポートによれば，総医療費に占める現金支払の割合はOECD平均では28％であるのに対して韓国では56％を占めている。

（2）公的年金制度における維持可能性（サステイナビリティ）の危機と展望

公的年金制度も社会支出の財政的不安定性を増幅する可能性がある。もっとも重要な問題点の1つは公務員年金であり，その収支は1995年以降赤字化している。しかも，現在の保険料と給付のルールでは近い将来一層の赤字を生む。軍人年金の基金はすでに枯渇してしまい，1999年には総支払額の56.3％に当たる5650億ウォンの政府からの補助金を必要とした。私学教員年金制度は2007年には予算不足に陥ると予測されている。

国民年金制度（NPS）もまた2008年以降，受給者数と給付支出の著しい増加が見込まれている。加入者に対する受給者の割合は2002年には4.5％であるが，2010年には13.3％，2030年には41.9％になる。そして，現在の年金支出はGDPのわずか2.1％であり，OECD平均（7.4％）を大幅に下回っているが，2050年にはそのときのOECD平均の10.8％に近い10.1％に達する。基金積立金の非効率的な運用も問題である。というのも国民年金は2000年にはGDPの11.7％に相当する60兆ウォンの積立金を蓄積しており，2030年までにその積立金は増加しそのときにGDPの47％に達する。しかし，長期的には，2046年までに国民年金基金の枯渇が不可避であり，その後徐々に基金は累積赤字を増やし，その額は2060年にはGDPの38％に達する。

国民年金制度は，とりわけ都市部住民の間での違法な加入忌避に関する多くの問題を抱えている。非加入率はほぼ50％に達しており，それは主としてかれらの正確な所得水準を把握することの困難性に起因している。そして，都市部の年金保険制度は，都市部年金プログラムが創設された1999年時点で，申告所得が低いために全対象者の54.5％の保険料負担を免除している。対象人口の

28.5％もの人がその時所得を申告しなかった。かれらの大多数は失業者もしくは自前の自営業者であると考えられている。支払い保険料を年金給付が上回る現在の構造の下でこれら排除されていたグループを制度にカバーしていくことは，国民年金制度の財政上の不均衡をより悪化させることになるであろう。

こうしたことは賦課方式の下で将来世代が保険料を負担することが果たして適切で可能であるか，また，将来世代が果たして負担をしてくれるのかどうか，という問題をもたらす。現在の勤労世代の保険料負担をそのままに維持することは，将来の勤労世代の負担率が20％に引き上げられることを意味する。将来の勤労世代の負担を負担可能な水準に引き下げるためには，（所得）置換率を引き下げる必要がある。これらすべての問題は，社会的公平性の問題と密接に関連しており，現在の中心的な社会的関心事である。

韓国の現在の福祉システムは，とりわけ社会保険の支出が増加している時代にあっては，やがて高福祉高負担を伴う福祉依存をつくり出すという意味で欠点をもっている。韓国の場合，全体として，人口高齢化の過程と社会保険支出の非弾力的な傾向は，年金予算だけでなく高齢人口層の医療費に関しても顕著になることが予想される。Paik [2003] は，1991~98年の OECD 諸国にあって高齢人口変数と社会保障支出との間に高い相関関係（0.809）があることを明らかにした。とりわけ，社会保障支出のなかの社会保険の部分が高齢化変数と高い正の相関関係をもっている。2003年現在，65歳以上層の1人当たり医療費は非高齢層の2.8倍になっている[11]。そして高齢者医療費は1990年には全医療費の10.8％にすぎなかったが，2002年には19.3％へと上昇した。そしてその間，医療費は16倍の3兆7000億ウォンになった。医療費は2011年には12兆4000億ウォンになると予測されている。

企業部門における福祉負担の増大——それは退職者のための多量の退職金支払いである——という問題がある。労働市場のフレキシビリティを増すという現在進行中の政策措置は，退職金支払い額を増やすことになり，また，退職一時金支払いを新しく企業年金へ転換するという努力は容易には実現しそうにない。というのも，現状では労働組合がそれに強く反対しているからである。また，国民健康保険の赤字はここ当分続くものとみられる。というのは医療，

薬品部門がレント・シーキングな行動を続けるためである，また，それに加えて国民の福祉ニーズも所得が上昇し高齢化が進展するに伴って加速度的に増える。これらすべてのことは，経済の成長と福祉支出との間のバランスをみつけるという挑戦的な課題を突きつけている。

3 社会支出の財政的安定化のための政策的措置

（1）福祉予算の拡張と最適福祉コストの追求

韓国の社会支出は過去数年間，著しく増加した。しかし，退職給付・手当を除けばGDPに占める社会支出の割合は1999年でもまだ6.7％と低く，この割合は1990年時点のイギリスの3分の1，アメリカの2分の1，ドイツの4分の1よりも低い。韓国におけるこうした不十分な福祉の原因は，非効率的なガバナンスのためではなく，予算制約に帰せられるものであり，政府の福祉予算はもっと拡充されるべきである。

しかし，社会保障支出の近年の増加ペースはかなり速く，今後10年間にGDPの10％以上を占めることになる。さらに，とりわけ年金，医療保険において予想される今後の財政不足問題により，今の社会保険給付の水準を維持するためには，平均給与のおよそ30％ほどの勤労税率（payroll tax rate）に引き上げることを余儀なくされる。しかし，このことは私たちの経済に対して負のインセンティブを課す。このことへの懸念から，関係研究機関および政府機関の間で長い間，論争が行われてきた。また，社会保険ファンドを経済成長と両立できるような水準――たとえばGDPの15～20％――に医療費や年金給付を抑える方途を探る試みも行われてきた。民営化（privatization）がそうした話題の1つである。

（2）ワークフェア政策の強化

貧困者および貧困に近い人たち（the poor and near-poor）の割合は経済の回復後もかなり高く，失業率も危機以前の時期に比べて高い。政府は生産的福祉（productive welfare）を重視したが，解決されるべきいくつかの重要な問題が

残っている。第1に，多数の仕事場（workplaces）が，福祉依存を減らすために，貧困者と貧困に近い人々に提供されなければならない。公的サービス (public services)[12]——これは社会的，経済的に生産的であるが民間市場では提供されない——は，新しく創設された仕事場にとって重要な領域になるべきである。ヘルスケアや高齢者，子どもへの対個人サービスなどの仕事場が，政府の補助によって適正な利潤を生むものとして創設されるべきである。ある調査によれば，国民基礎生活保障プログラムの受給者の40.1％が現金給付と並んで仕事を欲している［Bark 2000(1)］。そして高齢者，女性——かれらは主たる福祉受給者であり経済を活性化するのに貢献できる——が，仕事場に参加するのを刺激するために，現金and/or現物給付が決定的に重要である。

第2に，所得分配の悪化の主要原因は失業と雇用不安にあることが判明している［Bark 2000(2)］。また，経済危機の影響は若い世代により深刻であった。職業再訓練とIT産業を含むリーディング産業への転換がとりわけ若い世代にとっては重要である。

第3に，国民基礎生活保障制度における補足給付システムにあっては，最低生活費を上回る労働所得にかかる実質的な税率が高いので，労働能力のある労働者の労働に強い負のインセンティブを与えてしまう。公的扶助政策は，労働能力のある人にも支払われるようになっている。したがって，現金給付によって惹き起こされる負の労働インセンティブは，自助努力を刺激するような効率的な制度設計によってコントロールされなければならない。

（3）年金保険政策

9％の保険料率で60％の置換率という現在の国民年金制度のもとで，基金は2036年までに赤字になり，2047年には枯渇すると予測されている。政府は2003年末，国民年金法の改正に失敗した。その内容は，平均的労働者の置換率を50％にし，徐々に保険料率を上げ2030年までに15.85％にし，もって少なくとも2070年まで基金の枯渇を遅らせるものであった。

政府は1998年に国民年金制度全体についていくつかの大きな改革を行った。第1に，受給開始年齢を2013年に1歳引き上げて61歳にし，それ以降5年に1

歳引き上げ2033年には65歳にする。第2に，所得置換率を70％から60％に切り下げる。第3に，財政安定化のため金融会計勘定を導入する。第4に，国民年金ファンド運用委員会の委員数が，被保険者代表が3人から12人に増員されて，全部で15名から20人に増やされた。さらに，政府は保険料率を9％からおよそ18％に引き上げ，また，所得源泉の捕捉能力を高める方途を探ることなどを計画している。

　年金モデルもまた，内部的で限定的な改革と構造的な改革という，2つの広いカテゴリーの間で議論されている。後者は世界銀行およびILOによって推奨された多柱制度（the multi pillar scheme）を含んでいる。しかし，政府は，現行システムの限定的な調整（the parametric adjustment）を選好したが，それはやがてやってくる財政的不安定さを除去できない。

　多柱制度は，とりわけ先進諸国にとっては，基礎的な保障と並んで，個々の経済的状況に適合的なさまざまな水準の年金を提供できるという利点をもっている。しかし韓国ではまだ年金制度が成熟しておらず，予想給付水準は貧しい人々にとって最低生活を保障するには低すぎるように思われる。基礎年金と所得比例年金の分離は多くの加入者の基礎的生計を守るための資金の不足をもたらし，高所得者は制度への加入義務を忌避するか，もしくは，実際の所得を申告しないようなインセンティブをもつであろう。ILOの提案は第1の柱に加えて第2の柱のために基礎的保障を必要とし，その結果，引退後の基礎的な生活を守るという利点がある。しかし，そうした制度は富裕層のより高い保険料支払いを必要とするが，かれらは最近の経済環境の悪化によって高い保険料を支払うことに反対する。

　したがって，より実行可能な改革は，現在の一階建ての年金制度を維持し，給付水準と保険料率を再構築することである。第1に，現在の統合された制度の下で基礎的生計保障を強化するように給付のルールを変えることである。その方法は，最低生活費の水準まで最低年金額を引き上げ，拠出に見合った給付を抑制し富裕層への給付を引き下げることであり，また，拠出のための最高所得水準を引き上げることである。第2に，より高い生活保障と国民年金制度の財政的安定のために，私的年金の充実が重要である。というのも，韓国は高齢

社会の諸問題と取り組まなければならないからである。

　第3に，国民年金以外の公的年金制度における長期的財政安定性を回復する最大限の努力を払わなければならない。それらの年金制度を支援するための政府予算の過大な負担は，もしその給付が国民年金と同程度ほど引き下げられなければ，最終的には反対にあう。国民年金以外の公的年金の保険料を引き上げるか，あるいは給付を財政能力の範囲内の水準へ調整するかしなければならない。ただし，漸次的で段階的な調整が，制度の変化に対する公務員，軍人の抵抗を避けるために必要である。

（4）国民健康保険制度

　国民健康保険制度（NHI）は，その普遍性にもかかわらず，高価なサービスに対して過度の現金支払いを課しており，そのため多くの人がその機能を疑問視している。その（是正の）ため多くの諸戦略が必要とされている。まず第1に，大きな疾病と関係した金銭的リスクから国民を守るというNHIの機能を強めつつ，一方では軽微な疾病に対する現金支払いを増やすという措置を講じなければならない。第2に，NHIの財政バランスが達成された暁には，現在は"一時的にしかカバーされていない"必要な医療処置をカバーする措置が必要である。第3に，医療に必要とされるすべてのサービスと治療がNHIによってカバーされることが必要である。

　別の緊急の課題は国民健康保険制度の財政的安定化の問題である。この目的のために政府はかなりの割合の金額を国庫からNHIに振り向けなければならない。一方，消費者は保険料の引き上げに同意しなければならない。それに加えて，支出ターゲットシステムを確立しなければならない。その内容は，実際の支出が予算上の軌道を超えた場合の翌年の目標は，出来高払いの報酬を引き下げることによって切り詰めるというものであり，そのことによって，保険者と医療提供者が過剰支出分を埋め合わせるのである。

　医療サービス供給に果たす公的機能を強化することは，韓国ではたいへん重要である。それは，高齢者，貧しい人々に対する基礎的な医療サービスを確保するのに力があるし，また，出来高払い制の下での医療サービスに過剰な供給

を抑制するにも有効である。韓国では医療サービスはほとんど民間市場で供給され，支払額の半分が NHI 基金から払い戻される。この構造は，政府と医師，薬剤師を含む利害関係者との間の厳しい抗争を生み，そのため過去4年間，医療費の急騰を招いた。したがって，基礎的サービスの供給への公的介入を広げると同時に，医療サービスにおける市場機能を拡大するような高い質のサービスの供給を増すような政策措置を見出す必要がある。

（5）供給システムのリストラクチュアリング

政府の政策はまだ経済的回復を優先しており，新しく生まれてきた社会問題への対応の重要性は十分強調されていない。大部分のターゲットグループは，政策参画から排除され，給付レベルは不適切であった。現在の経済危機の社会的インパクトについての政治的関心は不適切なものにとどまっている。崩壊した家族とホームレスが急増している。その結果，とりわけ過去数年間，福祉サービスの提供（delivery）面で多くの非効率なことが起こってきた。社会的保護からの広範な排除が一方でありつつも，適切の内容と水準の福祉サービスが相応しい人に有効に割り当てられていない。大量の失業者に準備された予算の大部分が非貧困層にいっている。そして，公共的就労事業（public works）や扶助貸付，現金給付や再訓練や雇用維持のための補助金は，その十分性と並んで効率性を増すように改善されなければならない。

さらに，公的扶助プログラムは，社会保険やその他のワークフェア・プログラムと体系的にリンクされていない。ある受給者は，いくつかの複数のプログラムから支給されており，それは不当で行き過ぎた保護をもたらしている。さらに，給付システムは，現金給付の拡大に重点がおかれている。他方，現物給付の提供は，脆弱な人々にとってまったく不十分なものにとどまっている。多くの高齢者と慢性疾病患者は，総医療費の50～60％を自己負担する外来治療と入院費を支払う能力がない。失業者は職を見つけるのに大部分，友人，親戚，新聞，その他の手立てに依拠しており，失業者のわずか10.1％だけが公共職業安定所を訪問しているにすぎない［Bark 2000(1)］。対人ケアが障害者，高齢者のような不利な問題を抱えた家計に対して提供されることは稀である。国民年

金ファンドからの低利のローンが6年間受けられるのであるが，母子家庭を支援するための保育施設（Nursery facilities）はまだ極度に不足している。家賃補助は貧困者の家計に対してごく一部が実施されているにすぎない。したがって，福祉政策の焦点は，将来は，現金給付よりも現物サービスの拡充に当てられるべきである。

　これらの問題を解決するために，まず第1に，先進諸国よりも低い水準にとどまっているサービス提供者数の増加と，正確なターゲットを確定し適切な給付の内容と水準を評価するような専門性が必要となっている。第2に，サービスの提供と，受給者の選定・給付水準の決定プロセス，そしてプログラムの成果の評価に，民間資源（private resources）が参加する必要がある。民間パートナーは官僚的な公務員よりも，問題を抱えたグループに対する愛情（affection）と情報をもっている可能性がある。寄付は韓国ではあまり一般的になっていない。しかし私たちは民間資源の大きな源泉をとりわけ宗教団体のなかにもっている。民間部門から福祉資金を募るための努力をこれまで以上に払う必要がある。そして，統合されたサービスが，福祉の提供における有効性を増し，福祉資金の支出を減らすために緊要である。

（訳：埋橋孝文）

1)　Yoo Gil-sang [2000：77].
2)　1990年における社会保険，政府部門，プライベート・セクター割合は，それぞれ，48.6%，25.9%，25.6%である。
3)　1996年から2001年にかけてのNHIの給付支出の伸び率は18.5%であり，NHI保険料収入の伸び率を上回っている。
4)　1人当たりGDPが1万ドルを超えたのは，スウェーデン1977年，アメリカ1978年，西ドイツ1978年，フランス1979年，カナダ1980年，オーストラリア1981年，日本1984年，イギリス1987年，である。
5)　国連，Statistical Yearbook each year.
6)　含まれている国は次のとおり。アメリカ，イギリス，スウェーデン，西ドイツ，ノルウェー，フランス，オランダ，デンマーク，オーストリア，オーストラリア，ニュージーランド，イタリア，ベルギー，ルクセンブルク，フィンランド，ギリシャ，スイス，カナダ，日本，シンガポール，マレーシア，インドネシア。
7)　すべての国の1人当たりGDPはそれぞれの国のGDPデフレータによって1980年時

7章 韓国社会保障システムの財政的安定性と政策的措置

点の価値で表示されている。
8) ここでの総社会支出は教育，医療，住宅，社会保障・福祉の政府支出を含んでいる。
9) 日本，アメリカ，スウェーデンの2000年における社会保障財政収支は，2000年でそれぞれ−2.9%，4.2%，4.3%であり，2050年のそれは，それぞれ，−5.8%，−1.0%，−2.6%である。
10) 2003年での韓国の NHI の保険料は3.94%であるが，日本8.4%，ドイツ13.5%，フランス13.5%となっている。
11) 日本では1999年における高齢者の医療費は非高齢者の5倍にのぼっている。
12) 公的サービス部門の雇用の割合は韓国ではわずか4.9%であり，日本7.7%，アメリカ16.0%，イギリス18.9%，ドイツ19.2%，スウェーデン37.9%などと対照的である。

【参考文献】

Bark, Soonil (1996) *The Government Welfare Expenditure and Policy Measures for Financial Expansion in Korea*, Korean Social Security Studies, KIHASA.

Bark, Soonil, et. al., (2000a) *Poverty Profiling in Korea, A Report Submitted to The World Bank*, Korea Institute for Health and Social Affairs.

Bark, Soonil, et. al., (2000b) *Causes of Expansion of Income Gap and Policy Measures for the Poor and low income Class*, Korea Institute for Health and Social Affairs and Korea Labor Institute.

Kim, Jong Myun (2003) *Long-term Fiscal burden of National Health Insurance*, Monthly Public Finance Forum, Korea Institute of Public Finance.

Koh, Kung-Hwan (2003) *Estimation of Social Expenditures in Korea on the Basis of the OECD Guidelines: 1990-2001*, The Korea Social Security Association, KIHASA.

OECD (2001) *OECD Economic Outlook*, 72.

Paik, Hwa Jong, et. al. (2003) *Medium and Long-term Financial Prospect of Social Security System And Development Strategy in Korea*, KIHASA.

Park, Chong Kee (1997) *Social Security and Economic Development in Korea-collected Papers-*, Korea Institute for Health and Social Affairs.

Yoo, Keunchun, et. al. (2003) *An Analysis on Factors To Increase National Medical Expenditure And Measures to Improve Cost Effectiveness*, KIHASA.

Yoo, Gil-sang (2000) *The Appraisal on Last 5 Years Achievement of the Employment Insurance System and Ways of Reform, Currents of the Employment Insurance*, Korea Labor Institute.

8章　改革後の中国における社会変動と福祉多元主義の発展
―― 中国福祉レジームをめぐる討議

熊　躍根（北京大学）

はじめに

　近年，経済改革の文脈上で中国での社会福祉および社会政策に関する研究への関心が高まってきている [Davis 1989；Lee 2000；Leung 1994；MacPherson 1995；Wong 2001；Croll 1999；Xiong 1999；Cook 2000；Xu 2004]。しかしながら，中国の社会構造の複雑さおよび特異さに起因して，急速な変遷期にある中国の社会政策の現状を把握し，福祉レジームとして統合することは，いまだ挑戦的な冒険の段階にとどまっている。中国の社会福祉および社会政策の発展軌道は，他のアジア諸国と比較して，根本的に異なっている。西洋の多くの社会政策研究者にとって，中国の社会政策は，いまだ神秘的で不明瞭な領域といえる。最近になってようやく，社会政策は中国の研究者の間で一般的な研究テーマとなってきたところである [Xiong 1999a；Mei 1999；Xiong 2002；Yang 2002；Wu 2002；Wang 2004；Zhang 2004]。

　1980年代末以降，中国は社会的な次元の各局面で劇的な変化を経験している。それは，出生率の低下，家族規模の縮小，市民生活の質の向上，社会福祉における職場単位の役割の縮小，高齢化傾向，そして，中国社会における一般人のイデオロギーの変更などである。上記のような社会的変化により，中国政府が処理すべき膨大な仕事がもたらされた。その仕事は，市場経済という枠組みの中で，近代化された社会主義国家を建設するという方向に沿って行われる。驚異的な経済成長とゆるやかな政治形態の変化を伴い，中国は，国際的な政治および経済の舞台で，その存在感を増している。

8章　改革後の中国における社会変動と福祉多元主義の発展

　本論文では，以下の問題について議論することを主目的としている。第1に，最近20年間の中国における社会主義福祉システムの発展について描写する。第2に，市場経済下における中国での社会変動，社会問題およびその社会福祉供給体制への影響について分析する。第3に，社会主義市場経済下の福祉多元主義について例証し，詳しく説明する。第4に，現代の中国福祉レジームおよび社会政策に関して議論する。

1　中国における社会福祉発展の歴史的背景

　社会政策の最初の出現が，19世紀終わりから20世紀初めにかけての西ヨーロッパにおける工業化の進展および近代化の所産であるということは，広く認識されている。封建制度と儒教文化の長い歴史をもつ東洋の国として，中国は古代王朝の時代から社会福祉を発展させてきた。そこでは，残余的なアプローチと国家による限定された介入が強調される。家族構成員間の相互援助を強める家族主義および政府の不干渉主義という文化的な根元は，非常に強固である。20世紀の前半，中国の社会福祉システムは基本的に変化しなかった。ケアの供給において，国家の介入はまったく限定され，インフォーマルなシステムが実質的な役割を果たした。経済改革以後，特に市場経済が加速された後，中国の多様な福祉パッケージは，より開かれたものおよび自助的な保険メカニズムへと大きく移行した。

（1）計画経済時代の社会福祉供給体制の特徴

　1949年の新中国建国直後，中国は社会主義のソビエト連邦モデルを全面的に採用し，中央集権化した計画経済体制をつくり上げた。計画経済の期間（1949～84年），専門職としてのソーシャルワークは政府の文書にも，また実際の社会福祉サービスの現場でもほとんど皆無であった。半世紀近くの間，中国の包括的な社会福祉パッケージは，（社会保障システムとして作用し）社会的安定の維持に重要な役割を果たした。計画経済の時代，政府は社会福祉制度における唯一のサービス供給者であった。その間，政府は主として行政機関という経

路と社会的規制を通して社会福祉政策を実施した［Wang 1995］。

　経済改革以前，中国は社会福祉サービスを供給すべく特異な戦略をとった。その戦略は，政府の責任，低い専門化，社会・政治的動員という特徴をもっている。民政部は，社会において最も脆弱な人々のために残余的な社会福祉を供給する責任を負ってきた主要な部門である。公的部門で働く都市住民にとって，社会福祉サービスの大半は住民らの職場単位（*Danwei*）およびさまざまなレベルの社会サービスの提供を担当する非専門職の職員により供給される。中国はソビエト連邦モデルを規範としたという事実から，ソーシャルワークが政府の行政上の枠組みに職業として位置づけられてこなかったことは，無理からぬことである。なぜなら，社会主義イデオロギーは，その社会内に現実としての社会問題の存在を認知しなかったからである。一方，職場単位は，従業員およびその扶養家族のための包括的な職業を基礎とした社会サービスを提供し，社会的保護のための傘として機能した。さらに，いくつかの影響力のある（政府が資金を提供し統制している）非政府組織が，困窮している人々のために社会サービスを提供するという重要な役割を担っている。なお，非政府組織には，中華全国総工会，中華全国婦女連合会，中国共産主義青年団を含む。

(1) 民政部門と残余的社会福祉サービス

　社会主義中国において，民政部は社会問題を扱い，社会的弱者への社会サービスを提供するための中心的な政府部門である。民政部の業務内容は多岐にわたっており，政治権力の構築から社会保障，行政上の仕事まで幅広い。民政部による社会保障業務の範囲には，貧困者の社会的救済，退役軍人のための仕事の割り当てから婚姻登録および管理，コミュニティサービスまで含まれている。もっとも都市部でも農村部でも，地域集団を基礎とした社会福祉体制が住民のニーズを満たす全般的な役割を担ったため，通常住民は民政部からの援助を求めなかった。しかし，激しい自然災害に遭遇したとき，もしくは家族のネットワークでは扶養家族の面倒をみられなくなったとき，人々は政府からの援助を求めることになった。ただし，民政部門は主として残余的なアプローチを採用しており，困窮している人々に限定して社会福祉サービスを提供している。経

8章　改革後の中国における社会変動と福祉多元主義の発展

済改革以前の長い間，民政部門の主要な仕事は，もっとも脆弱な人々（家族をもたない人，収入のない人および働くことができない人）と負傷し「障害」を負った退役軍人の面倒をみることだった。したがって，計画経済における完全雇用政策の下では，地域集団を基礎とした社会福祉体制がほぼすべての人々を保護したのである。

西洋諸国の専門的な社会サービスとは対照的に，中国における民政部門での社会サービスのアプローチは，社会的な統制および統一を非常に強調する儒教の伝統の強い影響を受けてきた。民政部は，異なるレベルでの行政上の運営管理の経路を通して社会福祉政策を実施するためのさまざまな方法を模索した。20年の発展の後，民政部門は1980年代初頭，都市部において，高齢者，「障害」をもつ人々，その他の住民グループの増大するニーズへの対応をめぐって，困難や苦境に直面した。中央政府からの財政的援助の制約は，都市部における民政事業のさらなる進歩を妨げ，多くの地方政府は新たに出現した社会的ニーズに対応するための十分な社会福祉の単位の構築が困難な状況にあった。それゆえに，1980年代中盤以降の急速な市場経済の発展は，民政部門の改革という国民が望んでいた検討課題を中国政府に提起することとなった。

(2) 職場単位と制度的な社会福祉供給体制

経済改革以前，中国は政府部門，とりわけ国有企業や他の国営の行政部門により供給される包括的な社会福祉体制をもっていた。「鉄飯碗」といわれる終身雇用政策と「ゆりかごから墓場まで」の社会主義的福祉パッケージは，被雇用者に対し年金，保健・医療サービス，住宅および他の社会サービスを含む幅広い社会的保護を与えてきた。都市部では，職場単位が，社会的統制を実施し，社会問題を管理することで，自然に政府の代理者の役割を果たしている。計画経済の期間，労働者とその扶養家族は職場単位により提供される社会サービスを利用することができた。計画経済下の国有企業にとって，能率向上と利益追求は最優先事項ではない。なぜなら，政府は企業の経営と同様に，被雇用者の日常生活を重要視したからである。

経済改革が始まる前の期間，政府セクターと国有企業は，包括的な労働保険

とその他の社会サービスを発展させた。このことは，経済改革後，すさまじい市場競争と計り知れない福祉負担により，多くの緊張と重圧を生み出すことになる。中国政府は20年（1950～60年代）かけて雇用政策を成功裡に導入した後，都市部において雇用を基礎とした社会保障システムを発展させた。他方，民政部門より支援を受ける従来型の福祉サービス対象者の数は1980年代に急激に減少した。

(3) 社会団体と社会サービス

社会団体（もしくは社会組織）の浮き沈みは，社会主義中国にとって社会統制の重要なシグナルである。伝統的に中国の政治的権威は，社会の市民組織に対して非常に矛盾した姿勢をとってきた。新国家建国以前は，法的慣習と民主主義権力が欠如していたことから，中央政府は市民社会の成長を制限するためにその権力を乱用した。しかし新中国が創設された後は，社会主義建設の前進と足なみを揃えて社会団体の存在が拡張することになった。

計画経済の時代，中国政府は社会における社会団体を厳しく統制した。その間，ほとんどすべての社会団体は，政府により設立され，擁護された。実際に，社会団体は，人々を政治運動に組織し，社会主義建設のもと人民に奉仕するという役割を担った。いくつかの大規模で強力な社会団体，たとえば，中華全国婦女連合会，中華全国総工会，中国共産主義青年団は，基本的に社会運営の分野における中国政府の拡張された支部であった。共産党の指導の下，すべての社会団体は政府による登録と管理を要求された。加えて，社会団体は本質的に独立した社会組織ではなかった。なぜなら，社会団体は，より容易で直線的な統治のために，さまざまな種類の職場単位と提携させられたからである。1965年当時，全国規模の社会団体の全数は100に達し，地方の社会団体は6000を超えた [Wu 1996]。不幸にも，次に述べる中国社会での主要な政治的な出来事，すなわち文化大革命が国中を席巻したため，社会団体はそれ以前にもっていた機能という面で本質的に無力化された。中国の社会団体は，社会主義建設に向けた政府業務の補助的な部分として機能し，1980年代に経済改革が始まるまで復活することがなかった。

8章　改革後の中国における社会変動と福祉多元主義の発展

(4) インフォーマル・ネットワークと対人ケア

　前述のとおり，中国社会は儒教の影響を強く受けてきた。家族関係や人間関係が各人の幸福にとってきわめて重要であり，若年世代は親孝行という伝統に調和した振る舞いを求められる。日々の生活困難に直面したとき，インフォーマル・ネットワーク，たとえば，家族構成員，隣人，同僚および友人は，中国の人々にとって長い間もっとも利用しやすい援助要請の源泉となってきた。

　経済改革以前，中国の人々にとって家族や職場単位は，もっとも信頼しうる援助要請の源泉だった。同時に，職場単位システムは，ある意味では，地理的に同じ場所に住み働く人々の親密さを強めるものだった。したがって，都会の人々にとっては，社会的支援のインフォーマル・ネットワークは，職場単位からも発生するものであり，困窮すれば援助を求めることができた。コミュニティにおける仕事と個人的関係を基礎として，中国の市民は一種の共同社会的支援システムを構築し，異なる生活状況に適応することを認められた [Yuen-Tsang 1997]。中国でソーシャルワークを発展させるアプローチを探求すると，文化への理解は，効果的な実践のためにきわめて重要である。中国社会では他人からの援助を求めることにためらいがあり，家族による支援への信頼性と有用性のため，専門的なソーシャルワーカーが人々の私的な困難に介入するということが難しかった。したがって，ソーシャルワーカーが異なる環境で実践を行うためには，文化に気を配ることが必要である。

（2）経済改革後の中国における社会政策改革の出現

　計画経済時代の間，中国は失業という重い負担を蓄積することとなった。それは，低効率な鉄飯碗・雇用政策という手法，そして社会主義社会における社会問題としての失業の存在がイデオロギー的に否定されたことによる。さらに，中国の貧困は，経済改革以前は多くの旧ソビエト型社会主義国家と同様に，農村問題としてのみ描かれた。このように社会主義国家は長い間，イデオロギー的にも実践的にも福祉サービスの完全無欠の供給者として扱われた。

　市場自由主義という強い西洋の影響と国内の社会変化圧力にさらされた中国は，1980年代以降，手始めに国有企業の社会保障制度の改革に乗り出した。こ

のことは，共産主義体制後の社会政策の新たな展開を象徴している。しかしながら中国は，国有企業の大部分が深刻な経営危機に直面した1990年代まで社会政策の発展を歓迎せず，このことは，社会保険や社会福祉制度に対して負の影響をもたらした。経済構造改革の過程への対応として，中国政府は何とか老齢保険制度を改革し，古く伝統的な国有企業での年金の財政負担を減らした。後に，政府は保健・医療および住宅政策を改善する一連の対策を講じ，財政責任の一部を国家から地方政府，さらに個人へと移した。改革後，公的部門および国有企業の従業員は，国家が負担していた年金や健康保険，失業保険への拠出を余儀なくされた。中国の人々にとって，職場単位はもはや，従業員のためのあらゆる社会福祉サービスの供給を期待できる「慈悲深い乳母」ではなく，激しい市場競争のなか，利潤獲得に奮闘する独立した一供給者となっている。こうして，「ゆりかごから墓場まで」の社会主義福祉制度が基本的に崩壊し，有能な市場志向型サービス供給者が欠如するなか，中国政府は1990年代前半に「社会福祉の社会化」を中心とする遅れた民政システムの範囲内での政策改革を提唱した。中国の社会福祉体制が，サービス体系や供給方法，サービス供給主体，財源に関して多様化したのはその時からである。

　経済改革後，西洋の先進国に比して中国は，社会問題を解決するための明確な社会政策の方針を創造していない。すべての政策手段とその歩みは「市場経済に適応すべく社会福祉および社会保障制度を確立する」という原理原則に沿ってあいまいに導かれた。このことは，1990年代に中国共産党の中央委員会により提唱されたものである。近年になってようやく中国政府は，長期的にみた経済発展と社会的安定におよぼす社会的病理の影響を強く意識するようになった。

2　市場経済下の社会問題と社会福祉・社会政策に与えるインパクト

　この20年，中国の経済成長はかなりの国際的注目を集めてきた。しかしながら，計画経済から市場経済への劇的な変化は，GDPのめざましい伸びを生み出した一方で，90年代以降，多くの社会問題をもたらした。第9次5ヵ年計画

8章　改革後の中国における社会変動と福祉多元主義の発展

期（1996～2000年）では，一連の社会問題が表面化し，政府による社会政策の強化へと方針を大きく変化させた。したがって，中国研究者たちは90年代半ばからこの国における社会変革と社会経済政策の関係性というテーマに心惹かれてきた。にもかかわらず，そうした空前の変革期にある中国を描ききるのはほとんど不可能に近い。なぜなら政治的・社会的なタームでもって中国について説明しようとするそれぞれの試みは，首尾一貫したデータの不足や研究者の理論的力不足に影響され，このユニークな国家について大まかに特徴を述べるにとどまるという傾向があるからである。しかしながら，幾人かの研究者は，社会変革の政治的な解釈に焦点を当ててこうした困難な課題を究明する旅にすでに乗り出している [Pei 1998]。そして幾人かの研究者は社会学的な解釈でこの国の社会の変化に迫ろうと試みている [Sun et. al. 1994]。

社会発展の進歩と国際経済への統合に伴い，現代中国では諸外国への一層の開放が始まっている。1990年代の終わりから，中国政府は社会・経済発展のプロセスで表れた問題を公表する藍書と黄書（blue-cover and yellow-cover papers）を公刊した。さらに，法律改革の努力，マスメディアによる差別撤廃の報道と大衆の外向的な性格，これらすべてが政府に対して民衆の声に自覚的であり，社会の安定と党の伝統の維持のために現実的な問題解決をもたらすことを強く要請した。したがって社会政策は新たな学問領域であり社会正義と平等を促進する実践的専門領域でもあり，中国の変革のプロセスのなかで一定の役割を果たしている。社会問題を理解し，それらの問題が国の社会的な発展にどのような影響を及ぼすのか，明確な像をつかむことは，ソーシャルワークの教育者であるわれわれにとって，きわめて重要なことである。

（1）市場経済における社会問題と弱者の出現

中国で経済改革が行われる以前は，社会問題の存在は資本主義社会の劣等性を示すものと判断されていた。なぜなら，共産主義者の遺産はどのような社会悪の存在も否定し，それらはわずかに西側諸国においてのみ発見できるとしていたからである。プラグマティックな哲学者であり経済改革政策の代弁者，推進者である中国の指導者鄧小平は，10年に及ぶ文化大革命の政治的動乱をより

長く耐え忍ぶことからこの国を救った。鄧による経済改革の時期は，中国の特性に根ざした社会主義建設という旗の下，歴史の新たな一章を記した。同様に重要な指摘としては，中国の社会問題を観察する際，常に客観的な立場をとるということである。なぜなら社会問題のうちのいくつかは西側諸国がかつて経験したことか，現在経験していることだからである。研究者が重要な結論を導き出すために，こうした社会問題を社会主義の遺産と機械的に関連づけることは，非常に根拠が弱いのである。

　中国における経済改革の最初の10年は，生産請負責任制（household responsibility system）による農業生産の自由化や，国有企業のリストラと，急速な社会変革に起因する重圧を吸収するための社会保障システムの構築といった一連の段階を示した。20年以上の急速なGDPの成長にもかかわらず，中国は1990年代以降から経済改革と急速な社会変革によって解き放たれた一連の社会問題と難題に直面した。1989年の状況と比較して，今日の多くの中国の指導者は，社会の安定に影を落とす社会問題の解決をめざす政府の努力が不可欠であることをよく理解している。ここでは，筆者は主要な中国の社会問題と，それによる現代中国の人々への影響についてのまとめを試みる。そして社会問題が社会福祉政策とソーシャルワーク実践に与える影響について簡潔な議論を提供したい。

(1) 貧困

　中国研究に携わるものにとって，とりわけ中国の社会的・政治的改革の研究者にとって，どの時期に焦点を当てるかは決定的に重要である。長年にわたって，中国研究の専門家らはこの世界で最も人口の多い国における急速な経済発展は，都市部・農村部のいずれにおいても繁栄の増大と不平等の減少を実質的に証明する，と当然視してきた。しかしながら，現実は人々によいニュースと悪いニュースをもたらした。

　よいニュースは，農業労働者の平均収入が増え，都市部住民の平均収入の急速な上昇と期を一にして彼らの生活水準が改善されたことである。最近出版されたUNDP（国連開発計画）「2005年人間開発報告書」によると，この年，中国

8章 改革後の中国における社会変動と福祉多元主義の発展

は人間開発指標において85位である。これは1978年からの貧困の軽減において明確な前進である。その間，中国の平均寿命も同様に，1979年の70.8歳から2005年の71.6歳へと上昇した。

悪いニュースは，貧困者の多くがいまだ発展の遅れている農村地帯（主に北西・南西地域）に存在し，3億人以上の人々が1日当たり1ドル以下で暮らしていることである。そのうえ，急速な経済発展と比較して，この移行期の国の社会発展は立ち遅れており，そのため農村部の社会保障の保護の状況はより一層悪化している。国際機関（たとえば世界銀行やUNDP）やシンクタンクの専門家は，中国の発展の持続可能性が，持続可能な所得の増大から非所得的な人間開発指標の向上へと移行していることを指摘した［UNDP 2005］。貧しい農村地帯における1人当たりの年間所得は21世紀初頭には120人民元から1500人民元へと増加しているが，国内の沿岸地域と内陸地域の収入水準の格差は，過去数十年さらに上昇している。2004年の終わりには，最低生活保障制度の社会扶助を受ける都市貧困層は2200万人存在した（中国国家統計局）。加えて，信用できる調査結果や報告書は，農村部の貧困層の多くが障害をもつ人々，重病の患者，高齢者，女性であることを指し示している。

長い間，中国における貧困は慣例的に農村部の問題だと考えられていた。しかし，1990年代半ば以降の国有企業の改革プロセスの加速に伴って，失業や貧困層（たとえば農村からの都市への出稼ぎ労働者）のためのセーフティネットの不備のために貧しい人々が大量に増えた。何万人という国有企業のレイオフされた労働者は，障害者や年金を受けるのに十分でない高齢者をはじめとする貧困グループに仲間入りさせられた。慢性疾患の患者や農村からの出稼ぎ労働者は急速な経済成長を遂げるこの社会のマージナルな存在にさせられた。その結果，国有企業の定年退職者や失業者が，よりよい生活のため，地方政府の門の前で時々デモをすることになる。なぜなら彼らは，共産党の指導の下，基本的な社会保障の保護を受ける合法的権利があると信じているからである。1990年代の後半，中央政府の注意をひきつけた下からの意見表明と圧力で，中国の指導者たちは社会的・政治的安定の上での都市エリアにおける新しい貧困の影響に対してより自覚的になっていることは疑う余地がない。

全国人民代表者会議によると，2004年の終わりには，中国の貧困人口は2900万人に減っており，1人当たりの年間収入は637元（80米ドル）と推定された。26年前の貧困者の数は2億5000万人であり，中国政府は明らかに貧困の減少において注目すべき業績を成し遂げた。しかしながら，中国はいまだ貧困との戦いの長い道のりの途上にある。なぜなら，算定のためのより高い貧困線が用いられれば貧困者の数は8000万人とされているからだ。加えて，都市貧困層の増加は，中国政府の大きな懸念材料であり，中国は貧富の格差拡大に苦しめられている。最近の政府による報告によると，中国の都市世帯のボトム10％は，わずか1.4％の富をもっているにすぎない。政府にとって，これはよい統治（good governance）へ向けた耐えがたいもうひとつの負担である。

(2) 失業

失業は，市場改革のペースが速度を増した1990年代に，中国においてもっとも際立った社会問題のひとつと考えられてきた。全国人民代表者会議が2004年に発行した『中国における雇用状況と政策に関する白書』によれば，2003年の終わりに，公式に登録された労働者の失業率は4.3％であり，公認された都市部の失業者数は800万人であった。この年，失業率は4.7％を記録し，いずれも前年と比較して雇用環境が悪くなっていることを指し示している。

中国における失業の定義はまだ論争の余地が大いにあるが，それは失業が多面的だからである。政府報告と調査結果は，中国の都市部の失業の原因を以下のように示している。すなわち，産業の調整・シフト，過渡期における変化，そして経済循環上の調整，である。国有企業において，レイオフと失業は通常ミドルエイジや低学歴者，そして女性労働者によく起こりがちである [Song 2003]。十分な技術・技能をもたない農村部からの出稼ぎ労働者と国有企業のレイオフされた労働者は，この国の失業者の主要な構成要素になりつつある。1993年より以前，失業の状況は以前の年と比べて悪くはなかった。1993年から，中国は国有企業労働者のレイオフを増加させていった。1999年以降，1年間に大学・短大に入学する人数は増加を続け，非常に多くの卒業生がすさまじい競争のなかで労働市場からあふれ出た。信頼できる調査結果によれば，若者の失

業率は近年目に見えて増加しているとのことである。

(3) 高齢化

　数多く発行されている国際機関のレポートによれば，21世紀に中国政府が直面する過酷な挑戦のひとつが人口の高齢化である [UN 1989；世界銀行 1996, 1997]。いささかの遅れもなく，中国は1999年には60歳以上の人の割合が10％以上の高齢社会の仲間入りをした [中国情報センター 1999]。レポートはさらに，2004年の終わりには65歳以上の老齢人口の割合が7.6％に届き，一方で75歳以上の区分も広がってきていると示している。2010年には，60歳以上の年齢の人口は1億7400万人へと増加（全人口の12.57％）し，2020年には，60歳以上の年齢の人口は2億4300万人に届く（全人口の17％）と計算されている [全国高齢化委員会 2005]。

　しかしながら，中国における高齢化は経済発展と人口統計の変化の自然な結果ではない。1950年代から60年代の多産傾向のこだま効果（echo-effect）により引き起こされた結果（ベビーブーム世代効果）であり，1980年代からの一人っ子政策の実施に伴う1990年代の急速な出産抑止によるものである。このように，中国の高齢化は，この40年の急速な人口増加の縮図というだけでなく，家族計画政策の将来の実践に向けて一抹の不安を投げかけている。

　現在，中国の高齢化は，特に公的年金とその他社会サービスプログラムの維持という点に関して，経済的・社会的挑戦をもたらしている。人口統計上の変化が続くことで重要なのは，中国政府，NGO，そして研究者らが協働して30年，40年後にはこの問題を解決するために正しい政策決定を行うことである。この国が高齢者向けの社会サービスの十分な供給ができないとなったとき，政府による高齢化に起因する社会・経済の難題に取り組むプランは，いまや重要なイシューとなりうる。

(4) 家族の変化

　中国の社会において，家族は常にその成員の多様なサポートを供給する強固な役割を果たしている。中国人にとって，家族とは，彼あるいは彼女らが困難

に出くわしたときに助けを捜し求める最後の拠り所である。伝統社会において，中国の家族は結婚や子育て文化に関して古い形態を維持しており，親孝行が家族において高齢者をケアするに当たっての重要な責任だと考えられていた。さらに，適齢期に結婚して両親と結婚後も暮らすことが，正常な文化のパターンだと長い間考えられてきた。古い時代には，離婚はある意味ではアブノーマルな現象だったのであり，行動上のタブーであるとして非難された。中国の社会において，忠誠，安定，そして親孝行は，家族を養育するうえで最も重要な要素である。しかしながら，社会主義中国が建国され，そして新しい社会運動が国を席巻した1950年代から1960年代以降，家族はその形態だけでなく文化的ルーツにも深く影響を受けた。たとえば文化大革命は，政治的動乱という雰囲気のなかで，家族員の間の忠誠心の要素を大いに破壊した。

　経済改革・開放政策期の間，中国の家族は一連の難問に直面した。1点目は中国が主に都市部で厳格に一人っ子政策を採用した後，家族規模が減少したことである。2点目は，市場経済の下で異なる世代間の生活パターンが変化したことである。若い世代はいくぶん浪費がちなライフスタイルとなり，商品経済の下で新しい出来事に対して無防備になった。3点目は，1980年代以降に離婚率が急速に上昇したことである。1980年には，離婚率はわずか0.7％であった。そして10年後，離婚率は倍増した。最近の統計によると，中国の離婚率は2004年の時点で4％に届く。一方で，労働の流動性の増加と家族規模の減少は高齢者介護へ深刻な影響を及ぼした。農村部・都市部のいずれにおいても，高齢者は，経済的財源だけでなく，感情面でのサポートで不十分なケアに直面しており，それはふたつの世代間の断絶，あるいは世代間の葛藤に原因がある。高齢者層に踏み込んでいくであろう未来の世代にとっての悪い状況は，彼らは家族の助けもなく，老いた両親をケアするというさらなる難問に直面することであろう。

(5) HIV・エイズ

　1980年代半ば，中国の人のほとんどはHIVあるいはエイズという医学の専門用語を耳にしたり理解したりしていなかった。HIV・エイズに対する啓蒙

や保健キャンペーンのはじめの段階で，中国の人々はそれを西洋からきた不治の病であるとしっかりと認識した。およそ20年後，中国はHIVの危機に直面した。なぜなら，HIVに感染した人の数が年間の伸び率で30％と，急速に増加したからである。公式の統計によれば，2003年には84万人を超えるところまで到達していたとされる。加えて，国連は，中国は2010年には1000万人の患者を抱えるとし，そしていくつかのNGOは，患者の数をもっと多く予測している。

現在，HIV・エイズの拡がりは，この巨大な伝染病が難しい社会問題であると認められた後，北京から大いに注目されることとなった。中国政府と国際機関は，効果的な対策を講ずる前に，基本的な目標としてこの病気の規模を客観的にアセスメントすることを第一の優先事項としている［Gill, Chang and Palmer 2002 ; Kaufman and Jing 2002］。実際に，伝染の広がりが特に早いいくつかの省（たとえば河南省）では伝染病は特定の貧しい農村地域で広がっている。そうした地域では安全とはいえない血液採集システムの下，農民たちがお金を得るために売血をしている。別の省（たとえば雲南省）では，薬物濫用の際の注射器のずさんな回し打ちが，HIVウィルス感染の主要な原因である。

医学的治療と予防サービスの莫大なコストを考えて，中国はHIV・エイズが21世紀の社会・経済の発展の潜在的な重荷となることを明確に認めた。この伝染病がこの国の脆弱なヘルスケアシステムを揺るがすだけでなく，政府が緊急の対策を採用しない限りその経済の急成長を鈍化させることは避けられないだろう。

先に議論された社会問題のほかに，明確な難題が中国に立ちはだかっている。薬物濫用，少年非行，精神疾患と若年者の自殺，ドメスティック・バイオレンスと児童虐待である。いずれの社会問題もそれぞれの局面において，政府と善意のNGOが，ニーズを抱えるクライエントに対応し，適切な社会サービスを提供する責任を引き受けている。

（2）社会福祉制度に対する社会問題のインパクト

上述のような，現代の中国社会においてキーとなる社会問題の概略は，批判

的に検討されうるだろう。そのことは、ソーシャルワーカーに社会政策の介入の重要性を認識させ、ソーシャルワーク専門職を元気づけるに違いない。中国のソーシャルワークの教育者は、社会問題に関するよりよい見解をもつことだけでなく、聡明なやり方でそれらに関する戦略と戦術を見出すことを要請されている。

中国における社会問題の広がりは社会福祉政策とソーシャルワーク実践に深刻な影響を引き起こすことは明らかである。1990年代以降、中央政府は、重要な政策のひとつとして市場経済に適応した近代的社会保障システムを構築し完成することを提案した。1992年に民政部によって公刊された、中国の社会福祉発展に関する初めての白書において、政府はさまざまな社会ニーズに向けた複数の福祉の推進に関する中核的なガイドラインとして「社会福祉の社会化」を主張した。1年後、中国政府は、経済発達を刺激するための市場アプローチを完全に採択したが、それは社会問題を明確に表面化させることになった。1993～1998年から、国有企業のレイオフ労働者が急速に増え、その間に、何百万人という仕事にあぶれた農民たちが就職の機会を求めて都市部に流入した。都市部における雇用と貧困の劣悪な状況は、中国政府を、貧困層に基本的貧困線の収入を保証する最低生活保障制度の創設へと向かわせた。中央政府にとっての基本的関心事は、財政上のキャパシティが制約されている状況下での急速な社会ニーズの増加に、どのように対応するかにあった。したがってそのときから、社会保障システムの改革はこの国の改革のアジェンダにおける優先事項のひとつとなったのである [Croll 1999]。

中国における社会問題の広がりは、社会福祉政策に影響を及ぼしただけでなく、社会サービスの供給システムにも影響した。NGOの急速な拡大と1999年からのソーシャルワーク専門教育に伴い、社会福祉体制の資源だけでなく、福祉サービス供給者の構成要素も、さまざまな社会ニーズに直面して多様になってきた。その間、最も重要な社会福祉セクターである民政部は、その社会サービスの戦略と戦術の改革に努め、急速な社会変革期にあって、残余的で消極的なケアの提供者から、より責任をもつ専門的なサービス供給者へとその本来的な役割をシフトした。

3 市場経済時代の福祉多元主義の発展

経済改革以前,中国政府は社会問題に対して,主として行政的管理という手法で対応しており,経済政策が国家の政策編成のなかで中心的な位置を占めた。1990年代以降,市民社会が急速に発展するなか,中国は活気に満ちた市場経済へ順応し,脆弱な人々の社会的ニーズを満たすべく社会福祉政策を改革した。

厳密にいえば,中国政府内には包括的な社会政策を扱う部署が存在しない。社会福祉政策は,異なる官僚部門によりバラバラに作成,実施され,中央政府は通常,政策を実施へと導くための基本指針を提示するにとどまった。

1993年以降,社会主義市場経済を全面的に促進する鄧小平の遺産に強い影響を受けて近代的な社会保障制度が設立された。その主要なステップには,社会福祉サービスを提供する責任を市場へ転嫁することによって国有企業の福祉負担を削減すること,都市部の貧困層のために最低生活保障制度を構築すること,老齢保険・失業保険および医療保険(中国の社会保障制度の3本柱)を奨励することにより社会化された社会保険制度を構築すること,社会サービスを供給するNGOの役割を強化することが含まれている。多くの先進諸国と同様に中国政府もまた,新自由主義イデオロギーからの影響を受け,市場経済の改革期において,徐々に社会サービスの主要な供給者ではなくなりつつある。しかしながら,NGOが成長して,制度および財務上の独立という目標に達するまでの道のりは遠い。それは,政府が依然として資源やサービスの方向性を管理しているからである。

(1) 社会福祉政策の焦点と主要領域

市場経済を背景として,中国の社会福祉政策の編成および実行は,党中央の社会的政治的安定への関心に強い影響を受けている。1990年代の終盤から,中国政府は国内経済および社会開発に関する第9次5ヵ年計画(1996~2000年)の中でその政策課題を提示した。そこでは当初,年金改革が強調され,その後,都市部での社会支援システムが取り扱われた。2000年以降,中国政府は21世紀

初頭に「小康」(比較的裕福な生活) を実現する指針の下，国内経済および社会開発に関する第10次5ヵ年計画 (2001～2005年) を策定した。2004年に，中国の1人当たり GDP は1000米ドルに達した。このことは，さらなる発達と近代化に向かって突破していく出発点とみなされている。他方で，中国は過去20年間，その経済目標を達成するために比較的高いコストを払ってきた。社会問題の存在は，まさにこの国の成功物語の陰の側面である。

21世紀の最初の5年間以降，中国政府は経済発展と社会開発の均衡を保つことを目的として，経済成長と社会開発戦略の目標を意図的に調整した。中国の指導者は，人間中心アプローチによる社会経済開発の促進に焦点を当てて強調した。それは，地方政府に対して社会的リスクを予防するための能力を形成し強めるよう励ますものでもあった。一方，中央政府はより多くの資源を社会問題の対処に向けた。社会的安定を維持すべく，中国政府は「3つの保証」という指針を策定し，異なる社会保障制度下にある貧しい失業労働者や退職した高齢者の基本的なニーズへの対応を図った。異なる社会保障制度には，最低生活保障制度や地方政府により管理されている国有企業を退職した高齢者のための法定高齢者年金を含んでいる。保健・医療サービスのために，政府は主として社会保険アプローチを採用し，財源である共同基金に拠出するよう従業員を奨励した。財源に関して，財政負担は地方レベルの各部門のさまざまな種類の拠出者によって分担されることになるだろう。

2003年に SARS が発生して以来，都市部における移住者の保障問題と，中国における HIV 流行についての開かれた激しい議論が起こり，中国政府は持続可能な社会経済的発展のための危機管理と公衆衛生予防システムの重要性に注目するようになった。

(2) 市場経済下の福祉ミックスあるいは福祉多元主義

1992年の第14回共産党大会で市場経済が再確認された後，中国は社会保障および社会福祉制度の改革の速度を上げた。中国の指導者にとって，市場経済の採用は，まさに市民の生活の質を向上させるアプローチであり，一部の人がより早く富み，残りの人が後に続くことを許容するものであった。市場メカニズ

ムが社会福祉制度に導入され，各種のサービス提供者に対して，さまざまな社会的ニーズに活発に対応するよう奨励した。増大する社会的ニーズに対応すべく「社会福祉の社会化」(socializing social welfare) は，社会福祉サービスの進展を刺激し市場経済時代の社会問題を解決するために，レトリックとしてだけではなく実践アプローチとしても登場した [Mok and Liu 1999]。実際に，人民と公的機関は，地域のニーズに対応するためにさまざまな努力を通して資源の結集を図った。社会福祉はもはや単なる政府の責任としてだけではなく，企業や社会団体（NGO），地域社会，個人の責任として考えられている。社会福祉の社会化は，一面では各種の社会単位により提供され維持されるべき社会サービスを意味している。それゆえ政府の役割は，独占的な福祉供給者から，前述の新しい社会福祉モデルの実行を支えるための支援者，政策提唱者へと変化した。

　伝統的な社会福祉システムは，限られた資金，官僚的な運営，民政ワーカーの低い専門性によって特徴づけられ，新しい社会問題の出現に対処することは明らかに難しいと予想された。したがって，政府は下記に示す新しい方向性の下，企業，社会団体，コミュニティおよび個人に対して福祉サービスを拡大するよう要請した。方向性の1点目は，社会的リスクや社会的責任を国家から他の社会単位（NGO，コミュニティ，個人）に再配分し，福祉サービスの対象者を社会の限られたメンバー（政府および企業の従業員）からすべての市民へと拡大することである。2点目は，単一の福祉サービスを複数の福祉サービスに変え，市場での福祉サービスの選択肢を増やすことである。そのことにより，消費者もしくは利用者がさまざまな福祉サービス供給者の間から質の高いサービスを選択できるようになる。3点目は，福祉サービスの財源を増やし，社会サービスの提供において政府の財政負担を減らすことである。4点目は，社会福祉サービスプログラムの計画立案，管理，運営の権限を分散化することである。省および市町村レベルにおいて，地方政府は住民のニーズに応じた適切な社会サービスプログラムを設計し，実施するように奨励された。

　政府の社会経済政策は明らかに「小さな政府と大きな社会」というイデオロギーによって説明されるが，その一方で，この新しい福祉政策の実施にあたっ

て，いくつかの疑問が生じている。たとえば，地方において資金調達やサービス提供という福祉体制の責任を誰が負うべきなのか。社会福祉体制における「社会」とは具体的に何を意味するのか。現実に，多くの社会団体，特にNGO（もしくはNPO）は，地方において社会福祉サービス提供機関を登録・開設し，社会サービスプログラムを設計して財政支援を求めようとしたとき，困難に直面した。また，市場経済下では，社会福祉供給システムにおける市場メカニズムの悪影響も徐々に表面化した。その一方で，私的および公的な福祉サービス提供機関が新しい福祉モデルを創設する際，収益が上がらないという事態も生じた。

中国の社会福祉サービスは現在，政府と非政府部門の両者によって供給されている。それは，民政部，労働社会保障部，衛生部のほか，影響力のある大きなNGOも含まれる。NGOとしては，たとえば中華全国婦女連合会，中華全国総工会，中国共産主義青年団，中国青少年発展基金会，中華慈善総会，そのほか，コミュニティを基盤とした市民組織がある。政府統制下にある前述のNGOについて，各供給者の事業内容やサービス提供方法は，一つひとつ異なっている。しかし，それらの大部分は基本的に政府による資金提供もしくは支援を受けている。近年，社会サービスの分野ではNGOの数が増え，活動が活発化している。社会サービスには，貧困の削減，教育・訓練，環境保護，法的支援，労働者の権利擁護運動が含まれる。国家をつくり直し，社会を再編成する過程にあって，過渡期の中国におけるNGOは，社会経済的および政治的基盤に埋め込まれている。包括的な社会福祉サービス提供における政府の退場により，NGOが成長しサービスを提供するようになったことは疑う余地がない。中国の研究者にとって，多元的な福祉供給体制での国家と市場の間の新たに出現した関係に注目することは，意義がある。

理論的に，西洋の福祉ミックスあるいは福祉多元主義の概念および実践と比較して，中国の「社会福祉の社会化」の含意は，経済的な新自由主義に対する国家の自発的な反応としてだけではなく，より適応性のある有能な社会福祉システムを構築するための非政府領域への積極的な関与としても捉えられるべきである。しかし，ある特定の理由から中国政府は，NGOが社会福祉サービス

8章　改革後の中国における社会変動と福祉多元主義の発展

体制において積極的な役割を担うことを奨励しながらも，社会的規制を緩めていない。1999年以降の NGO の成長の浮き沈みは，中国政府が NGO のサービス機能よりも非政府領域の合法性の問題に敏感であることを暗示している。とはいえ政府は，かつてに比べてより近づきやすく受容的になってきている。さらに，中国社会の福祉多元主義はひとつの考え方として，また，一種の政策の提唱として，主に研究者の間で広まっている。中国の社会政策の領域の大部分では，依然として政府が資源の管理および動員における支配的な行為者であり，大半の NGO は権力機構と資源配分から取り残されたままである。中国の NGO は一定期間，主としてその合法性と財政的自立性という点で制約を受けるであろう [Xiong 2001]。

（3）アジアの文脈における中国社会福祉の理解

中国の社会福祉システムについて討議するにあたり，われわれは広い文脈で解釈を行うために比較アプローチを使うことができる。通常，研究者は東アジア福祉レジームもしくは東アジア福祉システムを分析の基礎として採用してきた。いくつかの研究が比較研究の内包的意味を探求しているものの，中国福祉レジームに関する理論的および実証的研究は依然として不十分である [Jones 1993 ; Goodman and Ito 1996 ; Kwon 1997 ; Goodman, White and Kwon 1998]。一部の研究者は東アジアとの比較の文脈で国家社会福祉モデルの探求を試みており，その場合の分析の核心要素として一般的な福祉国家の概念が利用されている [Walker and Wong 1996 ; Takegawa 2005a, 2005b]。しかしながら，アジアにおける特別なモデルとしての中国の福祉レジームは，容易に単純化された東アジア福祉モデルに分類することはできず，政治や社会動学という面から単純に福祉国家として解釈することもできない。現実の福祉国家の体系は，安定した市場メカニズムと成熟した民主的な政治環境をもった資本主義諸国において広く構築されてきた。一方，社会主義福祉体制は，中央集権化された経済構造と単一の政治的方向性のもとに組み立てられてきた。数十年間，中国は社会主義の理想の姿を実現し，社会的安定性を最大化すべく，その社会福祉メカニズムを形づくってきた。さらに，中国では長い間，経済と社会生活について都市部と農村

部の二重性が存在し，そのためユニバーサルな福祉制度によって強調される包括的な福祉モデルを実現する機会が幾分か減少したのである。

中国の急速な経済成長を振り返ると，中国における社会政策介入の明らかな証拠をかろうじて見つけることができる。それは，社会政策が国家の社会的発展にとって決定的であるというメッセージを強く伝えている。換言すれば，過去において社会政策の問題は，政治・経済政策により陰に隠れ見劣りしてしまった。近年，中国にみられる社会変動と社会問題は，社会正義と社会的平等の維持における社会福祉（もしくは社会保障）の重要性に対する人々および政府の認識を徐々に変えてきた。2005年末以来，中国政府はその発展戦略を都市を基礎とした経済発展政策から農村中心の社会発展モデルに変更している。現在，中国政府は政策課題の最優先事項として「社会主義新農村」を提唱し，国家の発展戦略として，社会的不平等の削減と全国民の包括的なより裕福な生活の促進を強調している。

4 結論と議論

発展途上で過渡期の社会主義国としての，経済改革前の中国の社会福祉システムは，都市と農村で分断された残余的な福祉政策に加え，職域をベースとした広範囲な社会保険モデルであるとまとめることができる。しかしながら，1970年代終わりからの経済改革と開放政策は，資源と供給者を増やし国内の福祉供給の社会計画を地方分権化する努力を通して，社会福祉システムを全面的に変質させた。

中国における経済改革の最初の10年は，生産請負責任制 (household responsibility system) による農業生産の自由化や，国有企業のリストラと，急速な社会変革に起因する重圧を吸収するための社会保障システムの構築といった一連の段階を示した。20年以上の急速な GDP の成長にもかかわらず，中国は1990年代以降から経済改革と急速な社会変革によって解き放たれた一連の社会問題と難題に直面した。1989年の状況と比較して，今日の多くの中国の指導者は，社会の安定に陰を落とす社会問題の解決を志向する政府の努力が不可欠

であることをよく理解している。本節で筆者は主要な社会問題と，それによる現代中国の人々への影響についてのまとめを試みる。そしてこの国の社会発展における社会問題のインパクトについて簡潔な議論を提供する。

　急速な転換期にあるポスト社会主義国としての中国は，成熟した市場の構築を必要とするだけでなく，社会経済の変革により生み出された社会問題に取り組むための社会政策の構築と改善のための時間を必要とする。近代化という目標を実現するために，中国は市場経済が加速した1990年代以降，都市部と農村部の間における地域発展の不均衡の増加とヘルスケアと教育の困難さという難問にいまだ直面している。第11次5ヵ年計画期（2006～2010年），中国政府は「科学的発展というパラダイム」（Ke Xue Fa Zhan Guan）に基づく経済的・社会的発展を促進させるだろう。そのことは特に経済と社会の間の統合と，経済発展と社会の向上のバランスを重視することになる。中国の指導者たちは，社会の葛藤と社会問題のネガティブな影響を認識し，この国の直面する問題を解決するうえでの社会科学の機能を理解している。そして「調和のとれた社会の建設」を，市場経済とグローバリゼーションの文脈の下での社会主義の近代化の促進のための2004年におけるアジェンダの最優先課題に位置づけた。

　社会的・政治的制度の複雑さとユニークさを考えれば，筆者は中国の社会変革の文脈における福祉レジーム概念を再考する必要性を提案する。福祉国家と社会政策の発展の歴史を振り返ると，アジアの社会政策研究者は，普及している概念と理論的枠組みの使用の適用性に関する疑問を抱かずに，西洋式の説明に頼る傾向がある。しかしながら，単一の福祉モデルもしくは単一の理論的な説明は，アジア福祉システムの定式化をめぐる要望に完全には応えることができない。中国は確かに例外ではない。まとめていえば，中国の社会福祉システムの形成と変化は，その伝統的文化と特殊な政治体制（政党国家構造）に関連があり，経済発展アプローチを適応しつつ社会シナリオを変化させようとしているのである。中国の福祉レジームは，もし理論上ひとつのものであるとしても，開発福祉モデルあるいは経済発展中心の福祉モデルというように簡略化されたものではない。アジアの儒教福祉モデルであると簡単にまとめられるわけでもない。論者の立場に由来する中国の福祉レジームに関する上述のような理

論的議論の限界は，概念のあいまいさにあるだけでなく，不十分なエビデンスにもある。中国の社会システムと社会政策をめぐる現在の文献は，ある程度，主題をめぐる健全な説明を求める準備段階の努力として捉えた方がよい。理論上・実践上の有効性のための堅固な基盤を創出するためには，将来，より実証的な研究が行われるべきである。

(訳：中原　耕・松木宏史)

【参考文献】

Clark, J. (2004) *Changing Welfare Changing States : New Directions in Social Policy*, Sage.

Cook, S. (2000) "After the iron rice bowl : Extending the safety net in China" IDS Discussion Paper 377, Institute of Development Studies, University of Sussex, Brighton.

Croll, E. (1999) "Social welfare reform : Trends and tensions" *The China Quarterly*, 159.

Davis, D. (1989) "Chinese social welfare policies and outcomes" *The China Quarterly*, 111.

De Neubourg, C. and Weigand, C. (2000) "Social policy as social risk management" *Innovation*, Vol. 13, No. 4.

Duckett, J. (2003) "Bureaucratic interests and institutions in the making of China's social policy" *Public Administration Quarterly*, 27, 1/2.

Gill, B., Chang, J. and Palmer, S. (2002) "China's HIV Crisis" *Foreign Affairs*, 81 (2).

Huang, J. X. (2003) "Economic restructuring, social safety net, and old-age pension reform in China" *American Asian Review*, Vol. 21, Iss. 2.

Hussain, A. (1994) "Social security in present-day China and its reform" *The American Economic Review*, 84 (2).

Jacek Kochanowicz, J. (1997) "Incomplete demise reflections on the welfare state in Poland after communism" *Social Research*, Vol. 64, Iss. 4.

Kasza, G. J. (2002) "The illusion of welfare 'regimes'" *Journal of Social Policy*, 31, 2.

Kaufman, J and Jing, J. (2002) "China and AIDS : The time to act is now" *Science*, Jun. 28, Vol. 296, Iss. 5577.

Kwong, J. and Qiu, Y. L. (2003) "China's socials security reforms under market socialism" *Public Administration Quarterly*, 27, 1/2.

Lee, M. K. (2000) *Chinese Occupational Welfare in Market Transition*, Macmillan.

Leung, J. C. B. (1994) "Dismantling the 'iron rice bowl': welfare reforms in the People's Republic of China," *Journal of Social Policy*, 23 (3): 341-361.
Lin, Y. M. (2000) "State and markets under China's transformation: Rethinking China's economic transformation," *Contemporary Sociology*, Vol. 29, Iss. 4.
Mok, B. H. and Liu, J. T. (1999) "In the service of market socialism: The quest for a welfare model" *International Journal of Sociology and Social Welfare*, Vol. XXVI, No. 3.
Pei, M. X. (1998) "Is China Democratizing?" *Foreign Affairs*, Jan/Feb. Vol, 77, Issue 1
Pfau-Effinger, B. (2004) *Development of Culture, Welfare States and Women's Employment in Europe*, Ashgate.
Pfau-Effinger, B. (2005) "Culture and welfare state policies: Reflections on a complex interrelation" *Journal of Social Policy*, 34 (1).
Ravallion, M. and Jalan, J. (1999) "China's lagging poor areas" *The American Economic Review*, Vol. 89, Issue 2.
Saunders, P. and Shang, X. Y. (2001) "Social security reform in China's transition to a market economy" *Social Policy & Administration*, 35 (2).
Selden, M. and You, L. Y. (1997) "The reform of social welfare in China" *World Development*, 25.
Sun, L. P. et. al. (1994) "The structural changes in Chinese society since reform" *China Social Sciences*, No. 2.
Takegawa, S. (2005a) "Pension reform in 2004: Birth of welfare politics?" *Journal of Social Policy Association*, No. 14.
Takegawa, S. (2005b) "Japan's welfare-state regime: Welfare politics, provider and regulator" *Development and Society*, Vol. 34, No. 2, 169-190.
Wong, L. and Flynn, N. eds. (2001) *The Market in Chinese Social Policy*, Palgrave.
Xia, M. (1999) "From camaraderie to the cash nexus: Economic reforms, social stratification and their political consequences in China" *Journal of Contemporary China*, Vol. 8, Issue 21.
Xiong, Y. G. (1999) "Social policy for the elderly in the context of aging in China: Issues and challenges of social work education" *International Journal of Welfare for the Aged*, Vol. 1, Issue 1.
Xiong, Y. G. (2001) "The growth of the third sector in the countries of transitional economy: An explanation on Chinese reality," *Sociological Research* (She Hui Xue Yan Jiu), No. 1 (in Chinese).
Xiong, Y. G. (2002) "On building the model of social policy and analytical framework in

第Ⅱ部　東アジアにおける社会政策の諸相

China." *China Social Work Research* (*Zhong Guo She Hui Gong Zuo Yan Jiu*), Vol. 1, No. 1. (in Chinese)

9章　中国における医療保険の形成とその実態[1]

于　　洋（城西大学）

はじめに

　計画経済期において，中国の医療制度はWHOや世界銀行などの国際組織から高い評価を得ていた。しかし，1980年代に入り，経済改革開放政策が進展していくにつれて，従来の医療サービスの供給と需要に大きな問題が現れ，医療費の急増や医療サービスへのアクセスの低下などの問題が著しくなった。このような状況のなかで，医療保険制度の改編が行われた。現在，公費医療制度，労働保険医療制度（以下，「労保医療制度」とする），基本医療保険制度，新農村協力医療保健制度という4つの制度が並存している。そのうち，公費医療制度と労保医療制度（以下，「公費・労保医療制度」とする）は建国初期から主な医療保険制度として中国の都市部で機能してきた。基本医療保険制度は1990年代の医療保険制度改革の試行を経て1999年から実施されたもので，現在では主要な制度となっている。本章では，計画経済期の公費・労保医療制度と現在の基本医療保険制度の形成プロセスおよびその実態を明らかにしたい。なお，紙面が限られているため，農村部の医療保険制度に関する議論は他の論文に譲りたい。

1　従来の医療保険制度の仕組みとその実態

（1）医療保険制度に関する時期区分

　衛［1994］，中国研究所［2001］と鄭ほか［2002］は中国の社会保障制度の時期区分を行った。それらの文献に従えば，中国の社会保障制度はおおむね①

1949～85年の計画経済期の社会保障期，②1986～92年の改革模索期，③1993～97年の改革強化期，④1998～現在までの新制度並存期の4段階に分けられる。計画経済期の社会保障に関して，さらに1949～56年の創設期，1957～68年の調整期，1969～77年の停滞期，1978～85年の再建期に分けられる。医療保険制度も上述の区分に当てはまるが，従来の医療保険制度から基本医療保険制度への転換をより理解しやすくするために，本章は上記のような時期区分にこだわらず，90年代初頭までの計画経済型医療保険制度，90年代初頭から98年頃までの改革試行，さらに1999年以降の新制度について，考察と分析を進める。

(2) 都市部における公費・労保医療制度の仕組み

現在，中国には4つの医療保険制度が並存している。それは，公費医療制度，労保医療制度，基本医療保険制度，新農村協力医療保健制度である。そのうち，公費・労保医療制度は建国初期から主な医療保険制度として中国の都市部で機能してきた。基本医療保険制度は1990年代の医療保険改革の試行を経て1999年から実施されたもので，現在では主要な制度となっている。新農村協力医療保健制度は，以前の農村協力医療保健制度が解体した後，最近再組織されたものである。将来，基本医療保険制度と新農村協力医療保健制度は，中国の都市部と農村部で機能すると予想される。

(1) 公費医療制度

公費医療制度は1952年に創設され，日本の共済組合の医療保険制度に該当する。公費医療制度の被保険者は，各級の行政機関と事業単位およびその他の党派，団体の職員と離退休・退職者[2]，現役大学生，退役した二等乙級以上の身体障害を有している軍人などである。

公費医療制度の財源は政府財政負担となっている。図表1は公費医療制度の仕組みを示している。財政予算のなかには「公費医療費」が設けられている。衛生部門の要請に従い，各級財政部門は定額基準[3]に基づき各級公費医療管理機構（各級政府の衛生局）に資金を支給する。公費医療管理機構は受給対象機関（被保険者の勤務先）の請求に応じて医療費を支給する。公費医療制度の被保険

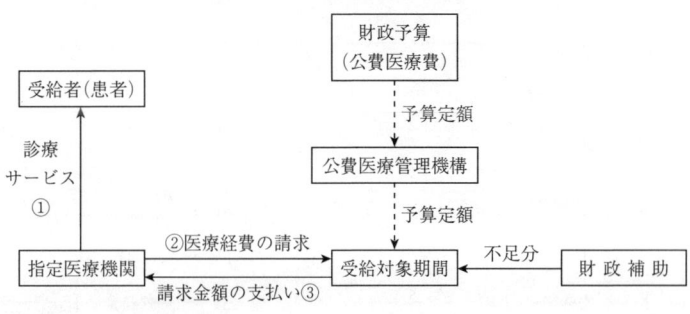

9章　中国における医療保険の形成とその実態

図表1　公費医療制度の仕組み

```
                        ┌──────────┐
                        │  財政予算  │
                        │(公費医療費)│
                        └────┬─────┘
                             │予算定額
                             ↓
   ┌──────────┐         ┌──────────┐
   │受給者(患者)│         │公費医療管理機構│
   └──────────┘         └────┬─────┘
        │診療                │予算定額
        │サービス            ↓
        │①     ②医療経費の請求
        │     ┌──────────┐       ┌──────┐       ┌──────┐
        └────┤指定医療機関├──────┤受給対象期間├─不足分─┤財政補助│
              └──────────┘       └──────┘       └──────┘
                 請求金額の支払い③
```

出所：楊・坂口［2002：51］。

者は本人の写真が貼ってある「公費医療証」を持参し，指定病院で診察を受ける。すべての医療費用は，病院側から受給対象機関に定期的に請求され，被保険者自身の支払いが不要である。受給対象機関に請求した医療費が定額基準を超える場合は，財政から補填される。ちなみに，1980年代末から公費医療制度の改正に伴い，被保険者に少額の自己負担を求めるようになった[4]。

公費医療制度の医療給付には受診する際の医薬費，ベッド料，検査料，薬剤費，治療費，手術費のほかに，必要な高価薬品，栄養薬品の費用も含まれる[5]。しかし，被保険者の家族は公費医療給付を受けられない。家族の医療費は，被保険者と職場が掛け金を出し合って賄われる。

公費医療制度の管理は，地方政府，医療機関，受給機関に分けられ，それぞれに管理機構がおかれている。地方政府における管理機構は公費医療制度の実施をはじめ，その対象機関の資格審査や，予算の編成およびその管理，使用，決算報告などを行う。医療機関における管理機構は病院における公費医療制度の管理措置の制定，実行状況の監督，公費医療費の使用状況の報告書作りなどの業務を行う。受給機関における管理機構は定期的に同レベルの公費医療制度の管理部門に本機関の公費医療制度の受給者数およびその支出状況などの報告を行う。

(2) 労保医療制度

労保医療制度は1951年に国務院が公布した「労働保険条例」によって実施さ

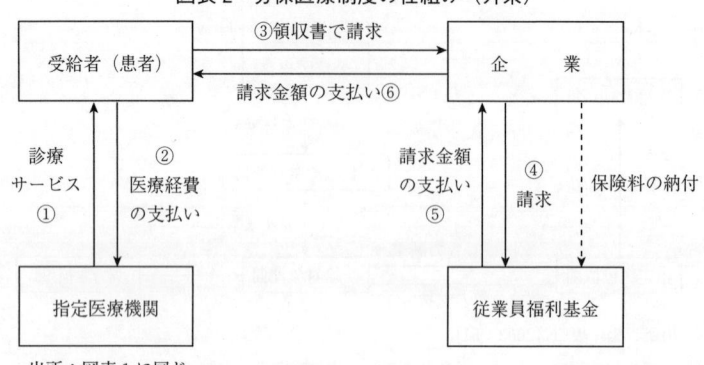

第Ⅱ部　東アジアにおける社会政策の諸相

図表2　労保医療制度の仕組み（外来）

```
                    ③領収書で請求
   ┌──────────┐ ←────────────── ┌──────────┐
   │受給者（患者）│                      │  企   業  │
   │          │ ──────────────→     │          │
   └──────────┘   請求金額の支払い⑥   └──────────┘
     ↑    ↓                              ↑    ↓  ┊
   診療   ②                           請求金額 ④  ┊保険料の納付
   サービス 医療経費                     の支払い 請求 ┊
   ①      の支払い                      ⑤         ┊
   ┌──────────┐                      ┌──────────┐
   │ 指定医療機関 │                      │従業員福利基金│
   └──────────┘                      └──────────┘
```

出所：図表1に同じ。

れたもので，日本の組合管掌健康保険制度に相当する。労保医療制度の被保険者は，都市部のすべての国有企業の在職者と離退休・退職者である。また，県レベル以上の集団企業も加入できる。

　労保医療制度の財源は企業の賃金総額から一定の割合で徴収されている。1969年に財政部は徴収した資金を企業自身で管理し，企業の「福祉基金」という項目から支出するように定めた。この「福祉基金」は賃金総額の11％と決められ，医療費が5.5％となっていた。1993年に11％だった比率は14％に引き上げられ，医療費支出も7％になった。離退休・退職者の医療費については「営業外」という項目から支出される。「福祉基金」と「営業外」の両項目はいずれも企業の生産コストに算入される。利潤上納を前提とした「統収統支」の財政制度[6]のもとでは，労保医療制度の財源は政府によって賄われていたといえよう。図表2は労保医療制度の仕組み（外来）を示している。公費医療制度と異なり，労保医療制度の受給者は一旦医療機関の窓口でかかった医療費を払い，後に領収証と引き換えに勤務先から払い戻してもらう（外来の場合）。

　労保医療制度の医療給付は公費医療制度のそれと同様であるが，被保険者の家族は，半労保医療を受けることができる。つまり，手術費用と薬品費用の50％が自己負担となる。

(3) 1992年までの実態

図表3は1952年から92年までの公費・労保医療制度の被保険者数および医療費の推移をまとめている。これをみることによって，両制度の実態について次のようなことがわかる。

第1は，40年間にわたって両制度の被保険者数は大幅に増加してきたが，そのなかでも離退休・退職被保険者の増加がめだつ。1989年から92年までの年増加率を比較してみると，在職者が平均2.3％であったのに対して，離退休・退職者が平均5.4％であった。高齢者が現役世代より罹病率が高く，1人当たりの医療支出も高いため，離退休・退職者の高い伸び率は医療費急増の要因のひとつであると思われる。

第2は，1978年以降，公費・労保医療費が急速に増加した。1978年に27億元になっていた公費・労保医療費が1992年に14倍の372.7億元に上昇した。同期間中のGDPで約7倍，財政支出で約3倍の上昇率［『中国統計年鑑』各年版］と比べると，公費・労保医療費がいかに急増したかがわかるだろう。さらに，全

図表3　公費・労保医療制度の被保険者数および医療費の推移

年	被保険者数（万人）			公費・労保医療費合計（億元）	1人当たり医療衛生費（元）
	合　計	在職者	離退休・退職者		
	絶	対	値		
1952	702.0	—	—	—	—
1978	8,400.0	—	—	27.0	32.1
1988	15,304.0	13,260.0	2,044.0	183.4	120.0
1989	15,695.7	13,535.2	2,160.5	224.4	143.0
1990	16,038.7	13,787.7	2,251.0	268.6	167.0
1991	16,573.7	14,206.7	2,367.0	315.0	190.0
1992	17,044.4	14,528.9	2,515.5	372.7	219.0
	増	加	率	(％)	
1989	2.6	2.1	5.7	22.4	19.2
1990	2.2	1.9	4.2	19.7	16.8
1991	3.3	3.0	5.2	17.3	13.8
1992	2.8	2.3	6.3	18.3	15.3
平均値	2.7	2.3	5.4	19.4	16.3

出所：1952年と1978年は鄭ほか［2002：122-130］。1988年以降は宋主編［2001：440］。

国の国民医療費に占める公費・労保医療費の割合をみてみると，1978年の24.5％から1992年には41.7％に上った[7]。1992年に，公費・労保医療制度の被保険者数が総人口の14.5％しかなかったのに，全国医療衛生資源の約42％も占めていたことがわかる。経済改革の進展に伴い，公的医療保険の制度設計には公平性と効率性のうえで問題が生じてきたといわざるを得ない。

（4）医療サービスの需給に対する政府の関与と国民健康状態の向上

World Bank によれば，1970年代末約90％の国民（ほぼすべての都市部住民と85％の農村住民）が公費・労保医療制度か農村協力医療保健制度のいずれに加入していた [World Bank 1993: 210-211]。中国政府は計画経済期において，公費医療制度，労保医療制度，農村協力医療保健制度という3つの公的医療保険制度の高い普及率を維持しながら，国民の医療サービスに対する需要を確保してきた。農村協力医療保健制度の場合は，個人の拠出と生産大隊や人民公社の公益金で運営されていたが，公費・労保医療制度の場合には政府の財政負担で成り立っていた。

需要の面だけではなく，政府は財政支出を通して医療サービスの供給にも強く関与していた。医療機関の財源は政府財政補助，診療行為収入と薬剤収入から構成される。計画経済期において，診療行為や薬剤の価格は政府によって厳しく抑えられていた。診療行為と投薬による収入と実際支出の差額はすべて財政補助によって補填されていた。その結果，財政補助が財源構成の最大の部分となっていた。黄ほかは8つの県級病院に対して経営状況を調査した。それによれば，1980年に医療機関の財源構成では，財政補助が80％を占めていた [黄ほか 2000: 8-9]。

国民の健康状態を測定するために，しばしば平均余命と乳児死亡率が用いられる。中国人の平均余命は，1949年の35.0歳から1981年の67.9歳に伸びた。乳児死亡率は，1949年の200‰から1981年の34.7‰にまで下落した[8]。S. Wangによれば，1980年の乳児死亡率の世界平均値は67‰で，中等発展途上国の平均値は53‰であった [Wang 2004: 8]。それらの数値と比べると，1980年頃の中国はすでに中等発展途上国以上に国民の健康状態を向上させていたということ

がわかる。1980年代以前の中国の医療制度に対して，世界銀行やWHOなどの国際機関も高く評価していた。世界銀行は「中国が異なる社会構成員に対して異なる医療保険制度を適用させ，国民の健康状態を著しく改善させた」と評価したうえで，中国の経験を「発展途上国のモデル」と称した[World Bank 1994]。

ところが，高い評価を受けた計画経済期の医療保険制度と医療供給体制は，1980年代以降，特に1990年代に入ってから，改革開放政策の進展に伴い，うまく機能しなくなった。

2 医療保険改革の背景

（1）医療供給の市場化と従来の公的医療保険

改革開放政策が進行するにつれて，1980年代半ばから医療機関の予算体制に大きな変革が発生し，それは医療体制に大きな影響をもたらした。

その変革とは，以前のソフトな医療予算体制を定額予算方式に変えたことである。医療機関の要求に応じて決められていた財政補助が，定額予算に変えたことで，政府の財政負担能力によって決められるようになった。これは合理的な資源配分であるようにみえるが，その背後には市場原理を重視することによって財政支出が経済効率の高い分野に向けられたことや財政改革の失敗によって財政機能，特に中央財政機能が低下したことなどの要因があった。財政補助が定額に変わったことに伴い，従来厳しく抑制されていた診療価格や薬剤価格に対する決定権が次第に医療機関に与えられるようになった[9]。これは経済改革の過程に施行した放権譲利[10]の具体的措置の1つである。診療価格や薬剤価格に対する決定権の緩和は，定額予算制に変更したことのトレードオフとみなすこともできる。医療機関が定額の財政補助を受けるだけでは，低い診療価格と薬剤価格を維持することができなくなったため，しだいに診療価格と薬剤価格を引き上げたのである。そのため，医療機関の収入構成において診療行為や投薬の割合が急増した。黄ほかによれば，1980年に20％未満であった診療行為と投薬による収入が1996年には86％に急上昇した。一方，政府による財政

補助は1980年の約80％から1996年の14％にまで急落した［黄ほか 2000：8-9］。医療予算体制の変更は，医療機関の収入構成に大きな影響を及ぼした。医療供給体制はしだいに市場化されてきた。

　医療供給体制は変わったが，医療需要側の保険制度は変わっていなかった。1990年代初頭までに，都市部の公費・労保医療制度は基本的に以前のままで運営されていた。前掲図表1，2に示しているように，医療費の支払いは相変わらず第三者支払い方式[11]となっており，病院と患者との間で制約し合うメカニズムが形成されていなかった。前記のように，財政補助が大幅カットされ，診療行為と医薬品の価格が自由化になった状況のなかで，制約し合うような運営管理システムが完備されていなければ，診療サービスにおける医師誘発の現象は生じやすくなる。つまり，医療供給体制に公的な部分は縮小したが，需要における公的な保障が依然として厚いことは，医師誘発現象が発生しやすい環境を作ったのである。このような状況のもとで，中国の医療費，特に公費・労保医療費が急増している。

（2）公費・労保医療費および高齢者医療費の急増

　第1節では，1970年代後半から1990年代初頭にかけて，公費・労保医療費が急速に増加したことをすでに検討した。繰り返しになるが，1978年から1992年までの間で公費・労保医療費は27億元から372.7億元に上昇し，国民医療費に占める割合も24.5％から41.7％に上った。同期間の経済成長や財政収入の増加率より，公費・労保医療費の上昇率ははるかに高い。多くの研究者は公費・労保医療費の急増が医療保険改革の起因とみている。たとえば，尹［1998］は公費・労保医療費の急増を抑制するために，医療保険改革の重要性を強調している。公費・労保医療費の急増には，医療供給体制と公的医療保険制度の間に抜け穴が存在するという要因が大きい。

　一方，急速に進んできた高齢化によって高齢者医療が拡大し，特に離退休・退職者の増加が公費・労保医療費および国民医療費の高騰要因の1つであると指摘されている。2001年末，中国では65歳以上の高齢者人口は9062万人に達し，総人口に占める高齢者人口割合が7.1％に達した。現実に，中国の人口高齢化

は国連の中位推計より若干速いスピードで進んでいる。加齢に伴い，高齢者は医療サービスへのアクセスが増え，医療消費も上昇している。李ほかは，1992～94年の調査統計を用いて次のように分析している。まず，全国高齢者の2週間平均受診率は36.3％となっていたが，これは全国平均の18.3％の2倍に相当する。また，公費・労保医療制度に加入している高齢者の2週間受診率が45.7％であったが，加入していない高齢者の場合は，26.8％しかなかった［李ほか 1998：14-16］。高齢者は加齢に伴って，病院に通う頻度が高くなることと，医療保険制度に加入している高齢者の受診率はより高いことがよくわかる。同研究は1994年時点では全国1人当たり医療費が150.3元，高齢者1人当たり医療費がそれの2.3倍の338.3元となっていたことを示している。高齢者の医療費は一般人の医療費より倍以上高いことがわかる。統計資料によれば，1990年代初めから公費・労保医療費に占める離退休・退職者の医療費の割合が30％を超えている。このような割合は日本の高齢者医療費の対国民医療費の割合と同様の水準となっている。

（3）労働市場の変化に遅れた対応と医療保険普及率の低下

　改革開放政策は多様な企業形態を育成し，労働市場を変化させた。市場経済の進展につれて，非国有・非集団企業セクターが急速に成長してきた。1992年頃非国有・非集団企業セクターに従事している労働者は1億3602万人に増えた［『中国統計年鑑 1993』］。当時の国有・集団企業の従業員は1億4510万人［同前掲］であったから，非国有・非集団企業は国有・集団企業に匹敵するような勢力になった。それにもかかわらず，公費・労保医療制度が国有・集団企業の従業員と公務員にしか対応していないという状況には何の変化もなかった。労働市場での新興企業およびそれらの従業員に医療保険制度を適用していないことは，公平性が問われるだけでなく，労働の自由移動にも障害となる。また，企業の所有形態によって医療保険制度が適用されないことは企業経営にも影響を及ぼす。医療保険制度の恩恵を受けていない外資系・私営などの新興企業は，古い国有・集団企業に比べ，生産コストを低く抑え，競争力を高めたのである。

　次に，医療保険普及率の低下について検討してみる。国有セクターからの人

図表4　1993年全国の医療保障制度の構成

単位：％

調査指標	全国合計	都市				農村				
		合計	大都市	中都市	小都市	合計	一類	二類	三類	四類
公費医療	5.76	18.22	22.98	17.85	14.09	1.56	1.84	1.26	2.05	0.61
労保医療	9.74	35.26	41.76	38.31	26.08	1.13	2.57	0.70	0.82	0.45
半労保医療	3.80	12.93	16.45	12.29	10.27	0.72	1.64	0.46	0.55	0.17
基本医療保険	0.31	0.25	0.19	0.18	0.37	0.33	0.64	0.17	0.32	0.28
重病統括医療保険	7.74	1.62	0.10	0.04	0.30	9.81	28.76	9.14	0.73	1.00
協力医療	0.30	0.87	1.63	0.67	0.34	0.10	0.35	0.02	0.04	0.02
自費医療	69.86	27.28	16.56	20.62	44.04	84.11	64.14	88.10	95.40	83.07
その他の形式	2.49	3.57	0.33	10.04	4.51	2.24	0.09	0.25	0.09	14.40

注1：一類，二類，三類，四類というのは農村の経済状況による分類である。一から四まではその地域の経済力が減っていく。
注2：表の中で協力医療保健制度とは農村部の協力医療保健制度である。都市部に協力医療を受けている人は都市部の農村人口と思われるが，農村部で公費・労保医療制度を受けている人は農村部の幹部や一部の集団企業の従業員と思われる。
出所：「1993年第1次国家衛生服務調査分析報告」。

材流出，非国有セクターの成長によって，従来の公的医療保険制度の適用範囲はしだいに縮小した。図表4によれば，1993年に公費・労保医療制度を受けていた人は15.5％であるが，自費で医療サービスを受けていた人の割合は約70％に達するほどの大きさである。1970年代末に約90％の国民がいずれかの医療保険制度に加入していた状況と比べると，1990年代初頭の医療保険制度の普及は大きく後退したといわざるを得ない。図表4から，医療保険制度が都市部，特に大都市に集中していることもわかる。1993年に，公費・労保（半労保医療を含む）医療制度を受けている人は都市部では約66.4％（大都市では81.2％）となっていたが，農村部ではわずか3.4％しかなかった。自費医療の割合が都市部では27.3％に対して，農村部では84.1％と逆の傾向になっていた。医療保険普及率の低下の原因は，所有制構造および労働市場の変化に医療保険制度の対応が遅れたことにある。また，このような実態は中国の医療保険制度の不整備をも示している。

1992年までの公費医療制度は一種の国家保険であり，労保医療制度は一種の企業保険であるように思われる。公費・労保医療費の急増は政府と企業にとって重い負担となっている。また，医療保険制度の適用が国民の3割にとどまっ

ていたことは公平性の観点からみると批判せざるを得ない。さらに，前述したように医療費の支払いは第三者支払い方式となっており，病院と患者との間で効率的に制約し合うメカニズムが形成されていない。これによって，過剰診療などの不適切な医療給付が発生しやすい。これらの問題を抱えながら，従来の医療保険制度は1990年代に入り，経済改革の強化に伴い，大きな転換期を迎えた。

3　改革期における動向とその実態

（1）1990年以降の改革概要

　1980年代半ば以降，多くの企業で福祉支出が予算を大幅に超えた。医療費の増加を抑え，個人の節約意識を強めるために，医療費の一部自己負担（1，2割程度）が実施された。しかし，医療保険制度の資金調達，運営管理メカニズムおよび病院側と患者側との制約し合うメカニズムが形成されなかったために，医療費自己負担の改善方法には限界があった。

　1992年末，労働部は「被保険者重病医療費統一徴収の試行に関する意見」を通達し，企業内で重病保険を広げた。1994年末現在，全国では23の省・直轄市，380の県・市で約500万人の被保険者がこの制度に加入している［于 2001：47］。重病保険では，雇用側は賃金総額の3〜5％を保険料として，区や県の社会保険機構に納付する。被保険者が重病にかかった際，社会保険機構が病気の種類に応じ，治療費用の大部分を支給する。残りの部分は個人と企業が負担する。重病保険支給の最低基準は地域，医療時期によって異なり，中小都市では300〜500元，大都市は1000〜2000元である。

　1993年11月に，中国共産党第14回中央委員会第3次全体会議において，「社会主義市場経済体制の確立にかかわる諸問題についての中共中央の決定」が決議された。それに基づき，国家体制改革委員会，労働部，衛生部，財政部が「賃金労働者医療制度改革に関する試案」（以下，「試案」とする）を制定した。「試案」は統括医療基金と個人口座を併設した新たな医療保険制度を打ち立て，都市部のすべての賃金労働者を対象にする目標を確立させた。1994年4月から，

江西省九江市，江蘇省鎮江市をはじめ，いくつかの地方都市でこの「試案」を試行し始めた。

　1994年から行われてきた医療保険制度改革は5つに分けられるが，共通していることは，以下のとおりである。①雇用側と個人が保険料を拠出する保険方式が確立された。個人が拠出する保険料は賃金から天引きされ，最初は本人賃金総額の1％からスタートし，将来的に5％前後にする。②統括医療基金と個人口座の創設が特徴である。雇用側が拠出する保険料の50％以上と個人の拠出分は，個人口座に記入される[12]。残った保険料は，統括医療基金に納められ，市や県の医療保険機構によって管理，運用される。5つの改革案のそれぞれの特徴は次のとおりである。①「両江式」また「直通式」とも呼ばれる鎮江市・九江市の改革は，医療費用の発生順序に従って，個人口座から統括医療基金への支払方法をとっている。②「海南式」また「板塊式」とも呼ばれる海南省の改革は，個人口座と統括医療基金の使い方が外来と入院に分けられている。③「牡丹江式」と呼ばれる牡丹江市の改革は，個人口座と統括医療基金の使い方が病種の違いによって分けられている。④「塘青式」また「三金式」とも呼ばれる塘沽市・青島市の改革では，個人口座と統括医療基金の間に雇用側の調整基金が加えられている。⑤「深圳式」また「分列式」とも呼ばれる深圳市の改革は，在職者，離退休・退職者，短期滞在者，そして，失業者と出稼ぎ者などに分けて異なる医療保険制度を与える。

（2）「両江式」改革案の内容

　「両江式」は医療保険制度改革の模範として行われた。改革案の被保険者とは，私営企業，個人企業，郷鎮企業などを除く，あらゆる形態の企業と事業単位，社会団体，政府機関とそれに属する従業員および離退休・退職者である。

　「両江式」改革案において，雇用側が納付する保険料は前年度在職者と離退休・退職者の年間賃金総額（離退休・退職者の場合は年金）の10％になっている。在職者は個人年間賃金総額の1％を保険料として拠出し，離退休・退職者は保険料を拠出しない。統括医療基金に入れる雇用側の保険料は被保険者の年齢・就業状況によってその割合が異なる。45歳未満の在職者が60％，45歳以上の在

職者が40％，退休者が50％，そして，離休者が100％となっている。個人口座については，次のようになっている。45歳未満の在職者の場合は，雇用側の保険料の40％と個人保険料の全部が個人口座に記入される。45歳以上の在職者の場合は，雇用側の保険料の60％と個人保険料の全部が個人口座に記入される。退休者の場合は，雇用側の保険料の50％が個人口座に記入される。離休者と2等乙級以上の障害になった軍人については，個人口座を設定しない。

　医療給付については，個人口座→統括基金という支払い方法になっている。被保険者が医者にかかる際，指定病院で診察と治療を受け，医療費はまず個人口座から支払われ，個人口座の預り金が使い終わったら，個人の現金支払いの形になる。年度精算で，個人口座以外の個人の支払い分は，個人の年間賃金総額の5％以上になる部分は，統括医療基金から払い戻される。しかし，この場合も個人が一定割合の自己負担をしなければならない。自己負担率は実際の費用が多いほど低くなる。たとえば，医療費が個人の賃金総額の5％以上5000元未満の場合は，20～10％，5000～10000元の場合は，10～8％，10000元以上の場合は，2％となっている。退休者に関しては，自己負担率が在職者の半分になっている。2等乙級以上の障害を有している軍人，離休者に関しては，保険料負担も個人口座の設定もなく，すべての医療費は統括医療基金から支払うという特別な扱いをしている。被保険者全員に対して，難病，家族計画手術およびその後遺症の治療がある場合，すべての費用は統括医療基金から支払われるようになっている。

　1997年末現在，九江市における「両江式」改革案への参加率は雇用側，個人ともに約95％に達している［労働・社会保障部医療保険司編　1999：143］。試行制度が基本的に形成されたこと，基本的な医療保険ができたこと，医療浪費現象が減少したこと，企業の改革によい環境を供給したことが評価できる。

（3）1993～1998年の実態

　1990年代初めから医療保険改革が各地で試行されていたため，医療保険の構成も多様になった。ここで，公費・労保医療制度と試行制度とに分けてそれぞれの実態を考察してみる。

図表5　公費・労保医療制度の被保険者数および医療費の推移（1993〜98年）

年	被保険者数（万人）			医療費合計（億元）			1人当たり医療衛生費（元）
	合計	在職者	離退休者	合計	公費・労保医療費	重病統括医療基金	
	絶　対　値						
1993	17,273.2	14,584.2	2,689.0	461.0	459.8	1.2	267.0
1994	17,523.0	14,668.5	2,854.5	561.2	558.4	2.8	321.0
1995	17,682.1	14,670.6	3,011.5	660.7	653.8	6.9	374.0
1996	17,774.6	14,621.7	3,152.9	737.0	721.8	15.2	415.0
1997	17,817.5	14,536.3	3,281.2	797.1	773.7	23.4	447.0
1998	17,781.5	14,309.3	3,472.2	834.0	780.7	53.3	469.0
	増　加　率（％）						
1993	1.3	0.4	6.9	23.7	23.4	—	21.9
1994	1.4	0.6	6.2	21.7	21.4	133.3	20.2
1995	0.9	0.0	5.5	17.7	17.1	146.4	16.5
1996	0.5	−0.3	4.7	11.5	10.4	120.3	11.0
1997	0.2	−0.6	4.1	8.2	7.2	53.9	7.7
1998	−0.2	−1.6	5.8	4.6	0.9	127.8	4.9
平均値	0.7	−0.3	5.5	14.6	13.4	97.0	13.7

出所：『中国社会保険年鑑2000』（内部資料）：157。

　図表5は，医療保険改革期間における公費・労保医療制度の概観を示したものである。同図表から次のことがわかる。①1993年以降，被保険者数合計は増加してきたものの，増加率は明らかに減少した。1993年の増加率は以前の2％以上から1.3％に下落し，1998年にはさらにマイナスになってしまった。それは，1993年から医療保険改革案の試行が行われたことと，企業業績の悪化によって新規被保険者が減少したことによる結果であると考えられる。②在職者被保険者数は1995年にピークに達してからは減少傾向が続いている。1998年までの3年間で，在職被保険者は360万人余り減少した。これは医療保険改革案の試行に参加する企業が増えたため，公費医療制度，特に労保医療制度から試行制度に移行した人が増えたことによるものと考えられる。③在職者の減少に対して，離退休・退職者被保険者は平均5％以上に増え続けた。その数は1993年の2689万人から1998年の約3472万人に増えた。離退休・退職者被保険者の持続的な増加は，近年の公費・労保医療費急増の大きな要因であると考えられる。

④医療費については，1993年以降の増加率は鈍化してきたことがわかる。特に，1998年の公費・労保医療費の増加率は1％を割ったこととなった。

増加率鈍化の原因について，銭は次のように指摘した。①公費・労保医療制度の医療給付に関する調整によって，個人が受診する際に自己負担が増えたこと，②医療費への行政干渉，医療費の事前フィックス制度[13]の創設によって，医療費総額コントロールできたこと，③一部の国有企業や集団企業の経営状況が悪化し，それによって，該当企業の従業員に対する医療費の支払いが困難となり，そのために，従業員が病気にかかっても，できるだけ医者にかからせないようにしたり，医療費を自己負担させたりしていること，である［銭 1998：7-9］。

次に，試行制度の状況についてみてみよう。試行制度は重病統括保険から始まった。図表6からわかるいくつかの特徴をあげておこう。第1に，1993年から1998年にかけて，基本医療保険制度と重病統括医療保険制度の被保険者数は290.1万人から1878.7万人に増えた。そのなかでは，重病統括医療保険に加入した人が多い。試行制度であるため，両制度の被保険者数が都市部労働者に占める割合はまだ小さい。第2として，重病統括医療保険のうち，在職者より離退休者の増加率が高い。第3に，被保険者の増加に伴い，基金収入と基金支出はしだいに上昇し，1998年には60.6億元と53.3億元になった。第4に，基金残高がしだいに増え，収支状況は安定している。

図表7は，1998年の全国の医療保険制度の構成を示している。1993年の事情を示した図表4に比べると，医療保険制度の普及率がさらに下落したことがわかる。医療保険改革初期では，全国範囲での自費医療の割合は70％であったが，5年後の1998年には76.4％に上昇した。都市部では，公費・労保医療制度は1993年に53.5％の住民をカバーしていたが，1998年になると，その割合は38.9％に急落した。一方，自費医療の割合は1993年の27.3％から1998年の44.1％まで大幅に上昇し，重病統括医療保険と基本医療保険制度の場合は，1993年の1.9％から1998年の4.7％に上昇した。一方，農村部では，自費医療の割合は1993年の84.1％から1998年の87.3％へと小幅ではあるが悪化した。重病統括医療保険の大幅な下落と協力医療保健制度の急進が対照的である。1993年

図表6　基本医療保険制度と重病統括保険制度の状況（1993～1998年）

年	年末被保険者数 合計	基本医療保険 在職者	基本医療保険 離退休者	重病統括医療保険 在職者	重病統括医療保険 離退休者	基金収入	基金支出	年末残高
			絶	対	値	（万人，億元）		
1993	290.1	—	—	267.6	22.5	1.4	1.3	0.4
1994	400.3	—	—	374.6	25.7	3.2	2.9	0.7
1995	745.9	—	—	702.6	43.3	9.7	7.3	3.1
1996	855.7	—	—	791.2	64.5	19.0	16.2	6.4
1997	1,762.0	295.4	73.9	1,293.5	99.2	52.3	40.5	16.6
1998	1,878.7	401.7	107.6	1,108.0	261.3	60.6	53.3	20.0
			増	加	率	(%)		
1994	38.0	—	—	40.0	14.3	119.9	118.3	63.8
1995	86.3	—	—	87.6	68.0	206.3	150.2	335.4
1996	14.7	—	—	87.6	68.0	206.3	150.2	335.4
1997	105.9	—	—	63.5	53.9	175.1	149.5	157.8
1998	6.6	36.0	45.7	−14.3	163.4	15.9	31.6	20.5
平均値	50.3	—	—	37.9	69.7	122.8	144.5	137.1

出所：『中国労働統計年鑑2002』：535, 540より。

図表7　1998年全国の医療保険制度の構成　　単位：％

調査指標	合計	都市 合計	都市 大都市	都市 中都市	都市 小都市	農村 合計	農村 一類	農村 二類	農村 三類	農村 四類
公務医療	4.91	16.01	21.71	16.40	9.18	1.16	1.07	0.76	1.98	0.26
労保医療	6.16	22.91	30.61	28.38	9.44	0.51	1.40	0.52	0.15	0.03
半労保医療	1.60	5.78	8.46	6.17	2.40	0.19	0.64	0.10	0.07	0.05
医療保険	1.87	3.27	0.76	8.05	2.05	1.39	2.39	1.57	1.16	0.12
統括医療	0.39	1.42	2.79	1.09	0.13	0.04	0.15	0.03	0.01	0.00
協同医療	5.61	2.74	0.10	0.09	8.04	6.57	22.22	3.61	1.61	1.83
自費医療	76.42	44.13	34.30	38.75	59.97	87.32	71.79	92.53	84.78	81.49
その他の形式	3.04	3.73	1.28	1.07	8.79	2.81	0.34	0.88	0.23	16.20

出所：「1998年第2次国家衛生服務調査分析報告」。

から1998年にかけて，前者の場合は，9.8％から0.04％に急落したが，後者の場合は0.1％から6.6％に上昇した。医薬費用が大幅に上昇しているなかで，重病統括医療保険の給付範囲が狭くなった。それゆえ，農民にとって大きな病気

にかかった場合に適切な対応が得られない。そこで，手ごろな新協力医療保健制度に移ったのではないかと思われる。1993年以降，公費・労保医療制度のカバー率の急減には，改革案への移行という背景があるが，国有企業や集団企業の経営状況が悪化したことによって，該当企業の従業員に対する医療費の支払いは困難となり，公費・労保医療制度から離脱する現象もその背景の1つであった。

1990年代半ば以降，経済改革の加速に伴い，国有企業改革が急速に進められた。企業改革に適応できるような医療保険制度が求められつつあった。経済成長のおかげで所得が上昇し，また生活水準の向上によって医療給付水準も上昇している。そのため，増えつつある医療給付に健全な財源を確保する対策として，被保険者数の拡大と保険料率の引き上げが考えられる。その実現は朱鎔基が首相になった1998年から検討のスピードが引き上げられた。1998年12月に，国務院が「都市部賃金労働者の基本医療保険制度に関する国務院の決定」（以下，「決定」とする）を発布した。1999年から基本医療保険制度が登場した。

4　基本医療保険制度の形成とその実態

（1）基本医療保険制度の内容

「両江式」に基づいて，1998年12月の「決定」は，全国における医療保険制度改革の統一案である。「決定」は私営企業の参加を認め，郷鎮企業，個人企業の参加も地方政府の決定次第で参加できるように，「両江式」より適用対象を拡大した。

図表8が示しているように，基本医療保険制度では，雇用側が拠出する保険料は前年度在職者の年間賃金総額の6％[14]で，個人が拠出する保険料は個人年間賃金総額の2％[15]としている。統括医療基金に雇用側の保険料の70％が入れられ，個人口座には雇用側の保険料の30％と個人側の保険料の全部が入れられる。医療費金額の大きさ，外来と入院との区分，病種の区分の方法によって医療給付の支給口座が決められる。給付される手順は，「両江式」と同様に，個人口座から自己窓口負担，そして統括医療基金への順序である。統括医療基金

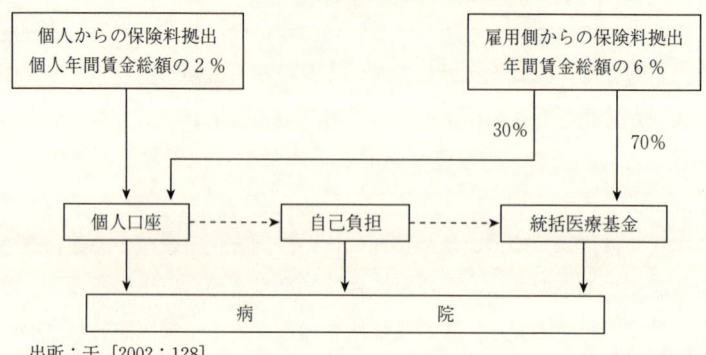

図表8　都市部基本医療保険制度の概要

```
個人からの保険料拠出              雇用側からの保険料拠出
個人年間賃金総額の2％              年間賃金総額の6％

                    30%         70%

   ┌──────┐    ┌──────┐    ┌──────┐
   │個人口座│--->│自己負担│--->│統括医療基金│
   └──────┘    └──────┘    └──────┘
        │           │           │
        ▼           ▼           ▼
   ┌──────────────────────────────┐
   │           病    院            │
   └──────────────────────────────┘
```

出所：于［2002：128］。

から支払う条件（入り口金額）は，個人口座と自己窓口負担の医療費支出合計が該当地域の平均年間賃金の10％を超えることである。統括医療基金から支給されても，定率の自己負担も要求される。統括医療基金からの支払いの上限額は該当地域平均年間賃金の4倍となっている。

　基本医療保険制度の設立は，被保険者範囲を拡大した点に関して，高く評価できよう。一方，基本医療保険制度は被保険者範囲の拡大を通して，政府財政と国有企業を救済しようとしたというような批判もある。

（2）1999年以降の実態

　図表9は1998年から2002年までの基本医療保険と重病統括医療保険の基本状況を示したものである。それを参照することによって，以下の事柄が読み取れる。①両制度の被保険者数は，1999年の2065.3万人から2002年の9401.2万人まで大幅に増えてきた。都市部労働者に占める割合も，1999年の約10％から2002年の38％に上昇してきた[16]。②基金収入は被保険者の増加に伴い，1999年の89.9億元から2002年の607.8億元までに，約6.8倍上昇した。③基金支出は収入と同様に上昇してきたが，収入に対する割合が1999年の77％から2002年の67％まで下落した。基本医療保険制度における医療費支出が縮小していることがわかる。④基金残高も順調に増加し，2002年には450億元となった。2001年から，基金残高は1年分の支出を上回るようになり，収支における健全性がみられる。

図表 9　基本医療保険制度と重病統括保険制度の状況（1998-2002年）

年	年末被保険者数					基金収入	基金支出	年末残高
	合計	基本医療保険		重病統括医療保険				
		在職者	離退休者	在職者	離退休者			
	絶　　対　　値（万人，億元）							
1998	1,878.7	401.7	107.6	1,108.0	261.3	60.6	53.3	20.0
1999	2,065.3	469.9	124.1	1,039.6	431.8	89.9	69.1	57.6
2000	3,787.0	1,818.2	487.8	1,044.6	436.3	170.0	124.5	109.8
2001	7,285.9	5,470.7	1,815.2	—	—	383.6	244.1	253.0
2002	9,401.2	6,925.8	2,475.4	—	—	607.8	409.4	450.7
	増　　加　　率（％）							
1998	6.6	36.0	45.7	−14.3	163.4	15.9	31.6	20.5
1999	9.9	17.0	15.3	−6.2	65.2	48.3	29.6	187.8
2000	83.4	287.0	293.2	0.5	1.0	89.2	80.3	90.8
2001	92.4	200.9	272.1	—	—	125.7	96.0	130.4
2002	29.0	26.6	36.4	—	—	58.4	67.7	78.1

出所：『中国労働統計年鑑2002』：535，540，『中国労働統計年鑑2003』：553，560より作成。

2001年のデータであるが，2001年末現在，全国349の地区級都市のうち339（97.1％）の都市に基本医療保険制度が実施されている。

残念ながら，1999年以降の公費・労保医療制度の統計資料は入手できないため，1999年以降の医療保険制度の全体像を示せない。労保医療制度は徐々に縮小されているが，公費・労保医療制度，基本医療保険制度，新農村協力医療保健制度が並存していることは事実である。

5　市場経済への転換と医療保険改革との関連

　基本医療保険制度と従来制度との大きな違いは，次の3つであろう。つまり，非国有・非集団企業とその従業員まで適用対象を拡大したこと，国家・企業・被保険者の三者負担による財源調達としたこと，さらに個人口座を導入したことである。この3つの変化が計画経済体制から市場経済体制への転換と強く関連していると捉えたい。

市場経済体制への転換において，計画による資源配分から，市場による資源配分への移行が達成されなければならない。そのプロセスのなかの重要な政策理念の１つとして「放権譲利」があげられる。それは，一部の意思決定権と利潤・収入を中央から地方へ，担当省庁から各企業へ譲ることである。このように，資本，労働力と生産に関する経営自主権を企業に与えることが大切であろう。経営自主権の拡大につれて，あらゆる所有体制の企業は資本の配分に余裕ができ，企業福利厚生費を増大させた [于 2002：121-122]。その反面，従来の企業保険である労保医療制度は国有・集団企業の資本の自主配分権を縮小させた。資本配分の自主権において，国有・集団企業とそれ以外の企業にギャップが生じている。そのギャップをなくし，国有・集団企業の経営資本を確保し，市場経済体制への転換を順調に進めるために，これまでの医療費を企業が丸抱えする仕組みを国家・企業・被保険者という三者によって負担する社会保険の仕組みに変えようとしたのではなかろうか。

　これまでの計画経済下の労働市場において，統一管理の賃金・労働雇用体制が機能してきた。しかし，市場経済の下では，労働力は政府によって配分されるのではなく，市場によって配分されるべきである。いわば，市場経済体制に，労働市場がうまく機能し，労働者が自由に移動できるようなシステムが必要である。それが成り立つ前提条件とは，全国的に共通した社会保障制度，とりわけ医療保険制度が確立されることである。従来の労保医療制度では，医療保険制度が企業ごとに管理・運営されていたため，労働力が企業間で自由に移動しにくかった。基本医療保険制度は，適用対象を拡大し，個人口座を設けて，労働力の自由移動の前提条件を作り上げたのである。一方，雇用側に６％の保険料が課されることは，企業にとって小さい負担ではない。これまでに，適用対象となっていなかった非国有・集団企業は自らこのような負担を負いたいとは思わないだろう。彼らにとって，むしろ低い生産コストを武器に，社会保障負担の重い国有・集団企業に勝ち残りたいと考えられる。しかし，市場経済へ転換し，経済成長を維持する大きな政策の下で医療保険制度の適用対象を拡大されれば，労働者が自由に移動できるようなシステムはもちろん，これまでの医療保険負担を政府と国有企業のみから非国有セクターとその従業員に分担させ

9章　中国における医療保険の形成とその実態

ることもできる。

おわりに

　本稿は，次の主旨のもとで書き上げたものである。それは，①中国の医療保険制度は，どのような内容と仕組みをもっているか，またその実態がどうなっているか，②従来の医療保険制度はどのように基本医療保険制度に転換したか，の2つである。この2つの主旨に従い，本稿は各期間の医療保険制度の内容・仕組み・実態を考察し，明らかにした。また，従来制度がどのように新しい制度に転換したかについて，先行研究を展望しながら，筆者なりの考えを述べた。本稿は，経済改革，とりわけ，市場経済の確立に合うように，従来の公費・労保医療制度が基本医療保険制度へ転換したと結論づけた。

　ところが，2005年6月に発表された，中国の医療改革に関する国務院発展研究センターとWHOとの共同研究結果では，医療サービスへのアクセスの減少，政府財政投入の不足，医療資源配分の不合理などを理由に，十数年の医療改革が否定された。それを契機に，新しいラウンドの医療改革が構想されているようである。筆者はかねてから基本医療保険制度の形成過程に政府責任が薄弱になってきたと指摘している。新たな医療改革において，政府責任がどのように鮮明になってくるのかをみまもっていきたい。

1) 本論文は于［2004］をベースに大幅に加筆した。修正過程において，牛丸聡先生，清水英彦先生，埋橋孝文先生から有意義な教示をいただいた。
2) 日本の定年退職者に相当するが，詳細の区分は于［2002：115］を参照。
3) 定額基準とは公費医療制度の加入者に，決められた1人当たり一定額の医療費のことである。1961年まで年間18元だったが，1979年に70元となり，1993年に150元（直轄市に206元）となった。
4) 1987年，財政部が「公費医療管理方法に関する通知」を公布し，公費医療制度以外の薬品，申し込み料，往診料，特別栄養品などの費用を自己負担とした。また，診療費用の1割か2割の自己負担も部分的に実施し始めた。
5) 詳しい内容は于［2001：116］を参照。
6) 簡単にいえば，統収統支とは，一切の収支項目，支出方法と支出指標をすべて中央が統一的に設定し，財政収入はすべて中央に上納され，支出は中央から支給され，年度末

の余剰金も基本的にはすべて中央に上納されることである。
7) 国民医療費は杜［2004］の数値を用いて，図表3の公費・労保医療費で割った結果である。
8) 平均余命と乳児死亡率の数値は『中国衛生年鑑2002』488頁と486頁より引用した。
9) もちろん，診療価格や薬剤価格に対する決定権が完全に与えられたわけではない。これまでの厳しい制限が緩和されたという意味である。
10) 経営効率化を図るために，経営自主権と利潤・収入を中央から地方へ，政府から企業へ譲ることである。
11) 保険料の個人拠出も要求されず，患者負担もほぼないうえで，医療費は保険者によって支払われていることを指す。
12) 被保険者の年齢に応じて，雇用側からの保険料割合は異なる。
13) 医療費の事前フィックス制とは，地方政府，医療機関，受給機関三者の医療費管理部門が年度開始前に本年度の受給対象者の医療費総額を設定し，その枠内で医療サービスが提供するというものである。超えた部分に関しては別途資金調達になる。
14) 「両江式」との違いは雇用側が負担する保険料のベースとなる賃金総額に離退休・退職者の年金額が含まれていないことである。その目的とは，古い企業と大企業の負担を抑えることである。古い企業や大企業は数多くの離退休・退職者を抱えている。これらの人の年金額を参入すると企業側の負担は大きくなり，新しい企業との競争に不公平になる。
15) 「両江式」と同様に離退休・退職者は保険料を負担しない。
16) 都市部労働者数は，1999年末に2億1014万人［『中国統計年鑑2000』］で，2002年末に2億4780万人である［『中国労働統計年鑑2003』］。ちなみに，2002年の被保険者数は9400万人に上り，都市部労働者に占める割合も35％を超えている。

【参考文献】

〈中国語文献〉

杜乐勛（2004）「中国衛生総費用核算結果和分析」http://www.jjxj.com.cn/news_detail.jsp?keyno=3348

国家体改委研究所編（1998）『中国社会保障制度建設20年』中州古籍出版社。

黄成礼・馬進・白虎（2000）「供方支付方式研究及政策建議」『中国衛生経済』第19巻，8-10頁。

労働・社会保障部医療保険司編（1999）『全国城鎮職工医療保険制度改革工作指南』中国労働出版社。

李魯・葉旭軍・朱善寛（1998）「中国人口高齢化及老年医療保健問題与対策」『衛生経済研究』NO. 7, 14-16頁。

銭小英（1998）「米国の医療保障制度改革とそれによるわが国への啓示」『中国労働』，NO. 7, 7-9頁。

宋暁梧主編（2001）『中国社会保障体制改革与発展報告』中国人民大学出版社。
宋暁梧（2001）『中国社会保障制度改革』清華大学出版社。
衛生部衛生研究所（1999）「1996年全国衛生総費用測算結果」『中国衛生経済』NO. 1, 29-31頁。
衛興華編（1994）『中国社会保障制度研究』中国人民大学出版社。
尹力（1998）「対職工医療保健制度改革的幾点看法」『衛生経済研究』NO. 11, 7-8頁。
尹力（1999）「我国衛生総費用的走勢和建議」『中国衛生経済』NO. 2, 9-10頁。
鄭功成ほか（2002）『中国社会保障制度変遷与評估』中国人民大学出版社。

〈中国語資料・雑誌〉
衛生部編『中国衛生年鑑』各年版。
衛生部「1993年第1次国家衛生服務調査分析報告」衛生部HP。
衛生部「1998年第2次国家衛生服務調査分析報告」衛生部HP。
衛生部衛生研究所編『中国衛生経済』1998～2000年各号。
衛生部衛生研究所編『衛生経済研究』1998～1999年各号。
国家統計局編『中国統計年鑑』各年版。
国家統計局・労働社会保障部編『中国労働統計年鑑』各年版。
労働社会保障部編『中国社会保険年鑑』各年版。

〈日本語文献〉
于洋（2001）「中国の医療保障制度に関する一考察」（早稲田大学経済学研究科修士論文）。
于洋（2002）「中国の医療保障制度の展開――市場経済と関連させて」早稲田大学大学院経済学研究科編『早稲田経済学研究』NO. 54, 111-131頁。
于洋（2004）「中国における基本医療保険制度の形成とその実態」社会政策学会編『新しい社会政策の構想――20世紀的前提を問う（社会政策学会誌第11号）』法律文化社, 81-99頁。
王文亮（2001）『21世紀に向ける中国の社会保障』日本僑報社。
小宮隆太郎（1999）「中国国有企業の赤字問題」総合研究開発機構編『中国市場経済の成長と課題』NTT出版株式会社。
漆博雄編（1998）『医療経済学』東京大学出版会。
V. R. フュックス／江見康一ほか訳（1995）『保健医療政策の将来』勁草書房。
川上武（1986）『技術進歩と医療費』勁草書房。
川渕孝一（1998）『わかりやすい医療経済学』日本看護協会出版会。
康懐宇・葉子成（1996）「中国の医療制度」国際長寿センター編『東アジアの少子化と高齢化対策に関する日本・韓国・中国3カ国比較研究』国際長寿センター, 124-138頁。

中国研究所編(2001)『中国の社会保障大丈夫か』日本僑報社.
張紀潯(2001)『現代中国社会保障論』創成社.
鴇田忠彦編(1995)『日本の医療経済』東洋経済新報社.
西村周三(1987)『医療の経済分析』東洋経済新報社.
広井良典(1994)『医療の経済学』日本経済新聞社.
広井良典(1999)『日本の社会保障』岩波書店.
楊開宇・坂口正之(2002)「経済改革以降の中国都市部における医療保険制度改革の歴史的展開——公費・労保医療制度から「基本維慮保険制度」へ」『大阪市立大学生活科学部紀要』第49巻, 49-67頁.
劉暁梅(2000)「中国における医療保障制度の改革」『海外社会保障研究』第130号.
劉暁梅(2001)「医療保障制度」中国研究所編『中国の社会保障大丈夫か』日本僑報社, 68-89頁.
若林敬子(1996)『現代中国の人口問題と社会変動』新曜社.

〈英語文献〉

Wang, Shaoguang (2004) "China's Health System : From Crisis to Opportunity", *The Yale-China Health Journal*, Autumn 2004, Vol. 3.

World Bank (1993) *1993 World Development Report : Investing in Health*, Washington D. C.: World Bank.(世界銀行[1993]『1993世界発展報告:投資于健康』中国財政経済出版社。)

World Bank (1994) *China : Long-term problems and strategies in changing health models*, Washington D. C.: World Bank.(世界銀行[1994]『中国:衛生模式転変中的長遠問題与対策』中国財政経済出版社。)

終章　東アジア社会政策の新時代

埋橋孝文（同志社大学）

はじめに

　近年，東アジアにおける社会政策や福祉システムをめぐる関心が内外で高まってきた。その背景としては，1997～98年のアジア経済・金融危機の際にいわゆる社会的セーフティネットの脆弱性が明らかになったことが大きいが，それに加えて，1990年代からそれまでと異なる新しい動きがこの地域で胎動していたことも見逃せない。韓国，中国については本書巻末の年表に詳細に記されているが，いくつかの例をあげれば次のようになる。

- 韓国での医療保険制度の統合とそれまでの生活保護法に替わる「国民基礎生活保障法」の制定や金大中前政権による「生産的福祉」コンセプトの提起，「高齢者スバル（介護）保険法」の準備
- 台湾において分立していた医療保険制度の統合（「全民健康保険制度」の成立）と「国民年金制度」制定へと向けた動き
- 中国における1990年代初頭からの社会保障システムの全面的な改編（社会保険と一種のプロビデント・ファンドである個人勘定制を結合した年金，医療制度の制定）
- 東南アジアではタイでの「社会保障法」の制定（1990年）による民間被用者を対象とする社会保険制度の始動（それまでは労働者災害補償制度以外に社会保険制度は存在しなかった）と21世紀に入ってからの農村部での「30バーツ医療」の開始

　このような動きについては，2006年春までに計5回開催された社会政策学会

アジア国際交流分科会や 6 回を数えるテーマ別分科会(「アジアの社会保障」)で,同時代的観察を行ってきた[1]。本章では,これらの一定の研究蓄積をもとに,①東アジアにおける社会政策の展開がどのような理論的問題を提起しているかを主として韓国と中国を中心に検討し,②全体としてそうした動きを把握するための枠組みを提示すること,また,③新時代を迎えた東アジアの社会政策(学)の今後の可能性や課題を明らかにすることを目的としている。

1 東アジアと日本——相互に学べる共通基盤の生成

(1) 先行研究が明らかにしたこと

上であげたようなアジアにおける社会政策の新しい展開を背景として,他方では,この間に大きな成果をあげてきた比較福祉レジーム論に刺激された形で,東アジア,東南アジアの社会政策に関する研究が現在活況を呈しているが,それらの研究を通していくつかの重要な点が明らかになっている[2]。

たとえば,第 1 に,シンガポールや香港などでは植民地時代の遺制が変容しつつも今日までも主要な制度的フレームワークとして機能していることがあること。つまりこの地域においても「経路依存性」(path dependency) の問題を軽視できない。第 2 に,戦後の東アジア,東南アジアの少なからぬ国で国際的・国内的要因による政治的不安定性から生まれてきた独裁政権が政権の正統性 (legitimacy) を維持・主張するための「証し」を経済成長に求めたこと。第 3 に,そのことから派生することであるが,福祉レジーム全体に開発主義的 (developmental) 傾向や生産主義的 (productivism) 傾向が看取できること。第 4 に,近年注目されているアジアではあるが,今なお停滞するいくつかの国は検討対象から除外されている。つまり研究が及んでいるのはアジア全域ではない。しかもそれぞれの独自の歴史や現状をめぐる知識が共有されていないなかでは,全体としてのアジアモデルを安易に論じることはできない。それとも関連するが,アジア NIES に限定してもそのなかには多様な福祉レジームが観察されること。第 5 に,同じくアジア NIES に関して,社会保障のプレゼンスが低いとしても,広義の社会政策に含まれる住宅政策や教育政策に高い割合の資源

を振り向けている地域が存在すること（シンガポールと香港）。

　上にあげた諸点は細かくみれば議論のあるところかもしれないが，現段階での研究の到達点を示すものとして，以下ではそれらを踏まえたいと思う。

（2）東アジア社会政策研究の意義

　東南アジアの社会保障について優れた研究を行っている菅谷広宣氏によると，アジア諸国の社会保障研究には次のような意義があるという。

> 「第1に，アジア諸国の社会保障の動向は，現地に進出している多くの日系企業の労務管理にも関わる問題である。第2に，労働力の国際移動に対応して，社会保障の国際調整が重要な課題となる。これは現段階では主に先進諸国間の問題であるが，将来的には例えばASEANでの域内調整の必要性ということも生じてくると思われる。第3に，社会保障の構築に関する国際協力上の必要性がある。いうまでもなく国際協力は，押し付けではなく相手国の実情に合わせた形で行うべきであるが，アジアとりわけ東南アジア諸国の動向を継続的に追っている専門家は，これまでほとんどいなかった」［菅谷 2003：9］。

　この指摘は筆者の主張に付け加える形で述べられているので，その部分を引用しておけば以下のとおりである。

> 「……（埋橋は）アジア諸国の研究が手薄であった理由として，第1に，アジア諸国での社会保障・福祉が国民経済全体に対してもつ比重，プレゼンスが小さかったため，この地域の動静を分析する際に社会保障が周辺的な位置しか占めなかったこと，第2に，経済の発展段階に応じた社会保障・福祉システムがあり，それは「不可逆的」なもので，後発のものは先発のシステムにとっていつか来た道であっても，今後の進路にとっては関わりがない（アジアの社会保障は日本の社会保障政策にとってあまり参考にならない）と考えられがちなことをあげている」［同上：8-9］。

　筆者が指摘した第1点目については，事情が変わりつつあることはすでに述べた。社会保障や福祉システムの問題が国民の関心をひきつけ政策アジェンダの前面に出てきて制度的定着をみるのは，やはり，ある程度の産業化と1人当たり所得の上昇を経た後であることを改めて確認できる。そうなるのは，第1に，産業化や都市化により家族や個人では対応できない問題群やリスクが出現

してくるためであり，第2に，経済発展により社会政策コストを賄える財源，リソースが生まれてくるためである。もちろん，こうした「産業化要因」は根底に作用する要因としては重要であるが，それは一般的な議論にとどまるのであって，具体的な対処の方法は，それまでの歴史的経緯にある程度まで規定されるであろうし，そもそもそうした施策が実際に実施されるかどうか，あるいはその中身（カバーする範囲や水準）は時の政権の性格や政治的状況に大きく左右される。

以下では，筆者があげた第2の点についても，つまり「アジアの社会保障は日本の社会保障政策にとってあまり参考にならない」という点でも事情が大きく変わりつつあること，「アジア諸国の社会保障を調べてみると，実は日本にとっての参考になりそうな例が散見できる」[同上：9] ことを含む，政策移転 (policy transfer) のための共通の土俵が生まれつつあることを説明したい。

まず，この第2の点とある意味において逆方向の文脈にあるが，日本の場合，戦前以来の社会政策の立案と実施にあたって参考にしてきたのがドイツやイギリス，あるいはアメリカなどの欧米諸国であったのに対し，今日の東アジア諸国はそれに加えて日本での経験からも学びうるという，いわば当たり前ともいえる事実から議論を始めたい。

ちなみに宮本太郎氏は日本を「『三つの世界』と東アジアモデルの間」に位置づけ次のように述べている。

「……日本は，先進工業国の福祉モデルと後発の東アジアモデルの中間点に位置していたとも言えよう。日本をエスピン・アンデルセンの『三つの世界』に登録するならば，それは自由主義的レジームの要素をはらんだ保守主義レジームと見なしうるが，そこからはみ出すいくつかの特性については，やはり後発福祉国家の筆頭というそのポジションから説明するほかないのである」[宮本 2003：28-29]。

このことは東アジア諸国が「三つの世界」の方向へ行く途中に日本のポジションを経過しなければならないことをもちろん意味していない。ただ，日本の例が欧米出自の社会政策や社会保障の導入を早くから試みたという，（他の東アジアの国が参考にできる）先行事例を提供していることは確かであろう。韓国を取り上げて最近のいくつかの例をあげれば，1995年の雇用保険法の内容は

日本のそれに酷似しているし［李 2004］，2008年の実施に向けて現在モデル事業が展開されている高齢者スバル（介護）保険法案は，要介護度の順位の名称が日本と逆になっているなどの相違点はもちろんあるものの，現金給付を制度化していないという点で，ドイツのそれよりも日本の介護保険法に近い内容となっている。

　もちろん筆者はパトリオティックな感慨をここで披瀝したいわけではない。アジア間の政策移転は何も日本に限られたことではないことも確認しておこう。たとえば，中国はすでに述べた年金・医療制度の全面的改編にあたってシンガポールの強制積立基金制度（Central Provident Fund, CPF）を参考にし，韓国での医療保険制度の統合は先行した台湾での経験（「全民健康保険制度」）から多くを学んだのである。

　筆者が関心をもつのは，東アジア諸国にとって日本の事例がひとつのベンチマークになる場合，①どのような文脈で東アジア諸国が日本のやり方の政策移転を図ろうとしているのか，②日本の政策のどの点が good practice として参考にできるのか，③導入にあたって日本での実施経験を踏まえてどのような改善点を考案しようとしているのか，などの点である。

　さらにいえば，ここで筆者が指摘した第2の点に戻ってくるのであるが，たとえば韓国での「福祉国家の超高速拡大」（李惠炅，本書5章）にあって日本で懸案となっているにもかかわらずクリアできていない課題を達成していることに注意を促しておきたい。それは分立していた医療保険制度の統合や医薬分業の実施，受給権を明確にし，日本の生活保護と異なって労働能力のあるものにも支給の道を拓いた「国民基礎生活保障法」である。また，低所得ボーダーライン層に対してバウチャー（20万ウォン相当）を通して社会サービスを提供する計画［李 2006］も，わが国で現在，ワーキングプア問題（後述）が浮上していることを考えると示唆に富む。

　したがって，1990年代からの東アジアでの社会政策・社会保障の形成や再編の大きなうねりのなかで，policy-making 面で相互に参考にできる共通の土俵が形成されていることが確認できる。もちろん，こうした土俵に上がってこれまで以上に研究・政策面での交流が促進される必要がある。それは，菅谷氏が

指摘したような「社会保障の構築に関する国際協力上の必要性」に応えていく，すべてではないがひとつの途であろう。

2 後発性利益の「享受」から「喪失」へ

(1)「後発性」概念への注目

　日本や韓国は後発福祉資本主義とか後発福祉国家と呼ばれることがある。日本が「先進工業国の福祉モデルと後発の東アジアモデルの中間点に位置」すると捉える宮本氏の見方でもこの「後発」概念が用いられている。以下ではこの後発（性）概念について考察してみたい。

　わが国での比較福祉国家論の議論のなかでこの概念が浮上してきたのは，エスピン・アンデルセンの類型論を援用して日本を位置づける際の「座りの悪さ」に端を発している。そこから出発して，一方では，安易に東アジアモデルを提起するのではなくて，同じように後発資本主義もしくは後発福祉国家と目される地中海・南欧モデルとの異同をめぐる〈空間的比較〉へとその射程範囲を拡げる努力が払われることになった［埋橋 2005］[3)]。他方で，「もともとこの（先進工業国と東アジア福祉国家の）２つの顔」をもっていた日本について「三つの世界では明示的に取り上げられていない〈時間軸〉の経済・社会構造への影響」を探る必要が出てきたのである［宮本・ペング・埋橋 2003：295-296］。

　こうした〈時間軸〉の導入は，静態的類型論から動態論へ踏み出す試みの一環であったと考えられる。つまり，「三つの世界」論は確かに「選択肢は多様である」ことを伝える希望のメッセージであった［宮本 2006］。それを踏まえて1990年代から21世紀にかけてのレジームの動態や「三つの世界のその後」などの変化のベクトルを探る問題関心に支えられていたのである。そうした研究関心は，次の引用文が示すような，当該国の内発的で固有な歴史や構造的特質を重視すべきであるという，ある意味でオーソドックスな研究スタンスと問題意識が重なるようになった。

　　「日本や韓国が三つのレジームのうちのいずれに属するかを最初に問うことは，福祉レジーム論の正しい使い方ではない。……最初に行われるべきは，福祉国家をそれが

置かれる社会の構造や歴史のなかで分析することである。これが福祉レジーム論の正しい使い方である。その点からすると，日本が三つのレジームのいずれかに属するという問いは虚偽問題であると言わざるをえない」[武川 2005：110-111]。

ただし，比較福祉国家論やその中の類型論，あるいはそれを動態化しようとする日韓両国での試み（それは「三つのレジームのうちのいずれに属するかを最初に問う」内容のものではなかった）によって，当該国の内発的で固有な歴史や構造的特質を重視する研究もエンカレッジされ，両者のクロスするところで多くの研究成果が生み出されてきたのであって，「虚偽問題」というのはやや言い過ぎであろう。2つの異なるアプローチは，いわば，丈夫な織物を紡ぐ経糸と横糸の関係にある。

（2）後発性がおよぼす影響

さて，以上のように比較福祉国家論のなかで注目されてきた「後発性」は，当該国のその後の社会政策の歩みに対してどのような特徴を付与するのであろうか。

第1に，公的福祉（state welfare）が低位に推移する一方で家族や企業が福祉機能を代替するという現象が広範にみられることである。ウェルフェア・ミックスや福祉の複合構制（mixed economy of welfare）という考え方は1970年代後半の「危機」以降の福祉国家の再編期に注目されてきたが，日本のような国では戦前期からの社会政策の史的解明の際にも有用な分析概念になりうる [玉井 2001]。

第2に，本章の4節で取り上げるトピックではあるが，後述の「経済的な意味での後発性利益」を利用した急激な産業化の進展は労働者に多大な犠牲を強い，その結果，工場での労働時間や衛生基準の面での国家の介入が不可避になる。さらに，労働者世帯の再生産のための条件整備が前面に出ることになる。比喩的にいえば働けない人への移転給付＝再分配よりも，そもそも働く人の生活が成り立つための生産点での規制が必要とされる。その延長線上に，労働組合の承認や労使関係の安定のための制度的・法的フレームワークの確立が重視され，再分配よりも規制が国家の介入の主要な形態となる。

第3に，上のことと重なるが，経済成長による雇用機会の創出と提供への政策的プライオリティが高く（＝開発主義的特徴），また，第二次的な役割しか期待されない福祉施策にあっても就労による生活自立に重点がおかれる。つまり，リー・クァンユーのいう「捕った魚を与えるよりも魚の釣り方を教える」やり方（→生産主義的特徴，「はじめに就労ありき」という意味でのワークフェア的特徴）を採用することが多かった［埋橋 2001b］。

　第4に，後発資本主義は，一定の条件の下で，経済的な意味での後発性利益を享受して急速な経済発展＝キャッチアップを行うことができるが，同時に，社会的な意味での後発性利益（後述）も享受でき，その結果，GDPに占める社会支出の水準は低位に推移することになる（日本やアジアNIESに当てはまる）。ただし，その2つの意味での「後発性利益」を享受できる期間は永続するものではなく，やがてそれが喪失していく時期を迎えることになる。社会的な意味での後発性利益の喪失プロセスは，一定の条件の下で，後発福祉国家の形成もしくは拡大期と重なると考えられるが，いずれにせよ，後発性の享受とその喪失というプロセスとそこでみられる特徴は当該後発福祉国家の歩みに独特な性格を与える。

（3）社会的な意味での「後発性利益」

　上では「経済的な意味での後発性利益」と「社会的な意味での後発性利益」とを区別した。この点については以前に言及したことがあるが［埋橋 1997：結章］，やや補強しつつ再説すれば次のようになる。アメリカの経済史家ガーシェンクロンが最初に用い，またわが国では渡辺利夫氏がアジアNIESの経済成長の説明に援用した「後発性利益」とは，基本的に，先進国からの技術移転や資本を利用できることから後発国が急速な経済発展をすることができるという点に注目したものである。一方，筆者がかつて述べた社会的な後発性利益とは，「後発産業国の急速な経済的発展が，旧来の人口・家族構造や社会的規範のもとでみられる際に生じるギャップを問題にしている」［前掲書：196］。その場合の旧来の人口・家族構造や社会的規範とは，第1に，若い人口構造＝豊富な若年労働力の存在であり，第2に，家族成員による高齢者扶養・介護ケア

や保育ケアサービスの提供のことであり，また，それを支える社会的規範が存在していることである。ちなみに人口学では経済のテークオフ後の成長軌道にあるが人口構成が若く豊富な労働力の増大が見込まれ，しかも，経済社会の成熟に伴う少子・高齢化とその影響が未だだいぶ先にある状態を〈人口ボーナス〉の時期という。後発国が経験する人口ボーナスはここでいう「社会的な意味での後発性利益」と一部重なると考えてよい[4]。

　上ではギャップという言葉を使ったが，そのギャップが存在する期間，いわゆる社会政策コストが節約されることになり，その分，財政資金は産業基盤整備の社会資本や公共事業に重点的に振り向けられる。また，企業も，ここでは詳しいメカニズムの説明はできないが，社会的賃金や労務コストを節約できる。したがってこのギャップは同時にコストの負担面からみれば「利益の享受」という意味合いをもっているのである。ここで社会的な意味における後発性利益が経済的な意味での後発性利益に転化する。ただし，利益を享受できる期間は永続するものではないこと，これについてはすでに述べたとおりである。付け加えるとしたら以下の2点である。

　第1に，後発性の利益の「享受」は日本やアジア NIES 諸国ではそれぞれいつから始まり，どの程度続いたのか，「喪失」の出発点はいつか，などの問題を厳密に議論するためには，実証的なデータの収集が必要であるが，それ以前に定義をより厳密にし，また，操作的な分析ツールを開発する必要がある。第2に，後発性利益の享受および喪失という2つの現象局面の背後には，ジェンダーの問題が伏在していることである。今日アジア NIES や日本でみられる少子化の急速な進展はジェンダー問題と不可分の関係をもっていることは明らかであろう。

　なお，後発性利益の「享受」から「喪失」へという流れのなかで，「一人っ子政策」という人為的な人口政策を採っている中国は，楊団氏の論文からの次の引用文が如実に示しているように，きわめて特異な位置を占めるように考えられる。

　「中国より先に高齢化社会に突入した国は，1人当たりの年間所得が約1万ドルであるのに対して，中国が高齢化社会になった年，つまり2000年の1人当たりの年間所得

は1000ドルも満たしていない。現在, やっと1200ドルに達したのである。まさに名実ともに発展途上国でありながら高齢化社会を迎えるのである」[本書3章:72]。

上の事情は中国が1990年代初頭からの年金制度や医療保障制度の大幅な再編にあたって, シンガポールのCPFを個人口座という形で一部導入したことを説明する。つまり, 人口構成の変動に影響を受けない積立方式での再編を意図していたのである。シンガポールの場合, 開発資金の供給という「開発主義」的側面が濃厚であったが, 中国の場合, 高齢化社会の到来を見越しての導入であったというべきであろう。ただし, そうであっても事態は楽観できない。というのも, 個人口座の資金がすでに賦課方式下の年金保険基金の方へ流用されており (いわゆる「空口座」の存在), 将来に向けた十分な資金が積み立てられているわけではないからである。中国の場合, 端的にいって「人口ボーナス」を得られる期間が短いのである。もちろん, デモグラフィックな要因だけが社会的な意味での後発性利益ではなく, また, それが社会・経済全体の進路を決定するわけではないだろうが, 「発展途上国でありながら (の) 高齢化社会」における社会政策はかなりユニークなものになることは確かであろう。

3 中国の高度成長と所得分配の動向——中国国内での「社会政策」への注目

『家計調査』の全世帯集計によると日本では高度成長前期 (1960～1970年) に所得不平等度が低下し, 1970年代後半以降は拡大に転じている。その後のバブル期あるいは「失われた10年」期を通しても拡大傾向は続き, その結果, 現在,「格差社会」のゆくえに関心が集まっている。ただし, 小泉政権は問題の認識を異にし, 政策のアジェンダに上げていないことは周知のことであろう。

韓国での1976～94年のジニ係数の推移をみると, 85年をピークとした逆U字型を示している。つまり,「85年までは格差が拡大し, その後大幅に縮小し, 94年のジニ係数は76年とほぼ同じになっている」[経済企画庁・家計経済研究所 1996]。その後, 韓国では1997～98年のIMF金融危機以降, 所得不平等度は高まり, 現在, 「両極化」問題が大きくクローズアップされている。2006年5月末の統一地方選挙で与党ウリ党が惨敗した背景には, こうした「両極化」問題

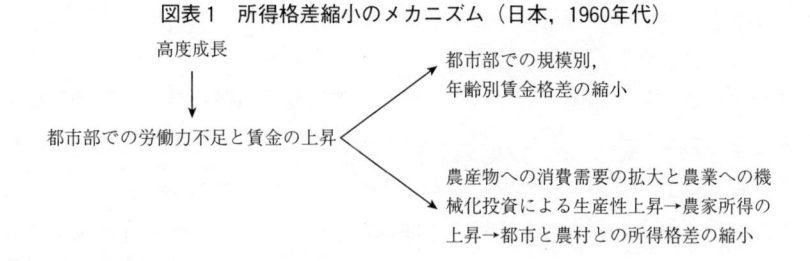

図表1　所得格差縮小のメカニズム（日本，1960年代）

```
                              ┌→ 都市部での規模別，
   高度成長                   │  年齢別賃金格差の縮小
      ↓                       │
   都市部での労働力不足と賃金の上昇
                              │
                              │  農産物への消費需要の拡大と農業への機
                              └→ 械化投資による生産性上昇→農家所得の
                                 上昇→都市と農村との所得格差の縮小
```

に有効な対策を講じられなかった盧武鉉政権に対する，リストラ等によって中所得階層から低所得階層へ転落した人たちによる異議申し立てがあったという[5]。

さて，中国では1980年代以降，高度成長が続いているがその間，所得不平等度は拡大している（ジニ係数は80年代初期0.28，95年0.38，90年代末0.458）［本書3章］。

クズネッツの逆U字型カーブ仮説が当てはまるとするならば，日本の60年代の高度成長は頂点の右側で，また，中国の80年代以降のそれは頂点の左側での現象ということになるが，問題はそのメカニズムにある。以下では，日本の高度成長期との比較でこの問題を取り扱う。

日本の高度成長期には基本的に図表1のようなメカニズムを通して所得格差は縮小したと考えられる。

図表1に追加するとすれば，①出稼ぎによる農家所得の上昇，②米価維持政策（食糧管理制度）による農家所得の上昇，③地方における産業振興事業や公共土木事業による所得移転，などが考えられよう。②，③については，次の指摘が示唆に富む。

>「……平等化の意味は職種間・職業間の格差是正に読みかえられてきた。すなわち池田内閣は，既に存在するパイの再配分よりは高度成長政策によるパイの拡大を第一義的に追及し，その上で，経済効率がよく所得の増大する成長部門からパイを吸い上げて，そのパイを経済効率の悪い中小企業・自営業・農業（あるいはこれらの業種の多い地域）に再分配することによって『平等化』を達成しようとしてきたのである」［金子 1997：151-52］。

それでは，中国の所得不平等度が拡大しているのはどう理解すべきであろう

か。筆者が知りえた断片的な事実からも，上の図式が示しているような格差縮小のメカニズムが部分的には機能していると考えられる。たとえば，特に沿海都市部で労働市場の逼迫と賃金の急上昇，改革初期に出現した「万元戸」などに示される農家所得の上昇や都市近郊農業の隆盛，年当たり1億人以上といわれる「農民工」の都市での就業，などである。

一方，格差拡大の要因としては，①伸張著しい金融サービスや貿易などの産業では創業者や経営者の報酬は一般労働者の賃金に比べて格段に高いこと，②量的に大幅に不足している経営管理者や高級エンジニア層の高い報酬，③リジッドな戸籍制度によって都市への移動が制限されているもとでの農家所得の低迷，④一般都市労働者と比べて低い賃金・労働時間の「農民工」（農村戸籍をもつ都市への移動労働者）の存在，⑤社会主義時代から顕著であった農業への機械化投資の遅れ，などがあげられる。あるいは，私たちの想像を超えた，過酷な自然条件・地理的条件にある農村，農民の存在なども，⑤の原因を強め，格差を助長するであろう。都市内部での格差拡大もあるが，社会全体としては都市と農村の間の格差の拡大のほうがインパクトが大きかったように考えられる。そうした合力の結果，「1つの中国，4つの世界」[本書3章] という状況が出現してくることになる。

こうした事態は，基本的に，改革開放以前に形成された「中国独特の都市―農村の二元的社会構造」[本書3章] を引き継ぎつつ，「先富論」に基づく政策により都市での工業化―経済成長が優先された結果であると考えられる [王 2003：第1章]。高成長を謳歌する都市部と取り残された農村部との間で所得や人の流れをめぐる好循環が形成されていないのである。今日，社会政策上の対応が緊急に必要となっている「農民工」に引きつけていえば，彼らが都市底辺層の域を脱せず，そのため都市から農村への所得の流れが円滑でないことも農村が取り残される大きな要因である[6]。

現在まで，公式的には「先富論」は撤回されていないが，「三農」問題が大きく取り上げられていることにみられるように部分的にはその修正の兆しはある。もちろん中国での政策変更が段階的に行われてきた経緯から考えても急激な政策変更はないであろう。先に述べた「発展途上国でありながら（の）高齢

化社会」、「人口ボーナスを得られる期間の短かさ」という事情がその背景にある。ただし、今日、「社会政策の欠如」が問題視されるようになり[本書3章]、各方面から事態の打開を訴える声が聞かれるようになった。本書所収の楊氏の論文もそのひとつであるが、以下の引用文から、広義の社会政策への熱い期待を感じ取ることができる。

> 「中国の改革は今日まで、社会の不公平を緩和させたのではなく、かえって深刻化させた。これは大多数の国民が医療衛生、教育、住宅、社会福祉サービスなどの分野での政府政策に対する不満を長年抱いている所以であり、また、政府がさまざまな分野での具体的な政策に対して修正しても改善がみられない所以でもある」[本書3章：91]。

筆者は、中国で進行中の社会政策改革が成果を生み、上の引用文にあるような「医療衛生、教育、住宅、社会福祉サービスなどの分野での政府政策に対する不満」が解消されたときにはじめて、改革開放の政策が最終的に成功したといえるのではないか、と考えている。何よりも中国国民がそれを身をもって実感することであろう。

前節でふれたような「発展途上国でありながら（の）高齢化社会」という経験は日本や韓国はしていないが、①農村での医療保険の早い時期での普及、②日本では高度成長の開始前、韓国では高度成長後という違いはあるが、両国での「皆保険、皆年金」の達成、③質の高い労働力の形成と供給、などの点は中国の今後の社会政策の発展にとっても参考になりうると思われる。

4　東アジア社会政策における「労働と福祉」の関係をめぐって

本書第Ⅰ部所収の玉井、尹両論文に共通しているのは社会政策の発展が労働関係（雇用・労働経済、労使関係）との関わりに留意して叙述されていることである。筆者はこの点が東アジアの社会政策のこれまでの経緯と現状を理解する際のひとつのキーとなると考えている。

もちろん、W. コルピや F. G. キャッスルズ、G. エスピン・アンデルセンなどの「権力資源動員説」でも左派＝労働勢力の動向は福祉国家の拡張期には重

要な役割を果たすと考えられているので，このこと自体はさほど不思議ではない。とりわけ戦前の日本の場合，先に述べたように，働いている人々の生活保障さえ十分でないときに社会政策の重点が働いている人々におかれ，一方で働いていない人々のケア（社会事業や社会福祉サービスなど）は周辺的・副次的な役割に甘んじざるを得なかった。したがって，「社会政策は労働政策である」と解釈されるような原型が戦前期に形成されたのであるが，高度成長以前の1950年代には，いわゆる労働系統と福祉（貧困）系統の共同研究が取り組まれたことを想起するのも無意味ではない。その代表が東大社会科学研究所の次のような一連の調査である。

　1953年　「貧困層の分布と発生過程に関する研究」（都市班），厚生省企画室
　1955年　「飯田橋失対日雇調査」（通称），厚生省保護課
　1958年　「被保護世帯の労働力調査」（通称），厚生省保護課

　下田平裕身氏によると，当時の調査発注者である厚生省の関心は，被保護層とボーダーライン層からなる〈働く貧民〉にあったという。ちなみに当時，被保護世帯のうち世帯主が働いている世帯の割合は高かった（1951年55％強，その後漸減，それでも1959年でほぼ40％）。以上3つの調査は氏原正治郎・江口英一両氏の共同作業であったが，高度成長によって当時存在した膨大なボーダーライン層が消失していくに伴って，両氏の共同作業も終了した。その後，氏原労働・生活調査と江口貧困・福祉調査に分岐していくことになったのである[7]。

　1960年代に入っての高度成長期はまた「労働の自立化」（比較的高い賃金・労働条件と，労働組合への組織化，および，安定的な労使関係という3つの条件を内容とする）が進展した時期でもあった。そうした状況の下，「社会政策から労働経済へ」という流れが強まり，そのひとつの結果として，日本の社会政策学会では上の2つの研究領域（系列）は共存するものの両者間の対話，交流は以前ほど活発でなくなった。わが国だけでなく，ヨーロッパでも労働と福祉（社会保障）の関係をめぐって，同じではないが似た現象がみられる[8]。

　しかし，近年では自立したはずの労働者の内部からその自立性の根拠を奪う現象が進行している。つまり，パートや契約労働者，派遣労働者などの非正規雇用の拡大やフリーター問題の出現がそれである。これらのことは社会政策に

も新しい課題を突きつけている。わが国では年金給付や医療サービスは基本的に保険方式を通して提供されているが，そのこともあってその網から漏れ落ちる非正規職の人が少なからず存在する。その一方で，わが国の生活保護は一部の例外を除いて基本的に労働能力あるものには適用されない [布川 2006]。ここから浮上してくるのが，社会保険でカバーされる層と生活保護受給層の「谷間にいる」ワーキングプア層である [後藤 2005]。

アングロサクソン諸国を中心にしてワークフェア政策が進行したが，現在，making-work-pay 政策を媒介にして，ワーキングプア層の所得「補償」に注目が集まっている。ワークフェアは仕事がペイするものでなければ効果が一時的なものにとどまるか，あるいは就労の「強制」にすぎないものになる。そして，仕事がペイするためには，また，「貧困の罠」を避けるためには，労働における福祉給付（in-work benefit）や税制上の措置（refundable tax credits など）が必要になってくる。もちろん，こうした政策の対象としてクローズアップされているのは労働者一般ではなく，低熟練職種（たとえば McJobs）や非正規職層である [埋橋 2006a]。

上のような動きを新自由主義的動きとして批判するのは容易い。しかし，翻ってわが国の現状をみれば，①たとえばオランダのような短時間労働者の社会保険への包摂は試みられておらず，あるいは，②生活保護の対象範囲が狭く，また，③狭間に存在する多数のワーキングプア層への所得「補償」に関する社会政策上の措置は採られていないのである。

なお，イギリスにおける social policy の概念は所得保障（social security），医療保障，住宅政策，教育政策から成っている[9]。また，アジア NIES 4 地域の社会政策についてバランスのとれた分析を行っている Holliday and Wilding [2003] も，同じ構成である。住宅と教育を含んでいる点は日本の社会政策の概念よりも広いが，労働の系列（労働経済や労使関係）を含んでいない。同書の場合，アジア NIES に共通する特徴として productivism/productivist welfare（生産主義，生産主義的福祉）の存在を主張しているが，それと労働経済や雇用，労使関係は密接な関係をもっているはずであり，その視点からの分析がほしいところである。

以上述べてきたことをまとめれば次のようになる。
　戦後のある時期まで（およそ1950年代末まで）は，わが国の社会政策は労働と福祉の双方に目配りしつつ研究された歴史をもっている。現在でも2つの系列の研究は社会政策学会のなかで共存している。しかし，「労働の自立化」（比較的高い賃金・労働条件と，労働組合への組織化，および，安定的な労使関係という3つの条件を内容とする）が進展した時期に，2つの系列の間の距離は開いていった。そうした事情は現在ふたたび変わりつつある。一方で，福祉コストの節約を理由にワークフェア，「就労による自立」の促進が図られるようになってきた。他方で，非正規雇用の増大が労働の自立性を脅かし何らかの「補償」措置が必要になってきた。そうした双方向の動きの結果として，労働と福祉の系列の研究の共同作業が必要になってきているのである。
　こうした共同作業は東アジアで進行中の社会政策の再編や形成の分析に当たっても有効であると考えられる。これまでの開発主義的・生産主義的傾向の解明にも有効であるし，一方では，それが行き詰って以降の展望を描くためにも利用できる。後発国では，古くて伝統的なものと今日先進国が経験しているような先端的な現象が共存することが往々にしてある。わが国の社会政策学が労働と福祉という2つの系列の研究を併せもっていること，これは東アジア社会政策の過去，現在，未来を分析する際に積極的に活用すべき「資産」なのである。

おわりに

　今後は，従来にもまして東アジア諸国間の学会，大学，研究者個人などの多様なチャネルを通した交流が盛んになっていくであろう。その際に留意したいのは，その動きを持続的で確実なものにしていくために，第1に，比較可能性（comparability）に留意したアジア社会政策統計データベースの整備・構築，第2に，継続的・定点観察的な調査プロジェクトの実施が不可欠であるということである。
　もちろんこうした仕事はOECDやILOなどの国際機関が一義的には担当す

べき性格のものである。しかし、東アジアで OECD に加盟しているのは日本と韓国の2ヶ国である。台湾はカバーされていないし、シンガポールは加盟していない。しかも、OECD が加盟国の協力を得て実施する社会政策に関する国際比較プロジェクトに現在加盟している日本や韓国が必ずしも協力、参加しているわけではない。たとえば、最近邦訳が出た OECD 編の『図表でみる世界の障害者政策——障害を持つ人の不可能を可能に変える OECD の挑戦』(2004年) のプロジェクトには日本が参加していないし、同じく OECD 編の『世界の社会政策の動向——能動的な社会政策による機会の拡大に向けて』(2005年) のプロジェクトには韓国が参加していないのである。

　ILO には中国を含むアジアの多くの国が加盟している。この点、OECD とは異なるが、非常に有益で利用価値の大きかった The cost of social security の調査は1996年を最後に中断したままである。その理由は、ヨーロッパ諸国が EU 自前のデータベース EUROSTAT の構築に重点をシフトしたためである。つまり、ヨーロッパ諸国にとって、ILO 基準に沿った形での調査と集計が二重の手間となり、協力しなくなったのである。

　その他にも、個別テーマごとの、各国からの情報提供者 (national informant) を動員しての大規模な国際比較プロジェクトもある。たとえば、ヨーク大学がイギリス社会保障省、OECD の財政的支援を得て実施した〈児童支援パッケージ〉、〈ワンペアレント・ファミリー〉、〈公的扶助〉に関する各プロジェクトは、福祉レジームの実証的検証やそれぞれの国での社会政策のアウトカムを比較検討するうえで大きな成果を生んだ。何よりも日本のデータが含まれ分析されていることが貴重である[10]。

　しかし、この種の研究プロジェクトにも問題がないわけではない。第1に、主として財政的な理由から継続的なリサーチが担保されていないことである。第2に、その時々のホット・イシューに国際比較分析の光を当てるという政策上の意義は大きいが、イシューそのものが目まぐるしく変化していくなかで、継続的観測もしくは定点観測には困難が伴う。もっともこの種の国際比較プロジェクトは今後も盛んになっていくと予想されるなかで、これまで以上にアジアからの積極的な参加と情報発信が奨励されるべきである。第3に、欧米でオ

ルガナイズされる調査プロジェクトでは，当然とはいえ，ホスト役の国，地域での関心や視点が優先され，データでもたとえば東アジアの住宅様式や家族形態の違いを反映した集計や加工が難しい．つまり，調査の設計やデータの集計がヨーロッパあるいはアメリカ基準のものに偏りがちで，日本やアジアの事情が十分に反映されないことがありうる．この点については，それぞれ異なった文脈からの指摘ではあるが，次の引用文が参考になる．

「……輸入学問としての比較福祉国家論のなかに自国をどう位置づけるかといったオリエンタリズムでなく，自前の理論と観察から自国の政策論を導き出すべきだと考えるパトリオティズムが要請されるのである．……<u>自前の観察を行うためには，自前のデータベースを整備する必要がある</u>」［上村 2004］（下線は引用者）．

「……神野直彦さんによると，東アジア，東南アジアで財政のデータを集めて，同じ基準で整備するというのは進みつつあるそうです．……LIS に加盟していないのも大問題で，そんな日本が言うのはおこがましいのですが，たとえば，日本政府が5億円か6億円出せば，アジア世論調査機構をつくれるのではないかという話があります．それと同じように，アジア統計機構というのがないと駄目だと思うんです．……<u>共通政策にいく前に，とにかくアジアの統計インフラがほしい．これはやはり日本がお金と人を出してやるべきでしょう</u>」［大沢 2004：343-344］（下線は引用者）．

いずれにしても，これからの東アジアにおける社会政策学の発展のためには，より具体的にいえば共通の土俵にたった政策評価や今後の policy-making のための活発な議論のためには，東アジア社会政策統計データベースの整備・構築と，それを利用しての継続的・定点観察的な調査プロジェクトの組織化が欠かせない．

1) 2005年秋までのテーマ別分科会「アジアの社会保障」の歩みについては，埋橋 [2006b] を参照のこと．
2) Holliday, Ian. and Paul Wilding eds. [2003], Kwon-leung Tang [2000], Ming-Cheng Kuo, Hans F. Zacher and Hou-Sheng Chan eds. [2002], Ramesh, M. with M. G. Asher [2000] などによる．
3) 2007年4月6，7日に，生活環境と家族関係をめぐる南欧と東アジア比較研究のための国際研究会議が予定されている（Max Plank Institute for Demographic Research/University of Padua/Rostock Center for the Study of Demographic Change 共催）．

4) もっとも，人口ボーナスの時期は先進諸国もかつて経験したことである。それが後発性利益と重なるのは，先進諸国がそれを喪失してから後に後発国が受け取るという時間差があるからに他ならない。なお，この人口ボーナスについては落合恵美子氏（京都大学）から有益な教示を得た。
5) 筆者のコメントに対する尹朝徳氏のリプライの中での発言による（社会政策学会第112回大会，2006年6月5日，於・立教大学）。
6) 中国における格差拡大のメカニズムについては三宅洋一氏（大阪経済大学）から有益な教示を得た。
7) 科学研究費補助金研究事業「社会福祉調査プロジェクト」（代表・中川清同志社大学教授）の研究会（2005年7月）での下田平裕身氏（信州大学）の報告と提出資料による。
8) この点については埋橋［2006a］を参照のこと。
9) ただし，Hill [1993] では，雇用政策も入っている。
10) Bradshaw et al [1993], Bradshaw et al [1996], Eardley et al [1996a], Eardley et al [1996b] を参照のこと。

【参考文献】
埋橋孝文（1991）「韓国・台湾の労働事情について」『労働調査時報』814号，社団法人労働調査研究所。
―――（1992a）「シンガポールとタイを訪問して（1）（2）（3）」『労働調査時報』819，821，823号，社団法人労働調査研究所。
―――（1992b）「中国経済改革の最前線と労働事情」『労働調査時報』824号，社団法人労働調査研究所。
―――（1995）「ベトナムを訪問して」『労働ペン』64号，日本労働ペンクラブ。
―――（1997）「マニラ・ジャカルタの労働事情」『労働ペン』74号，日本労働ペンクラブ。
―――（2001a）「アジアの社会保障――比較のための覚え書き」『アジア地域経済圏の可能性（産研叢書15）』，大阪産業大学産業研究所。
―――（2001b）「福祉国家戦略と社会保障制度の再設計」『「福祉国家」の射程（社会政策学会誌第6号）』ミネルヴァ書房。
―――（2004）「訪中での新しい発見とその感想――寧夏回族自治区と大連」『労働ペン』116号，日本労働ペンクラブ。
―――（2005）「福祉国家の南欧モデルと日本――後発福祉国家の2つの事例」山口二郎・宮本太郎・坪郷實編著『ポスト福祉国家とソーシャル・ガバナンス』ミネルヴァ書房。
―――（2006a）「福祉と就労をめぐる社会政策の国際的動向――Making Work Pay 政策に関する対立構図を中心に」『社会政策における福祉と就労（社会政策学会誌第16

号)』法律文化社.
―― (2006b)「アジアの社会開発政策――現状と展望(座長報告)」『社会政策における福祉と就労(社会政策学会誌第16号)』法律文化社.
埋橋孝文・郭士征 (1993)「現代中国の社会保障――現状と改革の方向」『Intl'ecowk (国際経済労働研究)』834号, 社団法人国際経済労働研究所.
OECD編 (2004)『図表でみる世界の障害者政策――障害を持つ人の不可能を可能に変えるOECDの挑戦』明石書店.
―― (2005)『世界の社会政策の動向――能動的な社会政策による機会の拡大に向けて』明石書店.
大沢真理 (2004)「座談会 アジア諸国の福祉戦略をめぐって」大沢真理編著『アジア諸国の福祉戦略』ミネルヴァ書房.
王文亮 (2003)「中国農村年金保険制度の誕生・衰退と再建」『雇用関係の変貌(社会政策学会誌第9号)』法律文化社.
―― (2004)『九億農民の福祉――現代中国の差別と貧困』中国書店.
金子勝 (1997)『市場と制度の政治経済学』東京大学出版会.
上村泰裕 (2002)「台湾の国民年金論議・素描――グローバル経済のなかの後発福祉国家形成」『経済格差と社会変動(社会政策学会誌第7号)』法律文化社.
―― (2004)「書評 埋橋孝文編著『比較のなかの福祉国家』」『海外社会保障研究』No. 148, 国立社会保障・人口問題研究所.
上村泰裕・末廣昭編 (2003)『東アジアの福祉システム構築』東京大学社会科学研究所.
金淵明 (2005)「東アジア福祉レジーム論の再検討」武川正吾・金淵明編『韓国の福祉国家・日本の福祉国家』東信堂.
金淵明編/韓国社会保障研究会訳 (2005)『韓国福祉国家性格論争』流通経済大学出版会.
経済企画庁国民生活局・財団法人家計経済研究所 (1996)「生活構造の日韓比較――雇用・賃金構造と家計構造を中心に」
後藤道夫 (2005)「現代のワーキング・プア」『ポリティーク』Vol. 10, 旬報社.
佐口和郎 (2005)「福祉社会と雇用社会」佐口和郎・中川清編著『福祉社会の歴史――伝統と変容』ミネルヴァ書房.
菅谷広宣 (1998)「アジアの発展途上国における社会保障構築への視点」『アジアの労働と生活(社会政策学会年報第42集)』御茶の水書房.
―― (2003)「東南アジアの社会保障――制度による類型化を中心に」『賃金と社会保障』No. 1350, 旬報社.
武川正吾 (2005)「日本の福祉国家レジーム」武川正吾・金淵明編『韓国の福祉国家・日本の福祉国家』東信堂.

玉井金五（2001）「20世紀と福祉システム——日本を中心に」『自己選択と共同性——20世紀の労働と福祉（社会政策学会誌第5号）』御茶の水書房。

張炳元（2001）「医療保険制度の日韓比較——その特質と政策の動向を中心に」『自己選択と共同性——20世紀の労働と福祉（社会政策学会誌第5号）』御茶の水書房。

寺西重郎責任編集（2003）『アジアのソーシャル・セーフティネット』勁草書房。

初岡昌一郎・連合総研編（1998）『社会的公正のアジアをめざして——経済危機の克服と改革への道』日本評論社。

広井良典・駒村康平（2003）『アジアの社会保障』東京大学出版会。

布川日佐史（2006）「生活保護改革における稼働能力活用要件の検討」『社会政策研究』第6号，東信堂。

宮本太郎（2006）「ポスト福祉国家のガバナンス——新しい政治対抗」『思想』3月号，岩波書店。

宮本太郎，イト・ペング，埋橋孝文（2003）「日本型福祉国家の位置と動態」G. エスピン・アンデルセン編『転換期の福祉国家——グローバル経済下の適応戦略』早稲田大学出版部。

李義圭（2004）「韓国の失業対策と雇用保険——IMF 金融危機以降を中心に」『社会政策学と賃金問題（社会政策学会誌第12号）』法律文化社。

李惠炅（2004）「金大中政府の『生産的福祉』——その歴史的意味と残された課題」『新しい社会政策の構想——20世紀の前提を問う（社会政策学会誌第11号）』法律文化社。

李玲珠（2006）「2007年度世話人バウチャー制度導入法案について」(interim report)

労働問題文献研究会（1971）『文献研究 日本の労働問題〔増補版〕』総合労働研究所。

渡辺利夫（1995）『成長のアジア 停滞のアジア』第2章「圧縮された発展——インダストリアリズムの波及と受容」東洋経済新報社。

Bradshaw, J. *et al.* (1993) *Support for Children: A Comparison of Arrangements in Fifteen Countries*, Department of Social Security, Research Report No. 21, London HMSO.

—— (1996) *The Employment of Lone Parents: A Comaprison of Policy in 20 Countries*, Family Policy Studies Center.

Eardley, T. *et al.* (1996a) *Social Assistance in OECD Countries: Synthesis Report*, Department of Social Security Report No. 46, London HMSO.

—— (1996b) *Social Assistance in OECD Countries: Country Report*, Department of Social Security Report No. 47, London HMSO.

Gerschenkron, Alexander (1962) *Economic Backwardness in Historical Perspective*, Harvard University Press.

Hill, Michael (1993) *Understanding Social Policy (4th edition)*, Blackwell.
Holliday, Ian. and Paul Wilding eds. (2003) *Welfare Capitalism in East Asia: Social Policy in the Tiger Economies*, Palgrave.
Kwon-leung Tang (2000) *Social Welfare Development in East Asia*, Palgrave.
Ming-Cheng Kuo, Hans F. Zacher and Hou-Sheng Chan eds. (2002) *Reform and Perspectives on Social Insurance: Lessons from the East and West*, Kluwer law International.
Ramesh, M. with M. G. Asher (2000) *Welfare Capitalism in Southeast Asia: Social Security, Health and Education Policies*, Palgrave.
Uzuhashi, T. (2003) "Japanese Model of Welfare State: How it was changed throughout "the lost decade" of the 1990's?" *The Japanese Journal of Social Security Policy*, Vol. 2, No. 2, (National Institute of Population and Social Security Research).
—— (2005) "Japan as a Workfare Regime: A Note for the Study of Asian Type of Welfare State", a paper submitted to the EASP (East Asia Social Policy) Conference, University of Kent at Canterbury, 30th of June-2nd of July.

戦後韓国の政治・経済的動向と社会政策の展開

年	政治・経済の動向	社会政策の展開
1946	大韓独立促成労働総連盟の結成(3.10)	
1948	第1代総選挙実施，制憲議会構成(5.10) 憲法制定(7.12)：第1共和国誕生 憲法公表(7.17) 第1代大統領に李承晩氏，副統領に李始榮氏当選(7.20) 李承晩大統領就任(7.24) 台湾と国交正常化 大韓民国政府樹立(8.15)	
1949	農地改革法制定(6.21)	大韓赤十字社組織法制定(4.30)
1950	第2代総選挙実施(5.30) 6・25南北戦争(6.25)	厚生施設設置基準令公表(2.27) 軍事援護法制定(4.14)
1951		警察援護法制定(4.12)
1952	第1次憲法改正「抜萃改憲」（大統領直接選挙）(7.4) 第2代大統領に李承晩氏，副統領に咸台永氏当選(8.5)	社会事業を目的とする法人設立認可申請に関する件(4.21)
1953		労働組合法制定(3.8) 勤労基準法制定(5.10)
1954	大韓独立促成労働総連盟→大韓労働組合総連合会へ改称(4月) 第2次憲法改正「四捨五入改憲」(11.29)	
1956	第3代大統領に李承晩氏，副統領に張勉氏当選(5.15)	
1957		韓国社会事業学会創立 中央社会事業従事者訓練所創設(8.2)
1960	第4代大統領に李承晩氏，副統領に李起鵬氏当選→「3・15不正選挙」 4・19民主革命 李承晩大統領辞任声明発表(4.26) 第3次憲法改正(6.15)：第2共和国誕生 第4代大統領に尹潽善氏，国務総理に張勉氏選出(7.29) 尹潽善大統領就任(8.12) 第4次憲法改正(11.29)	公務員年金法制定(1.1)
1961	5・16軍事革命(張勉内閣の退任，その後2年間の軍政) 韓国労働組合総連盟解散（最高会議布告令第	更生保護法制定(9.30)，孤児入養特例法制定(9.30) 軍事援護法・警察援護法廃止→軍事援護補償

年	政治・経済の動向	社会政策の展開
	6号による）（5月） 韓国労働組合総連盟の再結成(8.30)	法制定(11.1) 児童福利法制定，生活保護法制定(12.30)
1962	第1次経済開発5カ年計画(1962〜1966) 第5次憲法改正(12.26)：第3共和国誕生	船員保険法制定(1.10) 災害救護法制定(3.30) 國家有功者および越南帰順者特別援護法(5.31)
1963	第5代大統領選挙で朴正熙氏当選(10.15) 朴正熙大統領就任(12.17)	軍人年金法制定(1.28) 社会保障制度確立指示覚書（産業災害補償保険法案，社会保障に関する法律案，医療保険法律案の立法化作業の進行)(7.28) 社会保障に関する法律制定，産業災害補償保険制定(11.5) 医療保険法制定(12.16)
1965	韓・日基本条約締結→韓・日国交正常化(6.22)	
1967	第2次経済開発5カ年計画(1967〜1971) GATT加盟(4.1) 第6代大統領選挙で朴正熙氏当選(5.3) 朴正熙大統領就任(7.1)	
1968		自活指導事業に関する臨時措置法制定(7.23)
1969	第6次憲法改正「三選改憲」(10.21)	
1970	地方長官会議—大統領が農村セマウル運動への指示(4.22)	社会福祉事業法制定(1.1)
1971	第7代大統領選挙で朴正熙氏当選(4.27) 朴正熙大統領就任(7.1)	
1972	第3次経済開発5カ年計画(1972〜1976) 南北韓共同声明(自由・平和・民族大団結の統一3大原則)(7.4) 非常措置宣言(10.17) 第8代大統領選挙で朴正熙氏当選(12.23) 第7次憲法改正「維新憲法」：第4共和国誕生，朴正熙大統領就任(12.27)	
1973	第9代総選挙実施(2.27)	母子保健法制定(2.8) 私立学校教員年金法制定(12.20) 国民福祉年金法制定(1974.1.1から実施)(12.24)
1974		国民生活のための大統領緊急措置第3号(国民福祉年金法実施を事実上保留)(1.14)
1976		孤児入養特例法廃止(12.31) 職業訓練基本法制定(12.31)

年表

年	政治・経済の動向	社会政策の展開
1977	第4次経済開発5カ年計画(1977～1981)	中央社会事業従事者訓練所→国立社会福祉研修院創設(3.16) 特殊教育振興法制定，医療保護法制定，公務員および私立学校教職員医療保険法制定(12.31)
1978	第9代大統領選挙で朴正熙氏当選(7.6) 第10代総選挙実施(12.12) 朴正熙大統領就任(12.27)	医療保険管理公団設立(8.11)
1979	10・26事態(金載圭による朴正熙大統領狙撃事件) 第10代大統領選挙で崔圭夏氏当選(12.6) 12・12事態(全斗煥・盧泰愚等の新軍部勢力による軍事反乱) 崔圭夏大統領就任(12.21)	
1980	光州民主化運動(5.18-5.27) 崔圭夏大統領退任(8.16) 第11代大統領選挙で全斗煥氏当選(8.27) 全斗煥大統領就任(9.1) 第8次憲法改正(10.27)：第5共和国誕生	セマウル運動組織育成法制定(12.13) 社会福祉事業基金法制定(12.31)
1981	第12代大統領選挙で全斗煥氏当選(2.25) 全斗煥大統領就任(3.3) 第11代総選挙実施(3.25)	児童福利法改正→児童福祉法制定(4.13) 心身障碍者福祉法制定，老人福祉法制定(6.5)
1982	第5次経済社会発展計画(1982～1986)	自活指導事業に関する臨時措置法廃止→生活保護法改正(12.31)
1984		韓国社会保障学会設立(6.30) 韓国社会事業学会→韓国社会福祉学会へ改称(3月)
1985	第12代総選挙実施(2.12)	
1986		国民福祉3大政策発表(全国民医療保険の拡大，最低賃金制度の導入，国民年金制度の実施)(8.11) 国民福祉年金法改正→国民年金法公表，最低賃金法制定(12.31)
1987	第6次経済社会発展計画(1987～1991) 6・29民主化宣言 第9次憲法改正(10.29)：第6共和国誕生 第13代大統領選挙で盧泰愚氏当選(12.16)	国民年金管理公団設立(9.18) 男女雇用平等法制定(12.4)
1988	盧泰愚大統領就任(2.25) 第13代総選挙実施(4.26) 第24回ソウルオリンピック(9.17-10.2)	農漁村地域医療保険実施(1.1) 保護観察法制定(12.31)

年	政治・経済の動向	社会政策の展開
1989		母子福祉法制定(4.1) 都市地域住民医療保険実施(全国民医療保険達成)(7.1) 薬局医療保険制度実施(10.1) 心身障碍者福祉法改正→障碍人福祉法制定(12.30) 開発利益還収に関する法律制定(12.30)
1990	韓民族共同体統一方案発表(1.10) 全国労働組合協議会の結成(1月)	障碍人雇用促進等に関する法律制定(1.13)
1991	ILO加入(12.9)	乳幼児保育法制定(1.14) 社内勤労福祉基金法制定(8.10) 青少年基本法制定，高齢者雇用促進法制定，精神保健法制定，社会保障に関する法律廃止→社会保障基本法制定(12.31)
1992	第7次経済社会発展計画(1992~1996) 第14代総選挙実施(3.24) 韓・中国交正常化(8.24)→中華民国との国交断絶 第14代大統領選挙で金永三氏当選(12.18)	
1993	金永三大統領就任(2.25)：文民政府誕生 新経済5カ年計画発表(1993~1997)(7.2) 大統領緊急命令「金融実名制実施」(8.12)	経済行政規制緩和施策発表(民間企業と個人による有料老人福祉施設の設置・運営可能，在宅老人福祉事業の種類拡大) 日帝下日本軍慰安婦に対する生活安定支援法制定(6.11) 雇用保険法制定(12.27) 韓国社会政策学会設立(2月)
1994	WTO加盟(1.1)	社会福祉政策学会創立(10月)
1995	第1回全国同時地方選挙(6.27) 全国民主労働組合総連盟結成(11.12) 国民1人当たりGDP：1万1471ドル達成	更生保護法廃止→保護観察等に関する法律制定(1.5)
1996	第15代総選挙実施(4.11) OECD加入(12.12)	「生活の質の世界化を目指した大統領の福祉構想」発表(3月)
1997	ハンナラ党創党(11.27) 第15代大統領選挙で金大中氏当選(12.18) IMF救済金融要請（570億ドル）(12.3)	青少年保護法制定，社会福祉事業基金法廃止→社会福祉共同募金法制定(3.7) 障碍人・老人・妊産婦等の便宜増進保障に関する法律制定(4.10) 家庭暴力防止および被害者保護等に関する法律制定，医療保険法改正→国民医療保険法制定，公務員および私立学校教職員医療保険法廃止(12.31)

年　表

年	政治・経済の動向	社会政策の展開
1998	大企業構造改革5大原則提示(1.31) 金大中大統領就任(2.25)：国民の政府誕生 第2回全国同時地方選挙(6.4) 国民1人当たりGDP：7477ドル	医療保険管理公団→国民医療保険管理公団へ変更(10.1)
1999		国民医療保険法廃止→国民健康保険法制定(2.8) 社会福祉共同募金法改正→社会福祉共同募金会法制定(3.31) 国民年金法改正(全国民年金達成)(4.1) 生活保護法廃止→国民基礎生活保障法制定(9.7)
2000	新千年民主党創党（金大中総裁）(1.20) 民主労働党創党（權永吉代表）(1.30) 国民1人当たりGDP：1万888ドル回復 第16代総選挙実施(4.13)	私立学校教員年金法改正→私立学校教職員年金法制定，障碍人雇用促進等に関する法律改正→障碍人雇用促進および職業再活法制定(1.12) 国民医療保険管理公団→国民健康保険公団へ変更(7.1)→医療保険組織統合達成 薬局医療保険制度廃止→医・薬分業実施(8.1)
2001	IMF救済金融返済(8.23)	医療保護法改正→医療給与法制定(5.24)
2002	第3回全国同時地方選挙(6.13) 第16代大統領選挙で盧武鉉氏当選(12.19)	母子福祉法改正→母・父子福祉法制定(12.18)
2003	盧武鉉大統領就任(2.25)：参与政府誕生 ウリ党創党（ジョン・ドンヨン党議長）(11.1)	公的老人療養保障推進企画団発足(3月) 医療保険財政統合達成
2004	盧武鉉大統領彈劾(3.12) 第17代総選挙実施(4.15)	健康家庭基本法制定(2.9)
2005		老人スバル保障法（案）制定(10.19)
2006	第5回全国同時地方選挙(5.31)	資本市場と金融投資業に関する法律（案）制定(6.30) 不動産開発業の管理及び育成に関する法理（案）制定(8.18)

(作成：孫　希叔)

【参考資料】
金基源（2003）『韓国社会福祉政策論』ナヌムの家
Ministry of Government Legislation（http://www.moleg.go.kr/）
黄仁玉・南日再・染正河（2003）『現代社会福祉法制論』ナヌムの家
統計庁（http://www.nso.go.kr）

戦後中国の政治・経済的動向と社会政策の展開

年	政治・経済の動向	社会政策の展開
1949	中華人民共和国成立(10.1) 毛沢東, 国家主席就任(1949.10〜1959.4) 毛沢東, 党主席兼任(1949〜1976) 周恩来, 首相就任(1949.10〜1976.1)	
1950	朝鮮戦争始まる(6.25), 中国人民解放軍が朝鮮へ 土地改革法公布(6.30)	「革命工作人員傷病死亡撫恤暫定条例」実施(12.11)
1951	人民解放軍, チベットのラサに進駐(10.16)	「中華人民共和国労働保険条例」実施(2.26)
1952	三反・五反運動(1952.12)	「国家工作人員(国家公務員)公費医療予防実施方法」制定(8.24) 「各級人民政府工作人員(地方公務員)定年退職暫定方法」制定(10.22)
1953	第1回5カ年計画開始 (1953〜1957) 朝鮮休戦協定調印(7.27)	「中華人民共和国労働保険条例実施細則修正草案」公布(1.26)
1954	第一期全国人民代表大会第1回全体会議開催 中華人民共和国憲法公布(9.20)	
1955		「国家機関工作人員の定年退職に関する暫定方法」制定(12.29)
1956	鄧小平, 党総書記(1956〜1966)	
1957	「反右派闘争」開始(〜1958)	
1958	人民公社設立・鉄鋼大増産など決議(8.29) 毛沢東による大躍進運動開始 「戸籍登録条例」公布 第2回5カ年計画開始 (1958〜1962)	「企業従業員の定年退職に関する暫定方法(草案)」制定(3.7) 「現役幹部軍人の定年退職に関する暫定方法」制定(7.5)
1959	チベット反乱, ダライ・ラマ14世インド亡命(3.10) 廬山会議で大躍進運動をめぐる意見対立(1959.6) 劉少奇, 国家主席就任(1959.4〜1968.10) 「反右傾闘争」開始 1959〜61年, 三年自然災害, 大量の餓死者	
1960	中ソ対立, ソ連が専門家を本国召還	
1961	大躍進政策停止, 調整政策へ転換	
1962	中印国境紛争	「精減職工(リストラ)安置方法に関する国務院の若干規定」公布(6.19)

年　表

年	政治・経済の動向	社会政策の展開
1963	周恩来首相による4つの現代化論	
1964	中・仏外交関係樹立(2.10) 「農業は大寨に学ぶ」運動 中国,初の核実験(10.16)	
1965	チベット自治区成立(9.1)	
1966	文化大革命開始 第3回5カ年計画開始(1966～1970)	「幹部軍人定年退職後生活費標準の改定に関する国務院の通知」(3.1) 「軽,手工業集団企業従業員定年退職に関する暫定方法」制定(4.20)
1968	劉少奇党籍剥奪(1968.10)	
1969	劉少奇獄死(11.12)	企業従業員の年金等は営業外支出に計上し,労働保険が"企業保険へ"
1970	中国初の人工衛星打ち上げ(4.24)	
1971	「工業は大慶に学び,農業は大寨に学ぶ」運動 キッシンジャー米大統領補佐官秘密訪中(7.9) 林彪クーデター未遂事件(9.8) 中国国連復帰(10.25) 第4回5カ年計画開始(1971～1975)	
1972	ニクソン大統領訪中(2.21) 田中首相訪中,日中国交正常化(1972.9)	
1973	鄧小平,副首相として復活	
1974	日中貿易協定調印	
1975	鄧小平,共産党副主席,政治局常務委員就任 第四期全人代第1回会議開催,新憲法採択	
1976	周恩来首相,毛沢東主席死去 鄧小平批判運動開始,全職務を解任 唐山大地震(7.28) 華国鋒,首相就任(1976～1980) 江青ら「四人組」を逮捕(10.6) 華国鋒,党主席就任(1976～1981) 第5回5カ年計画開始(1976～1980)	
1977	共産党第10期三中全会で鄧小平の全職務回復 文化大革命終焉	
1978	共産党第11期三中全会開催 「対外開放,経済改革」政策始動(1978.12)	「企業従業員の定年退職に関する暫定方法」制定(5.24)

265

年	政治・経済の動向	社会政策の展開
1979	米中国交正常化(1.1) 中越戦争始まる(2.17) 中外合資経営企業法採択(7.8)	
1980	趙紫陽，首相就任(1980～1988) 経済特区と輸出加工区を指定 中米通商協定発足(2.1)	「中華人民共和国中外合資企業労働管理規定」公布(7.26)，雇用条件および福利厚生の項目が含む 「古参幹部の離休(定年退職)に関する暫定規定」公布(10.7)
1981	第6回5カ年計画開始（1981～1985）	「幹部軍人の定年退職に関する暫定規定」公布(10.13)
1982	胡耀邦，党総書記就任(1982～1987) 農家の生産請負制普及	「幹部軍人の離休(定年退職)に関する暫定規定」公布(1.4) 「古参幹部の離休(定年退職)制度に関するいくつの規定」公布(4.10)
1983	李先念，国家主席就任(1983.3～1988.3)	「古参企業従業員定年退職後の待遇に関する労働人事部の通知」(1.15) 「幹部軍人の定年退職に関する暫定規定」公布(6.21) 従業員・職員の年金額及び退職生活費の引き上げが実施(1983.9) 高級専門家，中堅教員・医師・技術者の定年退職年齢が延長(1983.9)
1984	経済技術開発区設置 中共12期4中全会，改革が農村から都市へ	「中外合資企業労働管理規定の実施方法」制定(1.19) 「民政事業費の使用及び管理方法」制定(7.6) 国営・集団企業に年金の社会プール方式を試行
1985	農産物契約買付制度導入	軍事遺族に撫恤金支給開始
1986	国営企業経営請負制度，労働契約制度導入(10.1) 中華人民共和国企業破綻法(12.2) 第7回5カ年計画開始（1986～1990）	「国営企業職工待業保険の暫定規定」公布(7.12) 農村部の社会保障制度創設の試行開始
1987	国家による計画管理の否定 趙紫陽，党総書記就任(1987～1989)	「幹部軍人の定年退職生活費の調整に関する通知」(9.16)
1988	楊尚昆，国家主席就任(1988.3～1993.3) 李鵬，首相就任(1988～1998) 海南省を経済特区に指定(4.13)	「軍人撫恤優待条例」実施(7.18) 「中華人民共和国女性従業員の労働保護に関する規定」公布(9.1)
1989	天安門事件(6.4) 中共13期4中全会，趙紫陽解任	「国営企業従業員待業保険基金の管理方法」制定(4.2)

年　表

年	政治・経済の動向	社会政策の展開
	江沢民，党総書記就任(1989～2002)	「公費医療管理方法」制定(8.9) 「私営企業労働管理暫定規定」公布(9.21) 「全民所有制企業臨時従業員管理暫定規定」公布(10.5)
1990	上海証券取引所営業開始(12.19)	「中華人民共和国郷鎮集団企業労働管理暫定規定」公布(6.3) 「中華人民共和国障害者保護法」制定(12.28)翌年実施
1991	湾岸戦争(1.17) 第8回5カ年計画開始（1991～1995）	「企業従業員養老保険制度改革に関する国務院の決定」公布(6.26) 「企業従業員養老保険基金管理に関する労働部の規定」公布(7.2)
1992	鄧小平，「南巡講話」発表 韓国と国交樹立(8.24) 第14回党大会，市場化加速宣言	「県級農村社会養老保険基本方案」公布(民办発［1992］2号)(1.3) 「企業労働人事，賃金，社会保険制度改革に関する意見」公布(1.25) 「農村社会養老保険の加速に関する民政部の通知」(4.24) 「機関・事業単位離・退休者年金の増額に関する国務院の通知」(5.15) 「企業離・退休者年金の増額に関する国務院の通知」(5.15) 「郷鎮企業従業員養老保険方法」制定(12.14) 「従業員工傷及び職業病に関する判断基準」実施
1993	江沢民，国家主席就任(1993.3～2003.3) 中共14期3中全会，社会主義市場経済の確立	「国有企業従業員待業保険の規定」公布(4.12) 「社会福利発展規画」制定(8.30) 「従業員医療保険制度改革試行に関する意見」公布(10.8) 「企業最低賃金規定」公布(11.24) 「農村五保戸救済(供養)条例」実施(1.23)
1994	分税制の導入 人民元と外貨兌換券の統一	「企業従業員生育保険試行方法」試行(1.1) 「企業離・退休者年金額の調整に関する国務院の通知」(2.22) 「企業従業員医療制度改革試行に関する意見」(4.14) 「中華人民共和国労働法」実施(7.5) 「医療機構管理条例」実施(9.1) 「最低賃金保障に関する通知」(10.8) 「中華人民共和国母子保健法」実施(10.27)

267

年	政治・経済の動向	社会政策の展開
1995	中共14期5中全会	「企業従業員養老保険制度改革の加速に関する国務院の通知」(3.1) 養老保険の統括口座と個人口座の結合や企業と従業員の共同分担が明確に 「中華人民共和国保険法」実施(6.30) 「機関・事業単位離・退休者年金の増額に関する国務院の通知」(12.8) 医療保険の統括口座と個人口座の結合も試行（江蘇省鎮江市・江西省九江市）
1996	第9回5カ年計画開始 (1996〜2000)	「農村合作医療を改善・発展するための若干の意見」公布(3.13) 「企業従業員工傷(労災)保険試行方法」試行 「中華人民共和国高齢者権益保障法」実施(8.29) 企業従業員医療保険改革拡大
1997	鄧小平氏死去(2.19) 香港返還(7.1) 第15回党大会，国有企業改革本格化	「統一企業従業員基本養老保険制度に関する国務院の決定」（国発［1997］26号)公布(7.16) 「都市住民最低生活保障制度の創設に関する国務院の通知」(9.2) 「国有企業下崗職工基本生活保障と再就業に関する通知」(6.9)
1998	朱鎔基，首相就任(1998〜2003)	「企業従業員基本養老保険省級統括と業界統括の地方移管に関する問題の通知」(8.6) 「都市企業従業員基本医療保険制度の創設に関する国務院の決定」公布(12.14) 労働社会保障部成立，全国の労働及び社会保障を統括
1999	有人宇宙飛行成功(11.20) 澳門返還(12.20)	「社会保険料徴収暫定条例」（国務院令259号)実施(1.14) 「失業保険条例」実施(1.22) 「社会保険料徴収監督検査方法」制定(3.19) 「社会保険料登録管理暫定方法」制定(3.19) 「社会保険料申告徴収管理暫定方法」制定(3.19) 「住宅積立金管理条例」実施(4.3) 「都市住民最低生活保障条例」実施(9.28) 「中国人民解放軍退役軍人医療保険暫定方法」制定 「社会福利機構管理暫定方法」制定(12.30) 「国家公務員医療費補助する意見」公布，公務員の医療費補助の原則が明確に

年　表

年	政治・経済の動向	社会政策の展開
2000	西部大開発の提起	"2つの確保"が政策実施の中心となる(下崗職工の基本生活確保と養老年金の確保)基本養老保険と失業保険の適用者は1億人突破 全国社会保障基金理事会成立，中央財政出資による社会保障の財源確保に乗り出す
2001	北京オリンピックの2008年開催決定(7.13) 米国で同時多発テロ事件(9.11) WTO加盟(12.11) 第10回5カ年計画開始（2001-2005）	国有株売却金の一部は社会保障財源調達に当てる指示(2001.6，その後中止された) 「全国社会保障基金投資管理暫定方法」制定(12.13)
2002	胡錦濤，党総書記就任(2002-)	
2003	胡錦濤，国家主席就任(2003-) 温家宝，首相就任(2003-)	
2004		「労災(工傷)保険条例」実施(1.1) 「企業年金基金管理試行方法」制定(5.1)
2005		「企業従業員基本養老保険制度の整備に関する国務院の決定」(国発［2005］38号)公布

(作成：于　洋)

注 1)：1968～83年まで，国家主席が空席，国家主席代理が設けられている。
　 2)：1981年まで党主席のほかに党総書記も設けていたが，1982年以降党主席が廃止された。

索　引

その国に独自の項目のうち，とくに言及したほうがよいものについて（　）で国名を表示した

あ行

- IMF……………………………………4, 131
- ILO…………………………………252, 253
- ASEAN………………………………2, 239
- 育児休業法（育児・介護休業法）（日）……34
- 医療資源配分の不合理………………………233
- 医療費
  - ──自己負担……………………………223
  - ──の急増………………………………213
  - 第三者支払い方式（中）………………220
- 医療保険…………………………………………43
  - ──改革…………………………220, 225
  - ──制度……………………………42, 122
  - ──制度改革………………………213, 224
  - 両江式……………………………224, 229
  - 基本──制度（中）………………81, 213
  - 都市部従業員──制度（中）……………83
- 医療予算
  - 定額予算方式……………………………219
- インフォーマル・ネットワーク………………193
- エイズ……………………………………………201
- 衛生部（中）……………………………………206
- エスピン・アンデルセン…5, 25, 117, 148, 242
- NGO…………………………………203, 206
- オイルショック…………………………………33
- OECD……………………………175, 252, 253
- 大きな政府………………………………………205
- OJT……………………………………………126

か行

- 改革開放政策……………………………………5
- 外国人労働者……………………………………35
- 介護保険…………………………………………37
- 皆年金皆保険（韓）…………………………149
- 開発主義………………………………130, 238
  - ──福祉レジーム…………………114, 126
- 格差
  - ──社会……………………………7, 246
  - 所得──…………………………………132
  - 地域──……………………………………73
  - 都市と農村の間の──…………………248
- 家族………………………………………………29
  - ──主義……………………114, 189, 201
- 韓国労働組合総連盟（韓）……………………53
- 完全雇用…………………………………………26
- 企業………………………………………………29
  - ──福祉……………………………27, 125
- 基礎的生計保障………………………………183
- 基本権保障……………………………………140
- 金大中………………………………4, 63, 148
- 共済組合…………………………………………28
- 強制積立基金制度……………………………241
- 金融危機（通貨危機・経済危機）
  　　　　　　　　　　　　4, 113, 127, 138
- 経済政策…………………………………………58
- 経済発展………………………………103, 196
- 経路依存性……………………………………238
- 健康保険（日）………………………………27, 28
- 公衆衛生…………………………………………84
- 工場法（日）……………………………………27
- 公的年金（韓）………………………………143, 173
- 高年齢者雇用安定法（日）……………………34
- 後発性利益……………………………………244
- 後発福祉資本主義……………………………242
- 公費医療制度…………………………………213

高齢化‥‥‥‥‥‥‥‥15, 132, 177, 220
　──社会‥‥‥‥‥‥‥‥‥‥4, 72
　発展途上国でありながら（の）──社会
　‥‥‥‥‥‥‥‥‥‥‥‥‥246, 248
高齢者スバル（介護）保険法（韓）‥237, 241
国民皆保険・皆年金（日）‥‥‥‥‥‥32
国民基礎生活保障法（韓）
　‥‥‥‥‥‥‥‥130, 141, 171, 237, 241
国民健康保険（日）‥‥‥‥‥‥‥32, 35
国民健康保険（韓）‥‥‥‥173, 178, 184
国民年金（日）‥‥‥‥‥‥‥‥‥‥32
国民年金（韓）‥‥‥‥‥43, 122, 179, 237
国有企業（中）‥‥‥‥‥‥81, 191, 232
国家責任‥‥‥‥‥‥‥‥‥‥‥‥30
コミュニタリアン‥‥‥‥‥‥‥‥‥114
雇用保険制度（韓）‥‥‥‥‥43, 172, 240

さ　行

財政赤字‥‥‥‥‥‥‥‥‥‥‥‥178
最低生活保障制度（中）‥‥‥‥‥‥106
最低賃金制（日）‥‥‥‥‥‥‥‥‥43
産業災害補償保険（韓）‥‥‥‥‥43, 145
三農問題（中）‥‥‥‥‥‥‥‥96, 248
参与政府（韓）‥‥‥‥‥‥‥‥‥148
参与福祉（韓）‥‥‥‥‥‥‥140, 150
参与連帯（韓）‥‥‥‥‥‥‥‥‥130
GDP 中心主義‥‥‥‥‥‥‥‥‥‥16
ジェンダー
　──主流化‥‥‥‥‥‥‥‥‥‥165
　──平等‥‥‥‥‥‥‥‥‥164, 165
自活プログラム（韓）‥‥‥‥‥‥‥146
自己負担‥‥‥‥‥‥‥‥‥‥‥‥227
市場経済‥‥‥‥‥‥‥‥‥‥120, 147
失　業‥‥‥‥‥‥‥‥‥‥26, 37, 198
失業保険制度（韓）‥‥‥‥‥‥‥‥127
児童福祉法（韓）‥‥‥‥‥‥‥‥‥43
「資本主義の多様性」‥‥‥‥114, 118, 119
社会救済制度（中）‥‥‥‥‥‥‥‥82
社会工作（中）‥‥‥‥‥‥17, 106, 108
社会支出‥‥‥‥‥‥‥‥‥‥147, 244

社会主義
　──イデオロギー‥‥‥‥‥‥‥‥190
　──新農村‥‥‥‥‥‥‥74, 95, 208
　──の近代化‥‥‥‥‥‥‥‥‥‥209
社会政策‥‥‥‥‥‥‥61, 64, 69, 101, 105
　──学‥‥‥‥‥‥‥‥‥‥‥61, 66
　──学会（日）‥‥‥‥‥‥‥‥‥‥7
　──学会（韓）‥‥‥‥‥‥‥‥‥14
　──時代‥‥‥‥‥‥‥‥‥101, 103
　──の欠如‥‥‥‥‥‥‥‥‥89, 90
　──の国際比較研究‥‥‥‥‥‥‥‥1
　──の代替的機能‥‥‥‥‥‥‥‥26
　──本質論争（日）‥‥‥‥‥‥‥38
　──論‥‥‥‥‥‥‥‥‥‥‥‥‥61
　東アジア──学会‥‥‥‥‥‥‥‥18
　東アジア──研究‥‥‥‥‥‥‥‥239
社会団体‥‥‥‥‥‥‥‥‥‥‥‥192
社会的弱者‥‥‥‥‥‥‥‥‥101, 103
社会的セーフティネット‥‥127, 129, 142, 237
社会的ニーズ‥‥‥‥‥‥‥‥191, 202
社会の公正・公平（中）‥‥‥89, 96, 101
社会福祉
　──セクター‥‥‥‥‥‥‥‥‥‥202
　──の社会化‥‥‥‥‥87, 194, 205, 206
社会保障‥‥‥‥‥‥‥‥‥‥‥‥26
　開発途上国の──‥‥‥‥‥‥‥‥2
　──改革（中）‥‥‥‥‥‥‥‥‥‥6
　──制度に関する勧告‥‥‥‥‥‥30
　──法の制定‥‥‥‥‥‥‥‥‥237
社　区‥‥‥‥‥‥‥‥‥‥‥‥‥108
若年層の雇用問題（フリーター問題）‥37, 250
終身雇用制度‥‥‥‥‥‥‥‥‥‥124
住宅保障‥‥‥‥‥‥‥‥‥‥‥‥85
熟練労働者‥‥‥‥‥‥‥‥‥‥‥125
主従の美風‥‥‥‥‥‥‥‥‥‥‥27
障害者雇用促進のための法律（日）‥‥43
障害者便宜施設増進法（日）‥‥‥‥43
小康社会（中）‥‥‥‥‥‥‥‥‥103
職域保険‥‥‥‥‥‥‥‥‥‥‥32, 36
女　性

──運動……………………151, 163
──政策…………………151, 156-158
──政策基本計画………………153
──の差別的解雇………………155
──の人権………………………157
──の代表性増進……………157, 159
──発展基本法…………………152
──部（省）……………………153
──暴力………………………157, 158
──問題専門担当機構…………160
新協力医療保健制度（中）……229
人権問題…………………………158
人口移動…………………………77
人口ボーナス…………245, 246, 249, 251
親女性政府………………………151
心身障害者福祉法（日）………43
身体障害者雇用促進法（日）…35
新農村協力医療保健制度（中）…213
生活保護法（韓）………………43
政策移転…………………………241
生産主義…………………………238
生産的福祉（韓）
　…………4, 17, 50, 128, 138, 147, 148, 237
生産レジーム…………………121, 133
政治的正統性……………………115
青少年基本法（日）……………43
政府責任…………………………233
世界の成長センター……………3
積極的労働市場政策……………172
全体主義…………………………93
先富論……………………………248
全民健康保険制度………………241

た 行

男女雇用機会均等法（日）……34
地域主義………………………3, 148
地域保険………………………32, 36
小さな政府……………………152, 205
地方公共団体……………………28
積立方式…………………………246

出稼ぎ労働者……………………74
鉄飯碗（中）……………………191
統括医療基金（中）……………225
投資牽引型経済成長モデル……89
鄧小平……………………………195
同伴成長…………………………64
都市─農村の二元的社会構造…71
都市貧困問題……………………81

な 行

NIES………………………………2
日本型福祉社会…………………113
日本生産性本部…………………31
日本的経営………………………34
乳児死亡…………………………218
乳幼児保育法……………………43
人間開発………………………140, 150
年金（制度）の一元化…………36
農村義務教育……………………86
農村部最低生活保障……………83
盧武鉉…………………………63, 148

は 行

パート労働法（日）……………35
非営利団体………………………108
東アジア福祉レジーム……113, 118, 207
東アジアモデル…………………240
非国有（非集団）企業セクター……221, 232
ビスマルク………………………26
非正規雇用…………………77, 149, 252
非成年男性労働者………………34
1つの中国，4つの世界……7, 73, 248
一人っ子政策（中）……………245
被保護層…………………………250
ヒル………………………………16
貧　困………………………26, 79, 197
　──の罠………………………251
　──扶助………………………87
貧富の差………………………78, 200
不均衡な発展……………………73

福祉国家……………………………3, 102, 116
　　――の国際比較……………………25
　　――性格論争（韓）………………38
　　後発――……………………………242
　　三つの世界…………………………240
福祉三事業…………………………………125
福祉支出……………………………………223
福祉資本主義………………………………117
福祉多元主義………………………………150
福祉レジーム……………121, 125, 188, 209, 240
文化大革命…………………………………192
ベヴァリッジ報告…………………………29
ペング………………………………………9
放権譲利（中）……………………………232
ボーダーライン層……………………77, 250
ホームレス…………………………………37
保険方式……………………………………224
保険料納付率………………………………144
母子福祉法…………………………………43
保守主義……………………………………148
ポスト社会主義国…………………………209
母性保護……………………………………156
補足性………………………………………120
　　――の原理…………………………31
ポパー………………………………………69

ま　行

民主化………………………………………113

民政部（中）………………………190, 202, 206

や　行

ゆりかごから墓場まで……………………191
余剰労働力…………………………………77

ら　行

利益の享受…………………………………245
離婚率の上昇………………………………200
リストラ……………………………………37
両極化（問題）………………………7, 17, 63, 246
労使関係……………………………………124
労使協調……………………………………32
老人福祉法（韓）…………………………43
老人保健法（日）…………………………35
労働災害補償制度（韓）…………………127
労働市場構造…………………………63, 124
労働社会保障部（中）……………………206
労働者の自由な移動………………………232
労働者派遣法（日）………………………35
労働保険医療制度…………………………213

わ　行

ワーキングプア……………………………251
ワークフェア…………………129, 181, 252
ワンデル……………………………………30

【執筆者】

武川正吾　東京大学大学院人文社会系研究科教授　序章
玉井金五　大阪市立大学大学院経済学研究科教授　1章
尹　朝徳　韓国社会政策学会長，韓国労働研究院先任研究委員　2章
金　淵明　韓国・中央大学社会福祉学科教授　2章-補①
楊　団　中国社会科学院社会政策研究センター副主任　3章
王　思斌　北京大学社会学系教授　3章-補②
唐　鈞　中国社会科学院社会政策研究センター秘書長　3章-補③
鄭　武權　延世大学行政学科教授　4章
李　惠炅　延世大学社会福祉学科教授　5章
鄭　鎭星　ソウル大学社会学科教授　6章
朴　純一　前・韓国保健社会研究院長，前・韓国社会政策学会長　7章
熊　跃根　北京大学社会学系助教授　8章
于　洋　城西大学現代政策学部専任講師　9章，年表（中国）
埋橋孝文　同志社大学社会学部教授　終章
孫　希叔　同志社大学大学院社会学研究科・院生　年表（韓国）

【訳者】

朴　光駿　佛教大学社会福祉学部教授　2章
金　成垣　東京大学社会科学研究所客員研究員　2章-補①，5章
朱　珉　中央大学経済学部非常勤講師　3章，3章-補②
鍾　家新　明治大学政治経済学部助教授　3章
于　洋　3章-補③
小田川華子　花園大学社会福祉学部専任講師　4章
成　垠樹　東京大学大学院人文社会系研究科・院生　6章
埋橋孝文　7章
中原　耕　同志社大学大学院社会学研究科・院生　8章（はじめに，1，3）
松木宏史　京都YMCA国際福祉専門学校専任教員　8章（2，4）

2006年10月30日　初版第1刷発行

東アジアにおける社会政策学の展開

編　者　社会政策学会

発行者　岡　村　　勉

発行所　株式会社　法律文化社

〒603-8053 京都市北区上賀茂岩ヶ垣内町71
電話 075 (791) 7131　FAX 075 (721) 8400
URL:http://www.hou-bun.co.jp/

Ⓒ 2006 社会政策学会 Printed in Japan
印刷：㈱冨山房インターナショナル／製本：藤沢製本所
装幀　白沢　正
ISBN 4-589-02980-4

武川正吾著	社会福祉法成立（2000年）により位置づけられた，地域が基軸となって社会福祉を推進していく状況を「地域福祉の主流化」ととらえ，その背景や概念をさぐる。総合化と住民参加の理念をもとに地域福祉計画の具体策を示す。
地域福祉の主流化 ―福祉国家と市民社会Ⅲ― 四六判・224頁・2415円	
鍾　仁耀著	改革・開放政策が浸透し，市場経済化が進むなかで始められた公的年金改革について，登場の背景からその後の展開，実施状況を詳細に解説し，その全体像を明らかにする。社会保障制度の国際比較にとって有益な一冊。
中国の公的年金改革 Ａ５判・230頁・5880円	
玉井金五・松本　淳編著	新しい自治体雇用政策の時代が到来した。雇用対策の変遷をたどり，都市の雇用・失業問題の本質に迫る。さらに，大阪府下のハローワークの実態調査，国内の先進的事例や米独の取り組みの紹介を通して，課題と今後の方向をさぐる。
都市失業問題への挑戦 ―自治体・行政の先進的取り組み― Ａ５判・216頁・2940円	
室住眞麻子著	世帯単位の貧困分析に批判的な立場から家計研究の歴史をたどり，低所得世帯の家計を分析。これまで見逃されてきた日本における女性や子どもの貧困の実態を明らかにし，貧困克服をめざす福祉国家のあり方を検討する。
日本の貧困 ―家計とジェンダーからの考察― Ａ５判・214頁・3255円	
宮本太郎著	スウェーデン福祉国家の形成と発展プロセスを実証研究と理論動向を踏まえ，丹念に分析。福祉国家戦略を理論的に解明し，その全体構造を鮮やかに示す。福祉国家研究の礎となる分析枠組・視角・手法を提示。
福祉国家という戦略 ―スウェーデンモデルの政治経済学― Ａ５判・310頁・3990円	

法律文化社

表示価格は定価(税込価格)です。